"十四五"职业教育国家规划教材

物流信息技术

(第3版)

主 编 陈 文 吴智峰
副主编 陈燕琴 杨玉婷 沈振宇

北京理工大学出版社
BEIJING INSTITUTE OF TECHNOLOGY PRESS

版权专有 侵权必究

图书在版编目（CIP）数据

物流信息技术 / 陈文，吴智峰主编. —3 版. --北京：北京理工大学出版社，2022.1（2023.7 重印）
ISBN 978-7-5763-0967-6

Ⅰ.①物… Ⅱ.①陈… ②吴… Ⅲ.①物流-信息技术-高等学校-教材 Ⅳ.①F253.9

中国版本图书馆 CIP 数据核字（2022）第 028985 号

出版发行 / 北京理工大学出版社有限责任公司
社　　址 / 北京市海淀区中关村南大街 5 号
邮　　编 / 100081
电　　话 /（010）68914775（总编室）
　　　　　（010）82562903（教材售后服务热线）
　　　　　（010）68944723（其他图书服务热线）
网　　址 / http：//www.bitpress.com.cn
经　　销 / 全国各地新华书店
印　　刷 / 北京昌联印刷有限公司
开　　本 / 787 毫米×1092 毫米　1/16
印　　张 / 15　　　　　　　　　　　　　　　　责任编辑 / 李玉昌
字　　数 / 394 千字　　　　　　　　　　　　　　文案编辑 / 李玉昌
版　　次 / 2022 年 1 月第 3 版　2023 年 7 月第 3 次印刷　　责任校对 / 周瑞红
定　　价 / 45.00 元　　　　　　　　　　　　　　责任印制 / 施胜娟

图书出现印装质量问题，请拨打售后服务热线，本社负责调换

物流管理系列教材
专家委员会

主任委员：
  俞步松 浙江经济职业技术学院

副主任委员：
  杜学森 天津滨海职业学院
  孔月红 南京铁道职业技术学院
  朱光福 重庆城市管理职业学院
  杨国荣 江西旅游商贸职业学院

编委（排名不分先后）：
  毕思勇 淄博职业学院
  陈　文 福建船政交通职业学院
  江明光 福建船政交通职业学院
  徐丽蕊 陕西工业职业技术学院
  王红艳 陕西工业职业技术学院
  李海民 山东交通职业学院
  张　璠 辽宁省交通高等专科学校
  杨　清 广西职业技术学院
  张　敏 广州航海学院
  朱耀勤 青岛黄海学院
  牛晓红 天津交通职业学院
  姜　波 天津商务职业学院
  朱文涛 苏州健雄职业技术学院
  陶春柳 苏州健雄职业技术学院
  申纲领 许昌职业技术学院

总　　序

2014年9月，国务院发布了《物流业发展中长期规划（2014—2020年）》，其中指出物流业是融合运输、仓储、货代、信息等产业的复合型服务业，是支撑国民经济发展的基础性、战略性产业，强调加快发展现代物流业，对于促进产业结构调整、转变发展方式、提高国民经济竞争力和建设生态文明具有重要意义，并提出到2020年，基本建立布局合理、技术先进、便捷高效、绿色环保、安全有序的现代物流服务体系。物流企业竞争力显著增强，一体化运作、网络化经营能力进一步提高，信息化和供应链管理水平明显提升，形成一批具有国际竞争力的大型综合物流企业集团和物流服务品牌。

现代物流是一项庞大而复杂的系统工程，不仅涉及运输、仓储、包装、装卸搬运、流通加工、配送、信息等各物流环节，也关系国家发展、城市规划、国土利用、基本建设、环境保护和经济运行的各部门，各类企业、事业单位都与物流有着密不可分的关系。

物流业涉及领域广、吸纳就业人数多，对促进生产、拉动消费的作用大。物流业产值每增加1%，可以增加10万个工作岗位。同时，物流成本占GDP的比率每降低1%，将带来3 000亿元的效益。而要提高物流业整体水平，亟须加快培养一支规模庞大的高素质技术技能型物流从业人员队伍。

2019年年初，国务院出台了《国家职业教育改革实施方案》（简称"职教20条"），对深化职业教育改革做出重要部署。"职教20条"针对一些多年来未解决的困扰，甚至阻碍职业教育发展的关键性、核心性问题，提出了一系列突破性的解决方案，具有划时代和里程碑意义。

"职教20条"提出："将"启动1+X证书制度试点工作""鼓励职业院校学生在获得学历证书的同时，积极取得多类职业技能等级证书，拓展就业创业本领，缓解结构性就业矛盾"。日前，教育部、国家发展改革委、财政部、市场监管总局联合印发《关于在院校实施"学历证书+若干职业技能等级证书"制度试点方案》（简称《试点方案》），部署启动"学历证书+若干职业技能等级证书"（简称"1+X证书"）制度试点工作。近期教育部首批启动了5个职业技能领域试点，物流管理职业技能等级证书正是首批试点的职业技能等级证书之一，这体现了国家层面对物流类高等职业教育的重视。

随着我国物流产业进入高质量发展的新时代，企业对高素质技术技能型物流人才的需求愈发迫切，需要一套更加成熟的、适应专业人才培养模式改革、适应企业现实要求、适应社会需求的物流管理专业教材，本套丛书就是在这样的背景下产生的。

这批规划教材立项之时，也是国家职业教育专业教学资源库建设项目及国家在线开放课程建设项目深入开展之际，而专业、课程、教材之间的紧密联系，无疑为融通教改项目、整合优质资源、打造精品力作奠定了基础。

本套丛书借鉴并吸收了国内外物流管理领域的最新研究成果，密切结合我国物流业高质量发展的实际需要，克服了同类教材的不足，充分体现了能力本位、应用性、创新性和实践性的要求。本套丛书力求在编写内容、编写体例和编写语言等方面适应高素质技术技能型人才培养的实际需求，以突出实践能力为主线，强调理论与实践的有机结合，理论阐述适度，突出高等职业教育特色，实现知行合一、工学结合的目标。内容按照"知识""能力""素质"并重的要求，以"考学结合"为切入点，贯彻"项目导向，任务驱动"编写理念，将"课堂理论教学、实验仿真教学、企业案例实践教学"的教学体系落实在教材中，并在教学过程中通过情景写实教学、经典实例教学等教学方式方法，培养学生乐于探究、勇于实践的职业素养，提高学生将物流理论应用于企业实践的职业能力，实现"教、学、做"的统一，为企业培养应用动手能力强、可持续发展潜力大的高素质技术技能型人才奠定基础。

这套教材从专家团队组建、教材编写定位、教材结构设计、教材大纲审定到教材编写、审校全过程，都倾注了高职教学一线众多教育专家、教学工作者和企业一线人员的心血，在这里真诚地对参加编审的教授、相关专家表示衷心的感谢。

相信这套教材在广大职业院校推广使用之后，可以有效地培养学生学习能力、职业能力和社会能力，促进学生综合素质的发展和提高。

全国物流职业教育教学指导委员会副主任委员
浙江经济职业技术学院原书记

再 版 前 言

我国是全球物流大国,经过多年发展,物流产业已成为国民经济的支柱产业和现代服务业。在结构调整、产业优化、降本增效的大背景及大数据、云计算、区块链等技术的推动下,物流业也将面临信息化、智能化、市场升级等新的发展机遇。贯彻落实党的二十大精神,聚焦新一代信息技术融合应用创新和人才培养机制改革,由北京理工大学出版社组织编者对第2版进行修订,推出了《物流信息技术(第3版)》。

本书在保持原书"基于工作过程"和"一体化教学"相融合的创新教学模式的基础上,进一步体现立德树人的目标,增加了课程思政的内容。为贯彻教师、教材、教法的三教改革,增加了学习目标、二维码链接、思考与练习;为适应物流业的快速发展,更新了项目一和项目八的内容,对第2版中滞后的物流信息技术和相关案例进行了更新。

本书由福建船政交通职业学院陈文、吴智峰任主编,陈燕琴、杨玉婷、沈振宇任副主编。本书具体的分工如下:陈文编写项目五、项目六,吴智峰编写项目一、项目八,陈燕琴编写项目三、项目四,杨玉婷编写项目二,沈振宇编写项目七。

本书在编写过程中,参阅和引用了许多国内外有关物流科学的大量论著、资料和案例,在此对这些论著、资料和案例的作者表示最诚挚的谢意!

限于编者所掌握的资料和水平有限,本书难免存在不足之处,恳请读者和同行批评指正。

编　者

目　　录

项目一　物流信息技术概论 ··· 1

　　任务一　物流信息概述 ·· 1
　　任务二　物流信息系统 ·· 5
　　任务三　物流信息技术与物流信息网络 ···················· 9
　　任务四　智慧物流 ··· 12
　　思考与练习 ·· 16

项目二　条码技术和射频技术 ····································· 19

　　任务一　条码背景知识 ·· 19
　　任务二　条码软件的安装 ······································· 35
　　任务三　一维条码和二维条码的制作和使用 ············ 37
　　任务四　条码扫描器的安装和使用 ························· 39
　　思考与练习 ·· 40

项目三　GPS 和 GIS 技术 ··· 42

　　任务一　GPS 和 GIS 的背景知识 ··························· 42
　　任务二　巡航卫士货运物流管理系统的使用 ············ 48
　　任务三　基于 GPS 和 GIS 技术的配送运输实训 ······ 56
　　附件一　送货记录单 ·· 61
　　附件二　收货记录单 ·· 62
　　思考与练习 ·· 62

项目四　POS 技术和 EDI 技术 ···································· 65

　　任务一　POS 和 EDI 的背景知识 ··························· 65
　　任务二　使用 POS 系统进行进、销、退、存商品 ···· 79
　　思考与练习 ·· 83

项目五　仓储管理信息系统 ··· 85

　　任务一　仓储背景知识 ·· 85
　　任务二　IWMS 三维互动仓储仿真系统的使用 ········ 97
　　思考与练习 ·· 136

项目六　快递信息系统 ·· 138

任务一　快递背景知识 ·· 138
任务二　宏达快递信息管理系统的使用 ·· 159
思考与练习 ··· 171

项目七　第三方物流（3PL） ··· 174

任务一　第三方物流背景知识 ··· 174
任务二　深圳华软第三方物流（国际物流）软件的使用 ····························· 178
附件　模拟业务 ··· 206
思考与练习 ··· 207

项目八　ERP、物联网与区块链 ·· 209

任务一　企业资源计划 ERP ·· 209
任务二　物联网 ··· 216
任务三　区块链与物流 ··· 218
思考与练习 ··· 224

参考文献 ·· 227

项目一

物流信息技术概论

学习目标

1. 知识目标

（1）认知物流信息系统及常见的物流信息技术；
（2）熟知物流信息网络及其特征；
（3）认知智慧物流的体系结构。

2. 技能目标

（1）能够复述智慧物流的实施基础与系统的创建要素；
（2）能够分析说明我国物流信息化产业化现状与趋势；
（3）能够评价物流信息技术的应用价值。

3. 素质目标

（1）培养学生具备物流信息收集意识的基本素质；
（2）培养学生爱岗敬业、思维敏锐的物流信息管理的职业精神。

任务一　物流信息概述

一、物流信息的定义

物流信息是指与物流活动（商品包装、商品运输、商品储存、商品装卸等）有关的一切信息。物流信息是反映物流各种活动内容的知识、资料、图像、数据、文件的总称。物流信息是物流活动中各个环节生成的信息，一般是随着从生产到消费的物流活动的产生而产生的信息流，与物流过程中的运输、保管、装卸、包装等各种职能有机结合在一起，是整个物流活动顺利进行所不可缺少的。

狭义的物流信息。从狭义的范围看，物流信息是指与物流活动有关的信息。

广义的物流信息。从广义的范围看，物流信息不仅指与物流活动有关的信息，而且包括与其他物流活动有关的信息，如商品交易信息和市场信息等。

二、物流信息的主要内容

物流信息包括伴随物流活动而发生的信息和在物流活动以外发生的但对物流有影响的信息。开展物流活动涉及面很广。首先，是与商流的联系，由于货源来自于商业购销业务部门，只有时刻掌握有关货源方面的信息，才能作出开展物流活动的安排；其次，是与交通运输部门的联系，因为除部分的汽车短途运输外，运输工具是由铁路、航运和港务等部门所掌握，只有随时了解车、船等运输信息，才能使商品流通顺利进行；再则，在改革开放的过程中出现运输市场和仓储市场，还得做到知己知彼，还要学习国内外在物流管理方面的有益经验。由此可见，物流信息不仅量大，而且来源分散，更多更广地掌握物流信息，是开展物流活动的必要条件。

（一）货源信息

货源的多少是决定物流活动规模大小的基本因素，它既是商流信息的主要内容，也是物流信息的主要内容。

货源信息一般包括以下几方面的内容：

(1) 商业购销部门的商品流转计划和供销合同，以及提出的委托运输和储存计划和合同。

(2) 工农业生产部门自己销售量的统计和分析，以及提出的委托运输和储存计划和合同。

(3) 社会性物资的运输量和储存量分析，以及提出的委托运输积储存计划和合同。

根据以上三方面的货源信息的分析，如果掌握的货源大于物流设施的能力，一方面要充分发挥物流设施的使用效能，挖掘潜力，尽最大可能满足货主需要；同时在制定物流计划和签订储运合同时，也可在充足的货源中作出有利的选择。

反之，如果掌握的货源信息小于物流设施的运能时，则要采取有力的措施，积极组织货源，以取得物流企业最大的经济效益。

（二）市场信息

直接的货源信息，是制定物流计划，确定月度、季度以至年度的运输量、储存量指标，能起现实的微观效果。但是为了从宏观上进行决策的需要，还必须对市场动态进行分析，注意掌握有关的市场信息。

市场信息是多方面的，就其反映的性质来看主要有：货源信息，包括货源的分布、结构、供应能力；流通渠道的变化和竞争信息；价格信息；运输信息；管理信息。

从广义上看，市场信息还包括社会上各物流行业的信息，也就是通常所说的行业信息，随着改革的深化，运输市场和仓储市场的形成，物流行业有了很大的发展，如城郊农村仓库发展迅速，社会托运行业的兴起，加上铁路、港务部门直接受理面的扩大等，这些行业的发展，不可避免地要吸引一部分货源。因此，了解同行的信息，对争取货源、决定竞争对策，同样具有重要意义。

了解一些国外的同行信息，对正确进行货源分析也是有益的。行业的经营无论国内外，它有一定共同规律。如过去商业物流部门一般是参照商业购销业务量的增长比例，来确定商品运输量的增长幅度的。前几年出现了购销量上升，而运输量下降的现象，是否属于正常现象，意见不一。经参考国外有关统计，也有类似的情况。通过研究分析，原因在于商品在向高、精、尖方向发展，商品的价值成倍增长，商品的重量和体积却由于技术的进步而日益轻巧。因此，在物流技术不断进步的情况下，无论在货源组织、运量分析等方面，还是在实现物流设施现代化方面，经常掌握国外等方面的有关信息，都将成为物流信息管理的重要内容。

（三）运能信息

运输能力的大小，对物流活动能否顺利开展，有着十分密切的关系。运输条件的变化，如铁路、公路、航空运力适量的变化，会使物流系统对运输工具和运输路线的选择发生变化。这些会影响到交货的及时性及费用是否增加。在我国运输长期处于短线的情况下，尤其是如此。运能信息主要有以下几个方面：

(1) 交通运输部门批准的运输月计划，包括追加、补充计划的可能性。

(2) 具体的装车、装船日期；对接运商品，着重掌握到达车辆日期的预报和确报。

(3) 运输业的运输能力，包括各地区地方船舶和车队的运输能力等。

运能信息对商品储存也有着直接的关系。有些待储商品是从外地运来的，要及时掌握到货的数量和日期，以利于安排仓位；有些库存是待运商品，更要密切注意运能动态。为了改变我国交通运输的紧张状态，国家正在采取措施改变这一局面。了解今后交通运输的发展趋势和具体进度，对制定物流企业的远景规划和作出宏观决策，也是十分必要的。

（四）企业物流信息

单就商业企业物流系统来看，由于商品在系统内各环节流转，每个环节都会产生在本环节内有哪些商品、每种商品的性能、状态如何、每种商品有多少、本环节内在某个时期可以向下一环节输出多少商品、在本环节内某个时期需要上一个环节供应多少商品等信息，所以企业物流系统的各子系统都会产生商品的动态信息。

1. 批发企业产生的物流信息

批发企业（或供应商）向零售企业物流系统发出发货通知。发货通知表明有哪些商品、有多少商品将要进入物流系统，所以供应商也是物流信息产生的来源。

2. 零售企业产生的物流信息

（1）零售企业营销决策部门下达采购计划，向物流系统传递物流信息。这部分信息包括需要采购哪些原来没有采购的商品，采购多少；哪些商品不必再采购。这是零售商业企业在商品经营策略上发生变化时产生的物流信息。

（2）零售企业物流系统产生的物流信息。零售企业每种商品的库存量及需要由配送中心供应哪些商品、供应多少、什么时候供应。

（五）物流管理信息

加强物流管理，实现物流系统化，是一项繁重的任务，既要认真总结多年来物流活动的经验，又要虚心学习国内外同行对物流管理的研究成果。因此，要尽可能地多收集一些国内外有关物流管理方面的信息，包括物流企业、物流中心的配置、物流网络的组织，以及自动分拣系统、自动化仓库的使用情况等，以及借鉴国内外有益的经验，不断提高物流管理水平。

三、物流信息的类型

（一）按管理层次分类

1. 操作管理信息

操作管理信息产生于操作管理层，反映和控制企业的日常生产和经营工作，如每天的产品质量指标、用户订货合同、供应厂商原材料信息等。这类信息通常具有量大、发生频率高等特点。

2. 战术管理信息

战术管理信息是部门负责人作关系局部和中期决策所涉及的信息，如月销售计划完成情况、单位产品的制造成本、库存费用、市场商情信息等。

3. 战略管理信息

战略管理信息是企业高层管理决策者制定企业年经营目标、企业战略决策所需要的信息，如企业全年经营业绩综合报表、消费者收入动向和市场动态、国家有关政策法规等。

4. 知识管理信息

知识管理信息是知识管理部门相关人员对企业自己的知识进行收集、分类、存储和查询，并进行知识分析得到的信息，如专家决策知识、物流企业相关业务知识、工人的技术和经验形成的知识信息等。

（二）按信息来源分类

1. 物流系统内信息

物流系统内信息是伴随物流活动而发生的信息，包括物流转送信息、物流作业层信息，具体为运输信息、储存信息、物流加工信息、配送信息、定价信息等,以及物流控制层信息和物流管理层信息。

2. 物流系统外信息

物流系统外信息是在物流活动以外发生,但提供给物流活动使用的信息,包括供货人信息、顾客信息、订货合同信息、社会可用运输资源信息、交通和地理信息、市场信息、政策信息,还有来自企业内生产、财务等部门的与物流有关的信息。

(三) 按信息沟通方式分类

1. 口头信息

口头信息是指通过面对面的口头交谈而进行传递的信息。这类信息可以直接而迅速地传播,与其他传播方式相比速度较快。但它在传播过程中也容易掺和进传播者的主观理解而产生信息失真。物流活动中的各种现场调查和研究,是获得口头信息的最简单方法。

2. 书面信息

书面信息是指为了保证物流信息的客观性,便于重复说明和反复检查,而用书面文字进行描述的一种信息类型。各种物流环节中出现的数据报表、文字说明和技术资料等都属于这类信息。

知识链接:京东全景式揭秘"物流界MBA","人机CP"培养新模式落地

四、物流信息的功能

在整个物流系统的运行过程中,物流信息主要起到以下几方面的功能:

(一) 衔接作用

物流系统与社会经济运行中许多行业、部门以及众多的企业群体之间有着十分密切的关系,无论是物流系统内部的各种指令、计划、数据、报表等,还是其他的方方面面,都依靠物流信息建立起各种纵向和横向的联系,衔接生产企业、批发商、零售商、消费者,满足各方面的需要。

(二) 交易功能

商品交易过程中的大多数操作都是通过物流信息来完成的,物流信息的交易功能主要表现为:记录订货内容、传递库存计划、用户信息查询等。交易功能是物流信息功能的最基本体现。

(三) 控制功能

物流信息的控制功能通过合理的指标体系来评价和鉴别各种方案,对于提高企业的物流服务水平和资源利用率有重要作用,该功能强调了信息的控制力度。

(四) 决策功能

大量的物流信息能使管理人员掌握全面情况,协调物流活动,通过评估、比较和"成本—收益"分析,做出最有效的物流决策。有效利用物流信息,也有助于物流企业正确制定物流发展战略。

五、物流信息的作用

对物流活动来说,物流信息承担着类似神经细胞的作用。在制定物流战略计划、进行物流管

理、开展物流业务、制定物流方针等方面都不能缺少物流信息。

1. 物流信息在物流计划阶段的作用

长期的物流战略计划和短期的物流战略计划的制定，关键在于是否有正确的内部信息和外部信息。如果缺乏必要的信息，或信息的准确性不高，计划就无法作出，甚至会作出脱离实际的计划决策。可以说由于信息不畅，会造成物流活动的混乱，对于整个物流计划的决策来说，缺乏信息或信息不可靠，将会造成全局性的失误。

物流信息在建立长期战略计划的模型和掌握本期实绩的计算中，以及计划和实绩的对比中发挥着重要作用。在物流预算方面，物流信息在预算的制定，以及通过预算和实绩的对比来控制预算等方面也起着重要作用。物流信息在订货、库存管理、进货、仓库管理、装卸、包装、运输、配送等具体物流环节的计划阶段，如安排物流据点、决定库存水平、确定运输手段、找出运输计划、发运计划的最佳搭配等方面都发挥着重要作用。

2. 物流信息在物流实施阶段的作用

（1）物流信息是物流活动的基础。
（2）物流信息是进行物流调度指挥的手段。

3. 物流信息在物流评价阶段的作用

物流信息在物流评价阶段的作用是很大的。物流评价就是对物流"实际效果"的把握。物流活动地域性广泛，活动内容也十分丰富多彩。为了把各种物流活动维持在合理的状态，就应该制定一个"范围"，即要形成系统和规定处理的标准。然而，只制定范围并不能保证维持其合理性，还需要经常检查计划和效果，对差距大的地方加以修正。正是这样反复循环，使物流进入更合理的状态。

然而，物流活动的地域范围广泛，活动内容繁多，对物流的效果也难于控制，因此，只有掌握物流活动的全部结构，才能作出正确的评价。这种结构，不用说就是信息系统。比如订货处理系统，由于是以日或月，甚至隔一时期输出必要的数据，日常控制使最终的评价活动得到提高。因此，必须以物流管理在所有方面发挥的作用为目标。可以说，充分认识到"信息支持物流"是非常重要的。

任务二　物流信息系统

一、物流信息系统

物流信息系统是指由人员、设备和程序组成的、为物流管理者执行计划、实施、控制等职能提供信息的交互系统，它与物流作业系统一样都是物流系统的子系统。

物流信息系统是建立在物流信息的基础上的，只有具备了大量的物流信息，物流信息系统才能发挥作用。在物流管理中，人们要寻找最经济、最有效的方法来克服生产和消费之间的时间距离和空间距离，就必须传递和处理各种与物流相关的情报，这种情报就是物流信息。它与物流过程中的订货、收货、库存管理、发货、配送及回收等职能有机地联系在一起，使整个物流活动顺利进行。

在企业的整个生产经营活动中，物流信息系统与各种物流作业活动密切相关，具有有效管理物流作业系统的职能。它有两个主要作用：一是随时把握商品流动所带来的商品量的变化；二是提高各种有关物流业务的作业效率。

二、物流信息系统的产生背景

随着物流供应链管理的不断发展，各种物流信息的复杂化，各企业迫切要求物流信息化，而计算机网络技术的盛行又给物流信息化提供了技术上的支持。因此，物流信息系统就在企业中扎下了根，并且为企业带来了更高的效率。企业是基于以下背景才大力开发物流信息系统的。

（一）市场竞争加剧

在当今世界中，基本上都是买方市场，由消费者来选择购买哪个企业生产的产品，他们基本上有完全的决策自由。而市场上生产同一产品的企业多如牛毛，企业要想在竞争中胜出，就必须不断地推陈出新，以较低的成本迅速满足消费者时刻变化着的消费需求，而这都需要快速反应的物流系统。要快速反应，信息反馈必须及时，这必然要求企业建立自己的物流信息系统。

（二）供应链管理的发展

现代企业间的竞争在很大程度上表现为供应链之间的竞争，而在整个供应链中，环节较多，信息相对来说就比较复杂，企业之间沟通起来就困难得多。各环节要想自由沟通，达到信息共享，建立供应链物流信息系统就势在必行。

（三）社会信息化

电子计算机技术的迅速发展，网络的广泛延伸，使整个社会进入了信息时代。在这个网络时代，只有融入信息社会，企业才可能有较大的发展。更何况，信息技术的发展已经为信息系统的开发打下了坚实的基础。企业作为社会的一员，物流作为一种社会服务行业，必然要建立属于物流业自己的信息系统。

三、物流信息系统的功能

物流信息系统是物流系统的神经中枢，它作为整个物流系统的指挥和控制系统，可以分为多种子系统或者多种基本功能。通常，可以将其基本功能归纳为以下几个方面：

（一）数据的收集和输入

物流数据的收集首先是将数据通过收集子系统从系统内部或者外部收集到预处理系统中，并整理成为系统要求的格式和形式，然后再通过输入子系统输入到物流信息系统中。这一过程是其他功能发挥作用的前提和基础，如果一开始收集和输入的信息不完全或不正确，在接下来的过程中得到的结果就可能与实际情况完全相左，这将会导致严重的后果。因此，在衡量一个信息系统性能时，应注意它收集数据的完善性、准确性，以及校验能力与预防和抵抗破坏能力等。

（二）信息的存储

物流数据经过收集和输入阶段后，在其得到处理之前，必须在系统中存储下来。即使在处理之后，若信息还有利用价值，也要将其保存下来，以供以后使用。物流信息系统的存储功能就是要保证已得到的物流信息能够不丢失、不走样、不外泄、整理得当、随时可用。无论哪一种物流信息系统，在涉及信息的存储问题时，都要考虑到存储量、信息格式、存储方式、使用方式、存储时间、安全保密等问题。如果这些问题没有得到妥善的解决，信息系统是不可能投入使用的。

（三）信息的传输

物流信息在物流系统中，一定要准确、及时地传输到各个职能环节，否则信息就会失去其使用价值了。这就需要物流信息系统具有克服空间障碍的功能。物流信息系统在实际运行前，必须要充分考虑所要传递的信息种类、数量、频率、可靠性要求等因素。只有这些因素符合物流系统的实际需要时，物流信息系统才是有实际使用价值的。

（四）信息的处理

物流信息系统的最根本目的就是要将输入的数据加工处理成物流系统所需要的物流信息。数据和信息是有所不同的，数据是得到信息的基础，但数据往往不能直接利用，而信息是从数据加工得到的，它可以直接利用。只有得到了具有实际使用价值的物流信息，物流信息系统的功能才算发挥。

（五）信息的输出

信息的输出是物流信息系统的最后一项功能，也只有在实现了这个功能后，物流信息系统的任务才算完成。信息的输出必须采用便于人或计算机理解的形式，在输出形式上力求易读易懂，直观醒目。

这五项功能是物流信息系统的基本功能，缺一不可。而且，只有五个过程都没有出错，最后得到的物流信息才具有实际使用价值，否则会造成严重的后果。

四、物流信息系统的内容

物流信息系统根据不同企业的需要可以有不同层次、不同程度的应用和不同子系统的划分。例如有的企业由于规模小、业务少，可能使用的仅仅是单机系统或单功能系统，而另一些企业可能就使用功能强大的多功能系统。一般来说，一个完整、典型的物流信息系统可由作业信息处理系统、控制信息处理系统、决策支持系统三个子系统组成。

（一）作业信息处理系统

作业信息处理系统一般有电子自动订货系统（EOS）、销售时点信息系统（POS）、智能运输系统等类型。

（二）控制信息处理系统

控制信息处理系统主要包括库存管理系统和配送管理系统。

库存管理系统负责利用收集到的物流信息，制定出最优库存方式、库存量、库存品种以及安全防范措施等。配送管理系统则将商品按配送方向、配送要求分类，制定科学、合理、经济的运输工具调配计划和配送路线计划等。

（三）决策支持系统

物流决策支持系统（LDSS）是为管理层提供的信息系统资源，是给决策过程提供所需要的信息、数据支持及方案选择支持。一般应用于非常规、非结构化问题的决策。但是决策支持系统只是一套计算机化的工具，可以帮助管理者更好地决策，但不能代替管理者决策。

五、物流企业信息系统规划

在激烈的市场竞争下，物流企业面临着越来越多的不确定因素，市场瞬息万变，不同行业客户需求差异化，客户对服务要求越来越苛刻。开发新的物流客户，坚持现有物流大客户的忠诚度，需求有清楚的调查、了解，服务进行有效的跟踪，准时为客户提供个性化的优质服务都是对现今在如此猛烈竞争中生存的物流企业提出的要求，而先进的物流信息系统无疑为这些要求的兑现提供了助力。

我国大型物流企业虽然都建立了比较完善的实时信息系统，内部资源也达到了一定程度的共享，但基本上都还是只对内（营业、运作、职能等部门）发挥了基本的信息协调作用。但是相对于外部，如上下游客户（供应链）、合作伙伴等，物流信息服务平台还没有建立起来，基本上与客户跟合作伙伴之间的信息通道还处于比较原始的状态，物流信息网络还没有全面建立起来。所以，我国的物流企业想要发展壮大，为了提高整个供需链的经营效果，为了在激烈的竞争中获得竞争优势，参与到国际竞争里，信息化建设迫在眉睫。大型物流企业需要结合自身的进展战略，进行物流信息系统的规划建设。

（一）建立实时信息采集系统

由于企业各分支机构信息系统的不统一，造成企业资源无法共享、客户治理混乱、信息无法互通、治理思想无法贯彻、企业的对外形象不规范等弊端，使得大型物流企业的网络效益、规模效益无法发挥。所以大型物流企业信息化建设的第一步，是用一体化的考虑方式，为企业建立一个信息共享的集中式信息平台，通过信息系统同一企业的规范，实时采集业务和财务数据，加强对网络的监控力度，实现透明化治理，从而增强企业的竞争优势。该统一的实时信息采集系统功能需涵盖物流企业的核心业务，如国际海运货代、国际空运货代、报关服务、内陆运输、仓储、配送、堆场、码头业务，以及为物流市场拓展服务的市场拓展治理、服务治理、报价治理、绩效治理、市场活动治理、客户协议治理等。

（二）建立面向上下游客户的服务平台

在企业已经建立了统一的信息平台后，就需要考虑如何降低客户服务本钱，提高客户服务质量、客户对企业的忠诚度，所以此时需要建立一个面向上下游客户的服务平台。

物流企业客户服务对象应包括：供给商、外部客户、内部客户、客户的客户、合作伙伴和国外代理。企业可以通过建设电子商务网站、Accounting Center、Document Center、Call Center，或利用信息系统建立虚拟客户服务中心，通过自动发送电子邮件、传真、短信等通知模式，实现企业统一的、规范的客户服务要求，为客户提供快速的、准确的、主动的服务。

通过建立高效的物流信息服务平台，不同业务部门之间、不同分支机构之间、与合作伙伴之间、与客户之间、与供给商之间都可以实现全面的协同工作和信息共享。协同工作带来的最直接利益是效率的进步和质量的保证。通过协同工作，与合作伙伴之间的合作关系更加坚固；与客户之间的关系不再通过简单的买卖关系或销售职员的销售能力来维系，更多的是依赖优质便捷、可增值的服务来维系；与供给商之间则可实现获得最直接的、最快速的贸易信息与服务，使企业在市场竞争中处于领先的地位。

（三）建立通用的 EDI 交换平台

为了更紧密地捆绑企业与客户的关系，更大程度地缩短企业与客户的间隔，大型物流企业在拥有客户服务平台的基础上，一定建立自己通用的 EDI 平台，以满足各种类型的客户对企业信息的需求，其中包括船公司、海关、拖车、堆场、仓库、代理、合作伙伴等。

通过企业 EDI 平台的建立，利用系统自动天生、发送、接收 EDI 的功能，与客户、合作伙伴、供给商、机关实现自动的协同工作，增加企业之间的黏性和稳定性，使企业与客户间建立了私有信息通道，为自己创造价值的同时也为客户创造了价值，最大限度地发挥了企业的网络效益和整体效益。

（四）建立数据仓库系统

物流企业 80% 的利润来自 20% 的核心客户。在系统稳定运行了一定时间后，如何利用现有数据，挖掘出企业 20% 的核心客户和核心客户的业务使用情况，如何利用现有的业务和财务数据分析出企业的治理能力、经营状况、资金状况等情况，成为企业突破自身瓶颈的关键。

所以这个阶段企业需要建立自己的数据仓库系统，分析企业运行数据，从而为治理层提供各种决策支持，使治理具有更强的预见性，适时调整企业战略进展目标，发现企业的核心价值，从而保证企业良性进展。

（五）建立 CRM 客户关系治理平台

如何将企业的市场营销、销售、服务与技术支持连接起来，使企业能够吸引更多的潜在客户和保持更多的现有客户成为现阶段的重点。通过建立 CRM 客户关系治理平台，不论客户大小、所在地域以及业务发生的时间，客户都可以得到优质、满足的服务；企业可以减少与客户沟通的环节，加强信用操纵以降低风险，同时通过对客户进行统一的信用治理，依据不同的信用等级提供不同的服务；根据物流企业进展的策略，对大客户提供特定的个性化服务，从而使物流企业的服务提升到一个新的层次，真正实现企业的价值。

（六）建立深层次的效益分析系统

物流企业向客户提供服务的目的就是为了获得利润。为此，有必要利用系统中的历史数据、正在发生的数据进行深层次的收益分析，以便找到真正的利润来源，提供有针对性的、更有价值的服务，发现可能的利润增长点。

任务三　物流信息技术与物流信息网络

一、物流信息技术的定义

物流信息技术是运用于物流各环节中的信息技术。根据物流的功能以及特点，物流信息技术包括计算机技术、网络技术、信息分类编码技术、条码技术、射频识别技术、电子数据交换技术、全球定位系统（GPS）、地理信息系统（GIS）等。

物流信息技术是物流现代化的重要标志，也是物流技术中发展最快的领域，从数据采集的条形码系统，到办公自动化系统中的微机、互联网，各种终端设备等硬件以及计算机软件都在日新月异地发展。同时，随着物流信息技术的不断发展，产生了一系列新的物流理念和新的物流经营方式，推进了物流的变革。在供应链管理方面，物流信息技术的发展也改变了企业应用供应链管理获得竞争优势的方式，成功的企业通过应用信息技术来支持它的经营战略并选择它的经营业务。通过利用信息技术来提高供应链活动的效率性，增强整个供应链的经营决策能力。

二、物流信息技术构成

从构成要素上看，物流信息技术作为现代信息技术的重要组成部分，本质上都属于信息技术范畴，只是因为信息技术应用于物流领域而使其在表现形式和具体内容上存在一些特性，但其基本要素仍然同现代信息技术一样，可以分为4个层次。

1. 基础技术

即有关元件、器件的制造技术，它是整个信息技术的基础，如微电子技术、光子技术、光电子技术、分子电子技术等。

2. 系统技术

即有关物流信息的获取、传输、处理、控制的设备和系统的技术，它是建立在信息基础技术之上的，是整个信息技术的核心。其内容主要包括物流信息获取技术、物流信息传输技术、物流信息处理技术及物流信息控制技术。

3. 应用技术

即基于管理信息系统（MIS）技术、优化技术和计算机集成制造系统（CIMS）技术而设计出的各种物流自动化设备和物流信息管理系统，如自动化分拣与传输设备、自动导引车（AGV）、集装箱自动装卸设备、仓储管理系统（WMS）、运输管理系统（TMS）、配送优化系统、全球定位系统（GPS）、地理信息系统（GIS）等。

4. 安全技术

即确保物流信息安全的技术，主要包括密码技术、防火墙技术、病毒防治技术、身份鉴别技术、访问控制技术、备份与恢复技术和数据库安全技术等。

三、几种常见的物流信息技术

1. 条码技术

条码技术是在计算机的应用实践中产生和发展起来的一种自动识别技术，为我们提供了一种对物流中的货物进行标识和描述的方法。

条码是实现 POS 系统、EDI、电子商务、供应链管理的技术基础,是物流管理现代化、提高企业管理水平和竞争能力的重要技术手段。

2. EDI 技术

EDI(Electronic Data Interchange)是指通过电子方式,采用标准化的格式,利用计算机网络进行结构化数据的传输和交换。构成 EDI 系统的三个要素是 EDI 软硬件、通信网络以及数据标准化。

工作方式大体如下:用户在计算机上进行原始数据的编辑处理,通过 EDI 转换软件将原始数据格式转换为平面文件,平面文件是用户原始资料格式与 EDI 标准格式之间的对照性文件。通过翻译软件将平面文件变成 EDI 标准格式文件。然后在文件外层加上通信信封,通过通信软件(EDI 系统交换中心邮箱)发送到增值服务网络(VAN)或直接传送给对方用户,对方用户则进行相反的处理过程,最后成为用户应用系统能够接收的文件格式。

3. RFID 技术

RFID(Radio Frequency Identification,射频识别)是一种非接触式的自动识别技术,它通过射频信号自动识别目标对象来获取相关数据。识别工作无须人工干预,可工作于各种恶劣环境。短距离射频产品不怕油渍、灰尘污染等恶劣的环境,可以替代条码,例如用在工厂的流水线上跟踪物体。长距射频产品多用于交通上,识别距离可达几十米,如自动收费或识别车辆身份等。

4. GIS 技术

GIS(Geographical Information System,地理信息系统)是多种学科交叉的产物,它以地理空间数据为基础,采用地理模型分析方法,适时地提供多种空间的和动态的地理信息,是一种为地理研究和地理决策服务的计算机技术系统。其基本功能是将表格型数据(无论它来自数据库、电子表格文件或直接在程序中输入)转换为地理图形显示,然后对显示结果浏览、操作和分析。其显示范围可以从洲际地图到非常详细的街区地图,显示对象包括人口、销售情况、运输线路和其他内容。

5. GPS 技术

全球定位系统(Global Positioning System,GPS)具有在海、陆、空进行全方位实时三维导航与定位能力。GPS 在物流领域可以应用于汽车自定位、跟踪调度,用于铁路运输管理,用于军事物流。

四、物流信息网络的内涵

1. 物流信息网络定义

物流信息网络是指一个物流企业建立的有关用户需求信息、市场动态、企业内部业务处理情况等信息共享的网络,是依靠现代信息网络技术建立起的运输节点间的信息网络。物流信息网络指伴随物流基础设施网络而相应传递各类信息的通信网络,如全球性物流信息网络、全国性物流信息网络、地区性物流信息网络等。

2. 物流信息网络的特点

(1)网络专业性强。

(2)信息来源的广泛性。

(3)地域的广袤性。

(4)网络信息实时性、动态性强。

物通网

五、我国物流信息化产业化现状与趋势

1. 产业现状：物流信息化程度低，信息化系统功能欠完善

从企业的信息系统功能角度来看，目前我国物流企业的信息系统存在功能简单、功能层次低等问题。多数信息系统只有简单的纪录、查询和管理功能，而缺少决策、分析、互动等功能。

物流企业的运营随着企业规模和业务跨地域发展，必然要走向全球化发展的道路。在全球化趋势下，物流目标是为国际贸易和跨国经营提供服务，选择最佳的方式与路径，以最低的费用和最小的风险，保质、保量、准时地将货物从某国的供方运到另一国的需方，使各国物流系统相互"接轨"，它代表物流发展的更高阶段。面对着信息全球化的浪潮，信息化已成为加快实现工业化和现代化的必然选择。中国提出要走新型工业化道路，其实质就是以信息化带动工业化、以工业化促进信息化，达到互动并进，实现跨越式发展。

中国已经加入WTO，资源在全球范围内的流动和配置大大加强，企业面临的国内、国际市场的竞争更加激烈，越来越多的跨国公司正加快对中国的投资速度，纷纷到中国设立或扩大加工基地与研发基地，一大批中国企业也将真正融入全球产业链，有些还将直接成为国际跨国公司的配套企业，这些都将大大加快中国经济与国际经济接轨的步伐，加剧中国企业在本土和国际范围内与外商的竞争，这都将对我国的物流业提出更高的要求。在这种新环境下，我国的物流企业必须把握好现代物流的发展趋势，运用先进的管理技术和信息技术，提升自己的竞争力和整体优势，提高物流作业的管理能力和创新能力。

2. 发展趋势：智能化、标准化和全球化是物流企业信息化发展的趋势

智能化是自动化、信息化的一种高层次应用。物流作业过程涉及大量的运筹和决策，如物流网络的设计与优化、运输（搬运）路径的选择、每次运输的装载量选择、多种货物的拼装优化、运输工具的排程和调度、库存水平的确定、补货策略的选择、有限资源的调配、配送策略的选择等问题都需要进行优化处理，这些都需要管理者借助优化的、智能工具和大量的现代物流知识来解决。同时，近年来，专家系统、人工智能、仿真学、运筹学、智能商务、数据挖掘和机器人等相关技术在国际上已经有比较成熟的研究成果，并在实际物流作业中得到了较好的应用。因此，物流的智能化已经成为物流发展的一个新趋势。

标准化技术也是现代物流技术的一个显著特征和发展趋势，同时也是现代物流技术实现的根本保证。货物的运输配送、存储保管、装卸搬运、分类包装、流通加工等各个环节中信息技术的应用，都要求必须有一套科学的作业标准。例如，物流设施、设备及商品包装的标准化等，只有实现了物流系统各个环节的标准化，才能真正实现物流技术的信息化、自动化、网络化、智能化等。特别是在经济全球化和贸易全球化的新世纪中，如果在国际间没有形成物流作业的标准化，就无法实现高效的全球化物流运作，这将阻碍经济全球化的发展进程。

3. 技术革新：现代信息技术应用对物流产业发展的重要性

（1）现代信息技术对整个物流活动或物流产业的运行方式产生很大的影响。传统的物流活动实际上是生产者生产出一个产品以后，要求物流供应商或者其他的服务部门按照他的要求经过几个中间环节最后送到消费者手中。按照西方许多市场专家的观点，它是按照一种推式的方法来运行，也就是在产品生产出来以后再进入到流通过程到达消费者手中。现在，实际上包括中国在内的世界范围的经济，是一种市场竞争性的经济，而且商品生产和销售活动不是围绕生产者来进行，而是围绕着消费者进行。每一个用户，每一个消费者，他所产生的需求通过市场信息系统共享以后传达到生产者和流通者手中，那么它们要围绕着市场的信息来组织自己的经营活动。在这样一种情况下，首先表现为物流活动从一个被动的载体转化为

一个主动的载体,根据市场的物流信息来合理地安排库存,合理地调配资源,保证市场的供应。所以,从这个运行的方式上,首先表现在他从一个被动的市场信息的接受者转变为经济活动整个流通过程的组织者,从一个被动的状态转变为一个主动的状态。这是第一个比较明显的特征。第二个特征是在广泛应用信息技术以后,由于有了完全的信息,以及信息的透明和共享以后,过去的物流活动从一个局部的环节变成了整个供应链上的系统化的活动,就是说他从过去分散的活动变成了一种系统化的或者如某些专家认为的全程化的活动。第三个特点就是过去我们始终认为物流活动是一个黑暗的大陆,这种黑暗恰恰是在于我们没法充分掌握很多信息,所以大家没法把握他内在的合理的要求,没法提高它的效率。而通过现代信息技术特别是整个供应链所有参与者,共同享用信息,采用这种共享机制以后,实际上使得整个物流从生产者到最终消费者的过程变成了一个透明的管道。所有的参与者,都能够根据充分的信息来合理地进行分工和市场定位,进行规范化的运作。物流运行的透明化、信息化和主动化是信息技术发达以后物流运行的主要特征。

(2) 现代信息技术对物流产业组织的影响。到了20世纪90年代末期和21世纪以后,很多新型的物流企业出现,如大家经常谈论的第四方物流企业、第五方物流企业。事实上,第四方物流企业和第五方物流企业是专门对物流信息资源进行管理的物流企业。这种延续的过程实际上导致了新的物流组织的出现,而且物流组织的层次也在不断提高。我想这是现代信息技术对物流组织的一种影响,我们把这种逐渐升级的过程概括为,一是以企业内部信息管理系统为基础的企业内部一体化物流组织,这是在20世纪80年代以前的组织特征,到80、90年代EDI技术出现以后,特别是第三方物流企业出现以后,我们把它概括为以电子数据交换技术或EDI为基础的专业化的物流组织,就是早期的第三方物流企业。还有一种就是以网络通信技术为基础的物流流程的一体化组织,就是大家很关注的供应链的管理者。所以,物流组织的发展也是一个逐步演进的过程。物流技术的发展对整个物流组织的发展和创新的影响也是非常明显的。

(3) 信息技术发展对物流产业市场竞争格局的影响。随着现代信息技术的发展和新的物流组织的出现,物流的竞争主体开始转到物流企业之间,特别是第三方物流企业之间、第四方物流企业之间。物流企业之间的竞争代替了原来工商企业之间在物流环节上的竞争。这是从竞争的主体上来看。从竞争的范围上来看,过去传统的物流活动往往是表现在仓储环节上、运输环节上或者包装环节上这样一些单独的环节上,那么工商企业往往非常关注这些单一环节的管理水平和管理效率的提高。但是在供应链形成以后,特别是在第三方物流企业形成以后,这种竞争不再停留在单一的环节上,而是把整个物流过程或者大家经常说的供应链的过程的管理效率和管理水平的提高就成为竞争的主要焦点。所以到目前为止,在西方发达国家物流企业的核心竞争力已经不是有多么高的运输设备和自动化的仓库,而是对顾客的响应能力。而这种响应能力恰恰是建立在现代信息技术广泛完善的应用方面。所以我们觉得物流竞争已经从原来关注物流设施水平转向了信息管理能力的提高和信息技术水平的提高上。这就是信息技术影响着物流领域竞争手段的变化。

任务四　智慧物流

一、智慧物流定义

智慧物流是一种以信息技术为支撑,在物流的运输、仓储、包装、装卸搬运、流通加工、配送、信息服务等各个环节实现系统感知,全面分析,及时处理及自我调整功能,实现物流规整智慧、发现智慧、创新智慧和系统智慧的现代综合性物流系统。

继 IBM 2008 年提出"智慧的地球"后，2009 年奥巴马提出将"智慧的地球"作为美国国家战略。同年 8 月温家宝总理在无锡提出"感知中国"，物联网被正式列为国家五大新兴战略性产业之一，写入"政府工作报告"。目前，美国、欧盟等都投入巨资深入探索物联网。考虑到物流业是最早接触物联网的行业，也是最早应用物联网技术，实现物流作业智能化、网络化和自动化的行业，2009 年中国物流技术协会信息中心、华夏物联网、《物流技术与应用》编辑部率先在行业提出"智慧物流"概念。

智慧物流概念的提出，顺应历史潮流，也符合现代物流业自动化、网络化、可视化、实时化、跟踪与智能控制的发展新趋势，符合物联网发展的趋势。有利于降低物流成本，提高效率，控制风险，节能环保，改善服务。

自概念提出以来，受到了专家和学者的高度关注，智慧物流也入选 2010 年物流十大关键词。但目前对智慧物流的研究仍处在起步阶段。企业界与学术界对智慧物流的概念、体系结构、实施框架的研究尚不成熟，未达成共识。

二、智慧物流的基本功能

（1）感知功能。
（2）规整功能。
（3）智能分析功能。
（4）优化决策功能。
（5）系统支持功能。
（6）自动修正功能。
（7）及时反馈功能。

极智嘉智慧物流峰会现场干货：
公布全新技术战略和实现路径

三、智慧物流的实施基础

（1）信息网络是智慧物流系统的基础。智慧物流系统的信息收集、交换共享、指令的下达都要依靠一个发达的信息网络。没有准确的、实时的需求信息、供应信息、控制信息做基础，智慧物流系统也就无法对信息进行筛选、规整、分析，也就无法发现物流作业中有待优化的问题，更无法创造性地作出优化决策，整个智慧系统也就无法实现。

（2）网络数据挖掘和商业智能技术，是实现智慧系统的关键。如何对海量信息进行筛选规整、分析处理，提取其中有价值信息，实现规整智慧、发现智慧，从而为系统的智慧决策提供支持，必须依靠网络数据挖掘和商业智能技术，并在此基础上，自动生成解决方案，供决策者参考，实现技术智慧与人的智慧的结合。

（3）良好的物流运作和管理水平，是实现智慧物流系统的保障。实践证明，如果没有良好的物流运作和管理水平，盲目发展信息系统，不仅不能改善业绩，反而会适得其反。智慧物流系统的实现也离不开良好的物流运作和管理水平，只有二者结合，才能实现智慧物流的系统智慧，发挥协同、协作、协调效应。

（4）智慧物流的实现，更需要专业的 IT 人才与熟知物流活动规律的经营人才的共同努力。物流业是一个专业密集型和技术密集型的行业，没有人才，大量信息的筛选、分析乃至应用将无从入手，智慧技术的应用与技术之间的结合也无从进行。

（5）智慧物流的建成，必须实现从传统物流向现代物流的转换。智慧物流所要实现的产品的智能可追溯网络系统、物流过程的可视化智能管理网络体系、智能化的企业物流配送中心和企业的智慧供应链必须建立在"综合物流"之上，如果传统物流业不像现代物流业转变，智慧物流只是局部智能而不是系统的智慧。

（6）物流系统只有在物流技术、智慧技术与相关技术有机结合的支持下才能得以实现，两者相辅相成。只有应用这些技术，才能实现智慧物流的感知智慧、规整智慧、发现智慧、创新智慧、系统智慧。这些技术主要包括新的传感技术、EDI、GPS、RFID、条形码技术、视频监控技术、移动计算技术、无线网络传输技术、基础通信网络技术和互联网技术。

四、智慧物流的体系结构

按照服务对象和服务范围划分，智慧物流体系可以分为企业智慧物流、行业智慧物流、区域或国家智慧物流三个层次。

1. 企业智慧物流层面

集中表现在应用新的传感技术、实现智慧仓储、智慧运输，智慧装卸、搬运、包装，智慧配送、智慧供应链等各个环节，从而培育一批信息化水平高、示范带动作用强的智慧物流示范企业。

2. 行业智慧物流层面

主要包括智慧区域物流中心、区域智慧物流行业、预警和协调机制的建设三个方面。

（1）智慧区域物流中心。智慧区域物流中心的建立关键要搭建区域物流信息平台，这是区域物流活动的神经中枢，连接着物流系统的各个层次、各个方面，将原本分离的商流、物流、信息流和采购、运输、仓储、代理、配送等环节紧密联系起来，形成了一条完整的供应链。其次，要建设若干智慧物流园区。智慧物流园区指加入了信息平台的先进性、供应链管理的完整性、电子商务的安全性的物流园区，基本特征是商流、信息流、资金流的快速安全运转，满足企业信息系统对相关信息的需求，通过共享信息支撑政府部门监督行业管理与市场规范化管理方面协同工作机制的建立，确保物流信息正确、及时、高效、通畅。智慧技术的运用使得运输合理化、仓储自动化、包装标准化、装卸机械化、加工配送一体化、信息管理网络化。

（2）区域智慧物流行业（以快递为例）。在快递行业中加强先进技术的应用，重视新技术的开发与利用，通过自动报单、自动分拣、自动跟踪等系统，信息主干网的建设、PC 机和手提电脑、无线通信和移动数据交换系统的建设等，不仅使运件的实时跟踪变得轻而易举，而且还大大降低了服务的成本。

（3）预警机制。最后深入研究，加强监测，对一些基础数据进行开拓和挖掘，做好统计数据和相关信息的收集，及时反映相关问题，建立相应的协调和预警机制。

3. 国家智慧物流层面

旨在打造一体化的交通同制、规划同网、铁路同轨、乘车同卡的现代物流支持平台，以制度协调、资源互补和需求放大效应为目标，以物流一体化推动整个经济的快速增长。与此同时，着眼于实现功能互补、错位发展。着力构建运输服务网络，基本建成以国际物流网、区域物流网和城市配送网为主体的快速公路货运网络，"水陆配套、多式联运"的港口集疏运网络，"客货并举、以货为主"的航空运输网，"干支直达、通江达海"的内河货运网络。同时打造若干物流节点，智慧物流网络中的物流节点对优化整个物流网络起着重要作用，从发展来看，它不仅执行一般的物流职能，而且越来越多地执行指挥调度等神经中枢的职能。

五、智慧物流系统的创建

（1）建立基础数据库。建立内容全面丰富、科学准确、更新及时且能够实现共享的信息数据库是企业建立信息化建设和智能物流的基础。尤其是数据采集挖掘、商业智能方面,更要做好功课,对数据采集、跟踪分析进行建模,为智能物流的关键应用打好基础。

(2) 推进业务流程优化。目前企业传统物流业务流程信息传递迟缓,运行时间长,部门之间协调性差,组织缺乏柔性,制约了智能物流建设的步伐。企业尤其是物流企业需要以科学发展观为指导,坚持从客户的利益和资源的节约保护为出发点,运用现代信息技术和最新管理理论对原有业务流程进行优化和再造。企业物流业务流程优化和再造包括观念再造、工作流程优化和再造、无边界组织建设、工作流程优化(主要指对客户关系管理、办公自动化和智能监测等业务流程的优化和再造)。

(3) 重点创建信息采集跟踪系统。信息采集跟踪系统是智能物流系统的重要组成部分。物流信息采集系统主要由 RFID 射频识别系统和 Savant(传感器数据处理中心)系统组成。每当识读器扫描到一个 EPC(电子编码系统)标签所承载的物品制品的信息时,收集到的数据将传递到整个 Savant 系统,为企业产品物流跟踪系统提供数据来源,从而实现物流作业的无纸化。而物流跟踪系统则以 Savant 系统作为支撑,包括产品生产物流跟踪、产品存储物流跟踪、产品运输物流跟踪、产品销售物流跟踪,以保证产品流通安全,提高物流效率。当然,创建信息采集跟踪系统,要先做好智能物流管理系统的选型工作,而其中信息采集跟踪子系统是重点考察内容。

(4) 实现车辆人员智能管理。车辆调度:提供送货派车管理、安检记录等功能,对配备车辆实现订单的灵活装载;车辆管理:管理员可以新增、修改、删除、查询车辆信息,并且随时掌握每辆车的位置信息,监控车队的行驶轨迹,同时可避免车辆遇劫或丢失,并可设置车辆超速告警以及进出特定区域告警;监控司机、外勤人员实时位置信息以及查看历史轨迹;划定告警区域,进出相关区域都会有告警信息,并可设置电子签到,最终实现物流全过程可视化管理。实现车辆人员智能管理,还要能做到高峰期车辆分流控制系统,避免车辆的闲置。企业尤其是物流企业可以通过预订分流、送货分流和返程分流实行三级分流。高峰期车辆分流功能能够均衡车辆的分布,降低物流对油费、资源、自然的破坏,有效确保客户单位的满意度,对提高效率与降低成本的矛盾具有重要意义。车辆人员智能管理也是智能物流系统的重要组成模式,在选型采购时要加以甄别,选好选优。

(5) 做好智能订单管理。推广智能物流的一个重点就是要实现智能订单管理:一是让公司呼叫中心员工或系统管理员接到客户发(取)货请求后,录入客户地址和联系方式等客户信息,管理员就可查询、派送该公司的订单;二是通过 GPS/GPSone 定位某个区域范围内的派送员,将订单任务指派给最合适的派送员,而派送员通过手机短信来接受任务和执行任务;三是系统还要能提供条码扫描和上传签名拍照的功能,提高派送效率。

(6) 积极推广战略联盟。智能物流建设的最后成功需要企业尤其是物流企业同科研院校、研究机构、非政府组织、各相关企业、IT 公司等通过签订协议契约而结成资源共享、优势互补、风险共担、要素水平双向或多向流动的战略联盟。战略联盟具有节省成本、积聚资源、降低风险、增强物流企业竞争力等优势,还可以弥补建设"物流企业"所需资金、技术、人才之不足。

(7) 制定危机管理应对机制。智能物流的建设不仅要加强企业常态化管理,更应努力提高危机管理水平。企业尤其是物流企业应在物联网基础上建设智能监测系统、风险评估系统、应急响应系统和危机决策系统,这样才能有效应对火灾、洪水、极端天气、地震、泥石流等自然灾害、瘟疫、恐怖袭击等突发事件对智能物流建设的冲击,尽力避免或减少对客户单位、零售终端、消费者和各相关人员的人身和财产造成的伤害和损失,实现物流企业健康有序地发展。

(8) 将更多物联网技术集成应用于智能物流。物联网建设是企业未来信息化建设的重要内容,也是智能物流系统形成的重要组成部分。目前在物流业应用较多的感知手段主要是 RFID 和 GPS 技术,今后随着物联网技术不断发展,激光、卫星定位、全球定位、地理信息系统、智能交通、M2M 技术等多种技术也将更多地集成应用于现代物流领域，用于现代物流作业中的各种感知与操作。例如温度的感知用于冷链物流，侵入系统的感知用于物流安全防盗，视频的感知用于各种控制环节与物流作业引导等。

思考与练习

一、单选题

1. （　　）是部门负责人作关系局部和中期决策所涉及的信息，例如月销售计划完成情况、单位产品的制造成本、库存费用、市场商情信息等。
   A. 战术管理信息　　　　　　　　B. 战略管理信息
   C. 知识管理信息　　　　　　　　D. 操作管理信息

2. （　　）是为管理层提供的信息系统资源，一般应用于非常规、非结构化问题的决策。
   A. 销售时点信息系统　　　　　　B. 控制信息处理系统
   C. 作业信息处理系统　　　　　　D. 物流决策支持系统

3. 运输管理系统属于（　　）。
   A. 基础技术　　B. 系统技术　　C. 安全技术　　D. 应用技术

4. （　　）是多种学科交叉的产物，它以地理空间数据为基础，采用地理模型分析方法，适时地提供多种空间的和动态的地理信息，是一种为地理研究和地理决策服务的计算机技术系统。
   A. GIS　　　　B. EDI　　　　C. RFID　　　　D. GPS

5. 智慧物流的（　　）是运用各种先进技术能够获取运输、仓储、包装、装卸搬运、流通加工、配送、信息服务等各个环节的大量信息。
   A. 规整功能　　　　　　　　　　B. 智能分析功能
   C. 系统支持功能　　　　　　　　D. 感知功能

二、多选题

1. 物流信息的主要内容包括（　　）。
   A. 货源信息　　B. 市场信息　　C. 运能信息　　D. 企业物流信息

2. 物流系统外信息包括（　　）。
   A. 储存信息　　　　　　　　　　B. 交通和地理信息
   C. 顾客信息　　　　　　　　　　D. 市场信息

3. 物流信息系统的功能有（　　）。
   A. 数据的收集和输入　　　　　　B. 信息的存储
   C. 信息的传输　　　　　　　　　D. 信息的输出

4. 常见的物流信息技术有（　　）。
   A. EDI 技术　　B. 条码技术　　C. RFID 技术　　D. GIS 技术

5. 行业智慧物流层面建设主要包括（　　）。
   A. 智慧区域物流中心　　　　　　B. 区域智慧物流行业
   C. 预警和协调机制建设　　　　　D. 企业智慧

三、简答题

1. 什么是物流信息？它有哪些功能？
2. 什么是物流信息网络？它有哪些特点？
3. 什么是物流信息系统？其主要子系统有哪些？

4. 什么是物流信息技术？其基本构成要素有哪些？

5. 什么是智慧物流？其基本功能有哪些？

四、论述题

1. 企业如何进行物流信息系统规划？

2. 论述我国物流信息化产业化现状与趋势。

五、案例分析题

亚马逊的智慧跨境云仓

电商巨头亚马逊要求所有三方卖家从 2017 年 8 月 31 日开始，将其包裹的投递速度提高 40%。其实，亚马逊不仅仅是电商平台，还是一家科技公司，其在业内率先使用了大数据，利用人工智能和云技术进行仓储物流的管理，创新推出了预测性调拨、跨区域配送、跨国境配送等服务，并由此建立了全球跨境云仓。

亚马逊物流运营体系的强大之处在于，它已把仓储中心打造成了全世界最灵活的商品运输网络，通过强大的智能系统和云技术，将全球所有仓库联系在一起，以此做到快速响应，并能确保精细化的运营。

1. 智能入库

智能预约系统通过供应商预约送货，能提前获知供应商送货的物品，并相应调配好到货时间、人员支持及存储空间。收货区将按照预约窗口进行有序作业，货物也将根据先进先出的原则，按类别存放到不同区域。

入库收货是亚马逊大数据采集的第一步，为之后的存储管理、库存调拨、拣货、包装、发货等每一步操作提供了数据支持。这些数据可在全国范围内共享，系统将基于这些数据在商品上架、存储区域规划、包装推荐等方面提供指引，提高整个流程的运营效率和质量。

2. 智能存储

亚马逊开拓性地采用了"随机存储"的方式，打破了品类之间的界限，按照一定的规则和商品尺寸，将不同品类的商品随机存放到同一个货位上，不仅提高了货物上架的效率，还最大限度地利用了存储空间。

此外，在亚马逊运营中心，货架的设计会根据商品品类有所不同，所有存储货位的设计都是基于后台数据系统的收集和分析得来的。比如，系统会基于大数据的信息，将爆款商品存储在距离发货区比较近的地方，从而减少员工的负重行走路程。

3. 智能拣货与订单处理

在亚马逊的运营中心，员工拣货路径通过后台大数据的分析进行优化，系统会为其推荐下一个要拣的货在哪儿，确保员工永远不走回头路，而且其所走的路径是最少的。

此外，大数据驱动的仓储订单运营非常高效，在中国亚马逊运营中心最快可以在 30 分钟之内完成整个订单处理，订单处理、快速拣选、快速包装、分拣等一切都由大数据驱动。由于亚马逊后台的系统运算和分析能力非常强大，因此能够实现快速分解和处理订单。

4. 预测式调拨

亚马逊智能物流系统的先进性还体现在其可以根据消费者的购买行为，后台系统会记录客户的浏览历史，提前对库存进行优化配置，将顾客感兴趣的商品提前调拨到离消费者最近的运营中心，即"客未下单，货已在途"，这便是亚马逊智能分仓的魅力。

5. 精准库存

同时，亚马逊高效物流系统还会通过自动持续校准来提升速度和精确度，通过实现连续动态盘点，让企业客户实时了解库存状态。据了解，亚马逊系统全年 365 天、每天 24 小时连续盘点能力可以降低库存丢失风险，确保库存精准、安全。

6. 全程可视

做过物流的想必都知道，实现精细化物流管理的精髓是运营管理过程中的可视性。全程可视的难点在于确保产品在任何时间、任何状态下，包括在途中都是可视的。亚马逊物流的精细化管理正是要确保这一点。如何赢战高峰期物流大战？

探讨电商物流能力的强弱，就不得不说其应对高峰的策略。电商物流的开创者亚马逊是多年美国"黑色星期五"购物节中的主力，不仅在全球物流体系布局上早有建树，而且在物流供应链的准备方面也早已领先一步。

7. "超强大脑"的神机妙算

亚马逊智能系统就像一个超强大脑，可以洞察到每小时每一个品类、甚至每一件商品的单量变化，让单量预测的数据细分到全国各个运营中心、每一条运输线路和每一个配送站点，提前进行合理的人力、车辆和产能的安排。

同时，系统预测还可以随时更新，并对备货方案进行实时调整。在国内多数电商刚刚开始利用大数据备货的阶段，亚马逊早已实现了供应链采购和库存分配高度自动化、智能化。在一定程度上讲，供应链前端的备货是保证高峰期后端物流高效、平稳的基础。

8. 从仓储到末端配送，每一步都精打细算

在物流的计划和准备方面，亚马逊供应链系统基于历史销售数据进行运算和分析，从管理、系统等方面严谨地分析仓储物流的每一个环节，让单量预测的数据细分到全国各个运营中心、每一条运输线路和每一个配送站点，提前进行合理的人力、车辆和产能的安排。

在亚马逊运营中心内部，系统还会基于大数据的信息，结合近期促销、客户浏览和下单情况对库内存储区域进行及时优化，将热卖商品存储在距离发货区附近的地方，加速从收货到发货的效率，客户下单时可以直接进行包装出库，缩短了库内操作时间，这些对高峰期的运营效率都至关重要。

针对"最后一千米"末端配送的难点，亚马逊基于对高峰期单量的分布情况进行分析，并据此优化了配送路径，更科学合理地安排每个配送员的派单工作。通过智能系统的辅助，提升了快递员的配送效率，使送达时间较之前有所缩短。

9. 精准才是核心生产力

亚马逊智能系统具备全年365天、每天24小时连续自动盘点的能力。这意味着，从上架、拣货、分拣、包装到出库，系统在运营操作的每一步都可以及时发现错误，并能及时纠错，这是国内大多数仓储运营尚无法具备的核心能力。

可以说，亚马逊标准化的运营体系会基于大数据运算提供拣货、包装、分拣指引，即使是刚刚上岗的操作人员只需简单培训即可根据系统指引操作，让员工不用花太多精力就能迅速学习和上手，系统的纠错和学习能力减少了人工犯错的可能，从而大幅度提高了生产力。

问题：亚马逊如何借助大数据给物流"降本增效"？

阅读建议

［1］中国智慧物流网［EB/OL］.http：//www.cslip.org.cn/

［2］中国智慧物流平台［EB/OL］.http：//www.wlxh.org

［3］中国物流信息中心［EB/OL］.http：//www.clic.org.cn/

［4］中国物流网［EB/OL］.http：//www.cnw56.com/

［5］中国物流行业网［EB/OL］.http：//www.cn56.net.cn/

项目二

条码技术和射频技术

 学习目标

1. 知识目标
(1) 熟悉 RFID 技术的识读原理及组成部分；
(2) 描述条码类型及在物流中的应用场景；
(3) 认知 RFID 技术在物流中的应用。

2. 技能目标
(1) 能够完成二维码的制作，并应用在个人简历上；
(2) 能够复述条码与 RFID 的工作原理，并解释两者的不同；
(3) 能够评价 RFID 技术在物流行业中的应用价值。

3. 素质目标
(1) 培养学生具备运用条码技术、射频技术的基本素质；
(2) 培养学生具备应用条码技术、射频技术进行物流管理的职业要求。

任务一 条码背景知识

一、条码基础知识

条码自动识别技术是 20 世纪中叶发展并广泛应用的集光、机、电和计算机技术为一体的高新技术，它解决了计算机应用中数据采集的"瓶颈"，实现了信息快速、准确地获取与传递。就经济活动而言，物流和信息流是其重要的两个方面，条码解决了商品、产品、物流单元的标识，它为实物流和信息流的同步提供了技术手段。既经济又实用，近乎零成本，受到各国青睐。

20 世纪 70 年代，条码自动识别技术为 POS 的自动扫描结算和信息的快速获取提供了方便、快捷、准确、可靠的途径，引领了一场商业革命。目前，在全球范围内，已经有 100 多个国家采用条码自动识别技术实施商业 POS 结算，全球已有上百万家公司或企业采用了条码自动识别技术。条码技术已经作为一种关键的信息标识和信息采集技术，不仅在商业 POS 中得到应用，而且已经广泛地应用在全球各个行业，成为各国信息化建设中的一个重要部分。

（一）条码技术的产生与发展

早在 20 世纪 40 年代后期，美国人就发明了"公牛眼"条码，形状为同心靶环。20 世纪 60

年代后期，北美铁路系统开始采纳条码系统。1967年美国超市出现了第一套条码扫描零售系统。1973年，美国统一代码委员会（UCC）建立了UPC商品条码应用系统。同年，UPC条码标准宣布。1977年，欧洲在12位的UPC-A商品条码的基础上，开发出与UPC-A商品条码兼容的欧洲物品编码系统，简称EAN系统，并正式成立了欧洲物品编码协会，简称EAN。UCC/EAN-128条码于1981年被推荐应用，以标识物流单元。这样，EAN和UCC将条码技术从单独的物品标识推向整个供应链管理和服务领域。20世纪80年代，人们开始研制二维条码。目前，条码技术已应用在计算机管理的各个领域。

（二）条码的基本术语

1. 条码

条码是由一组排列规则的条、空及其对应字符组成的标记，用以表示一定的信息。条码通常用来对物品进行标识，这个物品可以是一个贸易单元，如一个杯子；也可以是一个物流单元，如一个托盘。

2. 码制

码制指条码符号的类型，每种类型的条码符号都是由符合特定编码规则的条和空组合而成。每种码制都具有固定的编码容量和所规定的条码字符集，适用于不同的场合。常用的一维条码码制包括EAN条码、UPC条码、UCC/EAN-128条码、交叉25条码、39条码、93条码、库德巴条码等。

3. 字符集

字符集是指某种码制的条码符号可以表示的字母、数字和符号的集合。例如，EAN条码仅能表示0~9这10个数字字符；39条码可表示数字字符0~9、26个英文字母A~Z以及一些特殊符号。

4. 连续性与非连续性

连续性是指每个条码字符之间不存在间隔；而非连续性是指每个条码字符之间存在间隔。

5. 定长条码与非定长条码

定长条码是仅能表示固定字符个数的条码；非定长条码是指能表示可变字符个数的条码。例如，EAN条码是定长条码，39条码则为非定长条码。一般而言，定长条码由于限制了表示字符的个数，其译码的平均误读率相对较低；非定长条码具有灵活、方便等特点，但在识读过程中可能产生因信息丢失而引起错误的译码。

6. 双向可读性

条码符号的双向可读性，是指从左、右两侧开始扫描都可被识别的特性。绝大多数码制都具有双向可读性，对于双向可读的条码，识读过程中译码器要判别扫描方向。

7. 自校验特性

自校验特性是指条码字符本身具有校验特性。若在一种条码符号中，一个印刷缺陷（例如，因出现污点把一个窄条错认为宽条，而把相邻宽空错认为窄空）不会导致替代错误，那么这种条码就具有自校验功能。如39条码、交叉25条码都具有自校验功能，而EAN码、93码等没有自校验功能。自校验功能只能校验出一个印刷缺陷。

8. 条码密度

条码密度是指单位长度条码所表示条码字符的个数。各单元的宽度越小，条码符号的密度就越高,所需扫描设备的分辨率也就越高。

9. 条码质量

条码质量指的是条码的印制质量,其判定主要从外观、条(空)反射率、条(空)尺寸误差、空白区尺寸、条高、数字和字母的尺寸、校验码、译码正确性、放大系数、印刷厚度、印刷位置等方面进行。

(三) 条码符号结构

一个完整的条形码符号是由两侧静空区、起始字符、数据字符、校验字符(可选)和终止字符组成。条码符号结构如图 2-1-1 所示。

图 2-1-1 条码符号结构

(1) 静空区:没有任何印刷符或条形码信息,它通常是白的,位于条形码符号的两侧。静空区的作用是提示阅读器即扫描器准备扫描条形码符号。

(2) 起始字符:条形码符号的第一位字符是起始字符,它的特殊条、空结构用于识别一个条形码符号的开始。阅读器首先确认此字符的存在,然后处理由扫描器获得的一系列脉冲。

(3) 数据字符:由条形码字符组成,用于代表一定的原始数据信息。

(4) 终止字符:条形码符号的最后一位字符是终止字符,它的特殊条、空结构用于识别一个矩形码符号的结束。阅读器识别终止字符,便可知道条形码符号已扫描完毕。

(5) 校验字符:在条形码制中定义了校验字符。有些码制的校验字符是必需的,有些码制的校验字符则是可选的。校验字符是通过对数据字符进行一种算术运算而确定的。

(四) 条码的分类

条码可分为一维条码和二维条码。

一维条码按条码的长度来分,可分为定长条码和非定长条码;按排列方式来分,可分为连续型条码和非连续型条码;从校验方式来分,可分为自校验型条码和非自校验型条码等。

二维条码根据构成原理、结构形状的差异,可分为行排式二维条码、矩阵式二维条码和邮政码。

以下是目前使用频率最高的六种码制。

(1) 统一产品 UPC 条码:商品流通(北美)。

(2) 国际商品 EAN 条码:商品流通(欧洲)。

(3) 交叉 25 条码。

(4) 39 条码:内部管理。

(5) 库德巴条码:医疗、图书。

(6) EAN/UCC-128 条码:物流系统。

此外,还有一些码制主要适用于某些特殊场合。

（五）条码技术的特点

条码作为一种图形识别技术与其他识别技术相比有如下特点：
（1）经济便宜；
（2）数据输入速度快；
（3）易于制作；
（4）可靠准确；
（5）灵活、实用；
（6）自由度大；
（7）设备结构简单。

二、物流编码

在现代物流企业内部，通常用条码符号来表示物流标识的编码。这种以条码符号的形式表示的编码，在日常工作中，对产品有自动识别的能力，使原来烦琐的人工劳动转为自动化识别，从而使整个物流作业达到快速、准确的效果。

表示物流标识编码的条码符号有不同的码制，有的码制只能标识一个内容，有的码制则能标识很多内容，本书着重介绍专门用于表示物流编码的条码码制，现行通用的主要有 EAN 通用商品条码、储运单元条码以及贸易单元 128 条码等。

（一）EAN 通用商品编码

通用商品代码的结构包括 13 位代码结构（标准版）、8 位代码结构（缩短版）。

1. EAN-13 商品条码的符号结构

EAN-13 商品条码的符号结构如图 2-1-2 所示。

图 2-1-2　EAN-13 商品条码的符号结构

标准版商品条码所表示的代码由 13 位数字组成，它们分别是厂商识别代码、商品项目代码和校验码，具体组成如下：

（1）厂商识别代码。厂商识别代码由国家（或地区）编码组织统一分配管理，由 7~9 位数字组成，用于对厂商的唯一标识。厂商识别代码是 EAN 编码组织在 EAN 分配的前缀码（$X_{13}X_{12}X_{11}$）的基础上分配给厂商的代码。前缀码是标识 EAN 编码组织的代码，由 EAN 统一管理和分配，其中某些会员组织的前缀码见表 2-1-1。

表 2-1-1 EAN 某些会员组织的前缀码

前缀码	编码组织所在国家（或地区）/应用领域	前缀码	编码组织所在国家（或地区）/应用领域
000~019 030~039 060~139	美国	700~709	挪威
020~029 040~049 200~299	店内码	730~739	瑞典
050~059	优惠券	754~755	加拿大
300~379	法国	760~769	瑞士
400~440	德国	789~790	巴西
450~459 490~499	日本	800~839	意大利
460~469	俄罗斯	840~849	西班牙
471	中国台湾	870~879	荷兰
480	菲律宾	900~919	奥地利
489	中国香港特别行政区	930~939	澳大利亚
500~509	英国	940~949	新西兰
540~549	比利时和卢森堡	958	中国澳门特别行政区
570~579	丹麦	977	连续出版物
600~601	南非	978、979	图书
640~649	芬兰	980	应收票据
690~695	中国	981、982	普通流通券

（2）商品项目代码。由 3~5 位数字组成，商品项目代码由厂商自行编码。在编制商品项目代码时，厂商必须遵守商品编码的基本原则的唯一性和无含义性。在 EAN 系统中，商品编码仅仅是一种识别商品的手段，而不是商品分类的手段。

（3）校验码。最后 1 位数字，用于校验厂商识别代码和商品项目代码的正确性。

2. 商品条码编码原则

在编码时必须遵守唯一性、稳定性及无含义性原则。

（1）唯一性。唯一性原则是商品编码的基本原则。它是指同一商品项目的商品应分配相同的商品代码，不同商品项目的商品必须分配不同的商品代码。基本特征相同的商品应视为同一商品项目。商品的基本特征项是划分商品所属类别的关键因素，包括商品名称、商标、种类、规格、数量、包装类型等；不同行业的商品，其基本特征往往不尽相同；同一行业，不同的单个企业，可根据自身的管理需求，设置不同的基本特征项。

（2）稳定性。稳定性原则是指商品代码一旦分配，只要商品的基本特征没有发生变化，就应保持不变。同一商品项目，无论是长期连续生产，还是间断式生产，都必须采用相同的商品代码。即使该商品项目停止生产，其商品代码应至少在四年之内不能用于其他商品项目上。

（3）无含义性。无含义性原则是指商品代码中的每一位数字不表示任何与商品有关的特定信息。有含义的编码，通常会导致编码容量的损失。厂商在编制商品项目代码时，最好使用无含义的流水号。

对于一些商品，在流通过程中可能需要了解它的其他附加信息，如生产日期、有效期、批号及数量等，此时可采用应用标识符（AI）来满足附加信息的标注要求。应用标识符由2~4位数字组成，用于标识其后数据的含义和格式。

3. 我国商品条码结构

（1）当前缀码为690、691时，EAN/UCC-13的代码结构如图2-1-3所示。

图2-1-3　前缀码为690、691时我国商品条码结构

（2）当前缀码为692~694时，EAN/UCC-13的代码结构如图2-1-4所示。

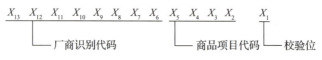

图2-1-4　前缀码为692~694时我国商品条码结构

（二）储运单元条码

储运单元条码是专门表示储运单元编码的一种条码，通俗地说就是商品外包装箱上使用的条码标识，它可以在全球范围内唯一地识别某一包装单元的物品，从而做到在物品的运输、配送、订货、收货中方便地跟踪、统计，保证数据的准确性和及时性。储运单元一般由消费单元组成的商品包装单元构成。在储运单元条码中，又分为定量储运单元（由定量消费单元组成的储运单元）和变量储运单元（由变量消费单元组成的储运单元）。使用储运单元条码可以使企业方便地实现进、销、存自动化管理，商业批发、零售则可以实现物流、配送的自动化，大大提高工作效率，降低企业成本。

定量储运单元一般采用13位或14位数字编码。当定量储运单元同时又是定量消费单元时，应按定量消费单元进行编码，如电冰箱等家用电器，其定量消费单元的编码等同于通用商品编码。定量消费单元代码是指包含在定量储运单元内的定量消费单元代码去掉校验字符后的12位数字代码。当含相同种类的定量消费单元组成定量储运单元时，可给每一定量储运单元分配一个区别于它所包含的消费单元代码的13位数字代码，也可用14位数字进行编码。

定量储运单元包装指示符（V）用于指示定量储运单元的不同包装，取值范围为$V=1$，2，…，8。定量储运单元代码的条码标识可用14位交叉25条码（ITF-14）标识定量储运单元。当定量储运单元同时又是定量消费单元时，应使用EAN-13条码表示。也可用EAN-128条码标识定量储运单元的14位数字代码。EAN/UCC-14的代码结构见表2-1-2。指示符N_1的赋值区间为1~9，其中1~8用于定量，9用于变量；此后的N_2~N_{14}分别表示厂商识别代码、商品项目代码和校验码。

表 2-1-2　EAN/UCC-14 的代码结构

指示符	内含贸易项目的 EAN/UCC 标识代码	校验码
N_1	$N_2\ N_3\ N_4\ N_5\ N_6\ N_7\ N_8\ N_9\ N_{10}\ N_{11}\ N_{12}\ N_{13}$	N_{14}

变量储运单元编码由 14 位数字的主代码和 6 位数字的附加代码组成。附加代码是指包含在变量储运单元内，按确定的基本计量单位（如千克、米等）计量取得的商品数量。

变量储运单元的编码符号方式如下：

EAN/UCC-14 结构的编码符号表示一般是用 ITF-14 或 UCC/EAN-128 条码符号表示，附加代码用 ITF-6（6 位交叉 25 条码）标识。变量储运单元的主代码和附加代码也可以用 EAN-128 条码标识。

最常见的储运单元条码为 ITF-14 条码，用 14 位数字代码进行标识。其信息结构如图 2-1-5 所示。

图 2-1-5　ITF-14 条码信息结构

（三）贸易单元 128 条码

贸易单元 128 条码（以下简称 128 条码）是一种连续型、非定长、有含义的高密度代码，其字符集包括全部 ASCII 字符，通过应用标识符可标识所有物流信息。128 条码是物流条码实施的关键，它能够更多地标识贸易单元的信息，如产品批号、数量、规格、生产日期、有效期、交货地等，使物流条码成为贸易中的重要工具，128 条码信息结构如图 2-1-6 所示。

图 2-1-6　128 条码信息结构

三、二维条码

（一）二维条码的产生及特点

二维条码技术是在一维条码无法满足实际应用需求的前提下产生的。一维条码通常是对物品的标识，二维条码是对物品的描述。信息量大、安全性高、读取率高、错误纠正能力强等特性是二维条码的主要特点。

(二) 二维条码的分类

1. 行排式二维条码

行排式二维条码，又称堆积式二维条码、层排式二维条码，其编码原理是建立在一维条码基础之上，按需要堆积成二行或多行。它在编码设计、校验原理、识读方式等方面继承了一维条码的一些特点，识读设备和条码印刷与一维条码技术兼容。具有代表性的行排式二维条码是PDF417条码，如图2-1-7所示。

2. 矩阵式二维条码

矩阵式二维条码，又称棋盘式二维条码，它是在一个矩形空间通过黑、白像素在矩阵中的不同分布进行编码的。在矩阵相应元素位置上，用点（方点、圆点或其他形状）的出现表示二进制"1"，点的不出现表示二进制的"0"，点的排列组合确定了矩阵式二维条码所代表的意义。矩阵式二维条码是建立在计算机图像处理技术、组合编码原理等基础上的一种新型图形符号自动识读处理码制。具有代表性的矩阵式二维条码有：QR条码（见图2-1-8）、Data Matrix、MaxiCode、龙贝码等。

图 2-1-7　PDF417 条码

图 2-1-8　QR 条码

(三) 二维条码的应用

1. 二维条码在证件上的应用

证件采用二维条码可以实现数据的自动采集；提高证件的防伪能力；成本低，符合身份证、驾驶证等证件的成本要求；具有自动纠错能力，使用寿命长；不需要和数据库连接就可获得所需数据。

2. 二维条码在数据表单中的应用

数据表单中使用二维条码可以解决以下的问题：数据的重复录入需要花费大量的时间；多次录入数据增加了数据的出错率；报表的防伪能力差；如采用磁盘传递，可能感染计算机病毒，导致系统甚至整个网络的瘫痪。图2-1-9所示的是墨西哥海关报关单。

3. 二维条码在物流快递中的应用

在包裹或快递单中使用二维条码可以实现包裹或快件的全程追踪；不再需要手工重复录入数据；不需要和数据库连接就可随时获取客户的详细信息；带来高品质服务。图2-1-10所示的是西班牙VASPEX包裹详情单。

PEDIMENTO DE IMPORTACION NUEVOS PESOS
HOJA 1 DE 13

188124

FOL-520975 - 0
HA DE PAGO 110995 NO. PEDIMENTO 3392 5015984
TIPO OPERACION 1 CLAVE PEDIMENTO A1 T.C. 6.25680
ADUANA/SEC. 65/0 FACTOR MONEDA EXTRANJERA 1.0000
FECHA ENTRADA 100995 TRANSPORTE 4 PESO 1914.388
.C. EEDM930614781 PAIS VENDEDOR GB DE ORIGEN GB
EXPEDICION POR TERCEROS N PED.ESP.DE TRANSITO
IMPORTADOR FEDERAL EXPRESS HOLDINGS MEX Y CIA.SNC.
DOMICILIO ENRIQUE JACOB #16 COL. EL CONDE
CIUDAD/EDO. NAUCALPAN EDO DE MEXICO CODIGO 53500
FACTURAS/FECHAS/FORMA DE FACTURACION/PROVEEDOR/DOMICILIO
SIN FACTURA
FOB
FEDERAL EXPRESS CORP. TAX NO. SIN No.TAX
2600 THOUSAND OAKS SUITE 2300 / MEMPHIS, TN 38118, U.S.A.

DIRECCION GENERAL DE ADUANAS DI
BANCO 7 BANJERCITO, S. N. C.
ADUANA 65-0 CAJA 10 OPERAC 363
PEDIMENTO 3392:5015984
CLAVE A1 TIPO 1 RFC
FECHA 11/ 9/1995 12:17:54
IMPORTE
N$33,232.00
Sellos

MARCAS, NUMEROS, TOTAL DE BULTOS - CONOCIMIENTOS, GUIA O VEHICULOS NOS.
SIN REGISTRO 379 SE DETALLAN EN ANEXOS

V.ME 13646.54 USD V.DLS 13646.54 FLETES 0 SEGUROS 0
VALOR FACTURA + INCREMENTABLES = VALOR EN ADUANA FACTOR
85384 + 0 = 85384 1.0000

NO. ORDEN	DESCRIPCION DE MERCANCIAS / FRACCION / CANTIDAD / UNIDAD / CANT.TFA/ UMT / PERMISO(S) CLAVES / NUMEROS / FIRMA	PRECIO UNIT.	FACTURA EN ADUANA DLS	TASA VINC. M.VAL	FP/	IMPUESTO
1	SE DETALLAN EN ANEXOS NOS. DE GUIAS J.		85384	20.00	0	17077
	CON SU DESCRIPCION.	5.11	85384	1		
	99010001 16722.000 6 16722.000- 6		13646.54	1		

FECHA 11/09/95 HORA 12:23 OP.030-00705
PEDIMENTO: 3392-5015984
FIRMA : WYZBLRWTZB VEHICULOS:0001/000
*** DESADUANAMIENTO LIBRE ***
*** C U M P L I D O ***

ACUSE DE RECIBO
40FE2IDD

CODIGO DE BARRAS
Pedimento # 5015984

OBSERVACIONES: F.A. 1.0000 F.R. 0.0000

CONTRIBUCIONES :

ADV	0	17077
DTA	0	683
IVA	0	15472

T O T A L E S :

EFECTIVO	33232
OTROS	0
TOTAL	33232

PATENTE, NOMBRE,RFC Y FIRMA DEL AGENTE ADUANAL O APODERADO ADUANAL
3392 THOMAS PATRICIO BRANIFF SIMON BAST690104HD4
REP. MARCO ANTONIO CRUZ GUAJARDO CUGM610511NG7

PRIMERA COPIA TRANSPORTISTA

图 2-1-9 墨西哥海关报关单

图 2-1-10　西班牙 VASPEX 包裹详情单

四、条码应用系统

(一) 条码应用系统的组成与流程

1. 条码应用系统的组成

条码应用系统就是将条码技术应用于某一系统中，充分发挥条码技术的优点，使应用系统更加完善。条码应用系统一般由数据源、条码识读器、计算机和应用软件以及输出设备等部分组成，如图 2-1-11 所示。

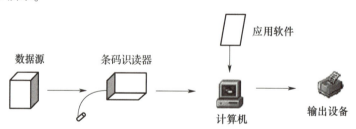

图 2-1-11　条码应用系统的组成

（1）数据源标志着客观事物的符号集合，是反映客观事物原始状态的依据，其准确性直接影响着系统处理的结果。因此，完整、准确的数据源是正确决策的基础。在条码应用系统中，数据源是用条码表示的，如零售商店里商品的代码、物流企业运输仓储的货物代码等。

（2）条码识读器是条码应用系统的数据采集设备，它可以快速、准确地捕捉到条码表示的数据源，并将这一数据传送给计算机处理。

（3）计算机是条码应用系统中的数据存储与处理设备。由于计算机存储容量大，运算速度快，使许多烦琐的数据处理工作变得方便、迅速、及时。

(4) 应用软件是条码应用系统的一个组成部分。它是以系统软件为基础来解决各类实际问题而编制的各种程序。应用程序一般是用高级语言编写的,把要被处理的数据组织在各个数据文件中,由操作系统控制各个应用程序的执行,并自动地对数据文件进行各种操作。在条码管理系统中,应用软件包括以下四个功能:

①定义数据库;
②管理数据库;
③建立和维护数据库;
④数据通信。

(5) 输出设备。信息输出是把数据经过计算机处理后得到的信息以文件、表格或图形方式输出,供管理者及时、准确地掌握这些信息,制定正确的决策。组成系统的每一环节都影响着系统的质量。

2. 条码应用系统的运作流程

条码应用系统的运作流程如图 2-1-12 所示。

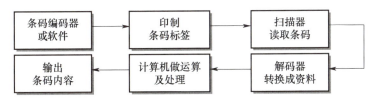

图 2-1-12 条码应用系统的运作流程

根据上述流程,条码系统主要由下列元素构成:

(1) 条码编码方式。依不同需求选择适当的条码编码标准,如使用最普遍的 EAN、UPC,或地域性的 CAN、JAN 等,一般以最容易与交易伙伴流通的编码方式为最佳。

(2) 条码打印机。有专门用来打印条码标签的打印机,一般常用的打印机也可以打印条码,其中以激光打印机的品质最好。

(3) 条码识读器。用于扫描条码,读取条码所代表字符、数值及符号的周边设备为条码识读器。

(4) 编码器及解码器。编码器及解码器是介于资料与条码间的转换工具,编码器可将资料编成条码。而解码器原理是由传入的条码扫描信号分析出黑、白线条的宽度,然后根据编码原则,将条码资料解读出来,再经过电子元件的转换后,转成计算机所能接收的数位信号。

(二) 码制的选择

用户在设计自己的条码应用系统时,码制的选择是一项十分重要的内容。选择合适的码制会使条码应用系统充分发挥其快速、准确、成本低等优势,选择的码制不适合会使用户的条码应用系统丧失其优点,有时甚至导致相反的结果。影响码制选择的因素很多,如识读设备的精度、识读范围、印刷条件及条码字集中包含字符的个数等。在物流条码应用系统中选择码制时通常遵循以下五项原则。

1. 使用国家标准的码制

选择码制时必须优先从国家(或国际)标准中选择码制。例如,通用商品条码(EAN 条码),它是一种在全球范围完全通用的条码,所以在印制商品条码时,不得选用 EAN/UPC 码制以外的条码,否则无法在流通中通用。物流应用系统条码选择一般采用 EAN/UCC-128 码或是交叉 25 码。

2. 条码字符集

条码字符集的大小是衡量一种码制优劣的重要标志。每一种码制都有特定的条码字符集,用户自己系统中所需代码字符必须包含在要选择的字符集中。比如，货物代码中出现"＊（）"等符号时，就要选择 EAN-128 条码，而不能选择交叉 25 码。

3. 印刷面积与印刷条件

物流过程中，货物物流包装的印刷面积较大时，可选择密度低、易实现印刷的精确的码制；反之，若印刷条件允许，可选择密度较高的条码。当印刷条件较好时，可选择高密度条码；反之，则选择低密度条码。

4. 识读设备

不同的识读设备可以读取的码制也不尽相同，选择码制的时候要考虑到条码符号与识读器的匹配问题。

5. 尽量选择常用码制

即使用户所涉及的条码应用系统是封闭系统，考虑到设备的兼容性和将来系统的延拓，最好还是选择常用码制。当然对于一些保密系统，用户可选择自己设计的码制。

需要指出的是，任何一个条码系统，在选择码制时，都不能顾此失彼，需根据以上原则综合考虑，择优选择，以达到最好的效果。

（三）识读设备选择

1. 条码识读器的种类

条码识读设备由条码扫描器和译码器两部分组成，现在绝大多数的条码识读器都将扫描器和译码器集成为一体。人们根据不同的用途和需要设计了各种类型的扫描器。商业条码扫描器常用的主要有激光手持式扫描器、CCD 扫描器、卡槽式扫描器和全角度激光扫描器。

（1）激光手持式扫描器，如图 2-1-13 所示。激光手持式扫描器是利用激光二极管作为光源的单线式扫描器。商业企业在选择激光手持式扫描器时，最重要的是注意扫描速度和分辨率。高品质的激光手持式扫描器应当具有高扫描速度，固定景深范围内很高的分辨率。

（2）CCD 扫描器，如图 2-1-14 所示。CCD 扫描器是利用光电耦合原理，对条码印刷图案进行成像，然后再译码。它的优势是无转轴，电动机使用寿命长；价格便宜。

图 2-1-13　激光手持式扫描器　　　　图 2-1-14　CCD 扫描器

（3）卡槽式扫描器，如图 2-1-15 所示。卡槽式扫描器是一种将带有条码符号的卡片在卡槽中通过即可实现读取的扫描器。

（4）全角度激光扫描器，如图 2-1-16 所示。全角度激光扫描器是通过光学系统使激光二极管发出的激光折射或多条扫描线的条码扫描器，主要目的是减轻收款人员录入条码数据时对准条码的劳动，选择时应着重注意其扫描线分布。

图 2-1-15　卡槽式扫描器

图 2-1-16　全角度激光扫描器

2. 条码识读器的选择

一般来讲，开发条码应用系统时，选择条码识读器可以从如下七个方面来考虑。

（1）适用范围。条码技术应用在不同的场合，应选择不同的条码识读器。开发条码仓储管理系统，往往需要在仓库内清点货物，相应要求条码识读器能方便携带，并能把清点的信息暂存下来，而不局限于在计算机前使用。因此，选用便携式条码识读器较为合适。这种识读器可随时将采集到的信息，供计算机分析处理。在生产线上使用条码采集信息时，一般需要在生产线的某些固定位置安装条码识读器，而且生产线上的零部件应与条码识读器保持一定距离。在这种场合，选择非接触固定式条码识读器比较合适，如激光手持式扫描器。在会议管理系统和企业考勤系统中，可选用卡槽式条码识读器，需要签到登记的人员将印有条码的证件刷过识读器卡槽，识读器便自动扫描给出阅读成功信号，从而实现实时自动签到。当然，对于一些专用场合，还可以开发专用条码识读器装置以满足需要。

（2）译码范围。译码范围是选择条码识读器的又一个重要指标。目前，各家生产的条码识读器其译码范围有很大差别，有些识读器可识别几种码制，而有些识读器可识别十几种码制。正如前面介绍的那样，开发某一种条码应用系统应选择对应的码制，同时，在为该系统配置条码识读器时，要求识读器具有正确识读码制符号的功能。在物资流通领域中，往往采用 UPC/EAN 码。在血员、血库管理系统中，医生工作证、鲜血证、血袋标签及化验试管标签上都贴有条码，工作证和血袋标签上可选用库德巴条码或 39 条码，而化验试管由于直径小，应选用高密度的条码，如交叉 25 条码。这样的管理系统配置识读器时，要求识读器既能阅读库德巴条码或 39 条码，也能阅读交叉 25 条码。在邮电系统内，我国目前使用的是交叉 25 条码，选择识读器时，应保证识读器能正确读取码制的符号。一般来说，作为商品出售的条码识读器都有一个阅读几种码制的指标，选择时应注意是否能满足要求。

（3）接口能力。识读器的接口能力是评价识读器功能的一个重要指标，也是选择识读器时重点考虑的内容。目前，条码技术的应用领域很多，计算机的种类也很多。开发应用系统时，一般是先确定硬件系统环境，而后选择适合该环境的条码识读器。这就要求所选识读器的接口方式符合该环境的整体要求。通用条码识读器的接口方式有串行通信和键盘仿真两种。

（4）对首读率的要求。首读率是条码识读器的一个综合性指标，它与条码符号的印刷质量、译码器的设计和光电扫描器的性能均有一定关系。在某些应用领域可采用手持式条码识读器由人来控制对条码符号的重复扫描，这时对首读率的要求不太严格，它只是工作效率的量度。而在工业生产、自动化仓库等应用中，则要求有更高的首读率。条码符号载体在自动生产线或传送带上移动，并且只有一次采集数据的机会，如果首读率不能达到百分之百，将会发生丢失数据的现象，造成严重后果。因此，在这些应用领域中要选择高首读率的条码识读器，如 CCD 扫描器等。

（5）条码符号长度的影响。条码符号长度是选择条码识读器时应考虑的一个因素。有些光电扫描器由于制造技术的影响,规定了最大扫描尺寸,如 CCD 扫描器、移动光束扫描器等均有此限制。有些应用系统中,条码符号的长度是随机变化的,如图书的索引号、商品包装上条码符号长度等。因此,在变长度的应用领域中,选择条码识读器时应注意条码符号长度的影响。

(6) 条码识读器的价格。选择条码识读器时,其价格也是人们关心的一个问题。条码识读器由于其功能不同,价格也不一致,因此在选择条码识读器时,要注意产品的性能价格比,应以满足应用系统要求且价格较低作为选择原则。

(7) 特殊功能。有些应用系统由于使用场合的特殊性,对条码识读器的功能有特殊要求,如会议管理系统,会议代表需从多个入口处进入会场,签到时,不可能在每个入口处放一台计算机,这时就需要将多台条码识读器连接到一台计算机上,使每个入口处条码识读器采集到的信息送给同一台计算机,因而要求条码识读器具有联网功能,以保证计算机准确接收信息并及时处理。当应用系统对条码识读器有特殊要求时,应进行特殊选择。

五、射频识别(RFID)技术

(一)射频识别技术的基础知识

1. 射频识别技术的含义

射频识别是一种非接触式的自动识别技术,它通过射频信号自动识别目标对象并获取相关数据,识别工作无须人工干预,可工作于各种恶劣环境。射频识别技术可识别高速运动物体并可同时识别多个标签,操作快捷方便。

2. 射频识别技术的特点和应用领域

(1) 射频识别技术具有可非接触识别(识读距离可以从十厘米至几十米)、可识别高速运动物体、抗恶劣环境、保密性强、可同时识别多个识别对象等特点。

(2) 射频识别应用的领域非常广泛,除了物流管理、医疗领域、货物和危险品的监控追踪管理、民航的行李托运及路桥的不停车收费等方面,图书馆、洗衣房和各种票务机构、邮政包裹识别、行李识别、动物身份标识、电子门票、射频识别门禁控制识别、企事业单位员工识别等各行各业的发展都将离不开射频识别技术。射频识别技术与其他自动识别技术的比较见表 2-1-3。

表 2-1-3 射频识别技术与其他自动识别技术的比较

自动识别技术 比较项目	条码	光字符	磁卡	IC 卡	射频识别
信息载体	纸或物质表面	物质表面	磁条	存储器	存储器
信息量	小	小	较小	大	大
读写性	只读	只读	读/写	读/写	读/写
读取方式	光电扫描转换	光电转换	磁电转换	电路接口	无线通信
人工识读性	受制约	简单容易	不可能	不可能	不可能
保密性	无	无	一般	最好	最好
智能化	无	无	无	有	有
受污染/潮湿影响	很严重	很严重	可能	可能	没有影响
光遮盖	全部失效	全部失效	—	—	没有影响
受方向和位置影响	很小	很小	—	单向	没有影响
识读速度	低(约 4 s)	低(约 3 s)	—	低(约 4 s)	很快(约 0.5 s)

续表

自动识别技术 比较项目	条码	光字符	磁卡	IC 卡	射频识别
识读距离	近	很近	接触	接触	远
使用寿命	较短	较短	短	长	最长
国际标准	有	无	有	有	有
价格	最低	—	低	较高	较高

3. 射频识别的组成

射频识别的基本组成部分有标签、读写器和天线。

（1）射频识别标签，如图 2-1-17 所示。射频识别标签俗称电子标签，也称应答器，根据工作方式可分为主动式（有源）和被动式（无源）两大类，目前在物流中应用较多的是被动式标签。被动式射频识别标签由标签芯片和标签天线或线圈组成，利用电感耦合或电磁反向散射耦合原理实现与读写器之间的通信。射频识别标签中存储一个唯一编码，通常为 64 bit、96 bit 甚至更高，其地址空间大大高于条码所能提供的空间，因此可以实现单品级的物品编码。

（2）读写器，如图 2-1-18 所示。读写器也称阅读器、询问器，是对射频识别标签进行读/写操作的设备，通常由耦合模块、收发模块、控制模块和接口单元组成。读写器是射频识别系统中最重要的基础设施：一方面，射频识别标签返回的微弱电磁信号通过天线进入读写器的射频模块中转换为数字信号，再经过读写器的数字信号处理单元对其进行必要的加工整形，最后从中解调出返回的信息，完成对射频识别标签的识别或读/写操作；另一方面，上层中间件及应用软件与读写器进行交互，实现操作指令的执行和数据汇总上传。未来的读写器呈现出智能化、小型化和集成化趋势，还将具备更加强大的前端控制功能。在物联网中，读写器将成为同时具有通信、控制和计算（Communication，Control，Computing）功能的核心设备。

用友 NC 仓储物流条码应用

图 2-1-17　射频识别标签

图 2-1-18　读写器

（3）天线，如图 2-1-19 所示。天线是射频识别标签和读写器之间实现射频信号空间传播和建立无线通信连接的设备。射频识别系统中包括两类天线，一类是射频识别标签上的天线，另一类是读写器天线。天线既可以内置于读写器中，也可以通过同轴电缆与读写器的射频输出端口相连。目前的天线产品多采用收发分离技术来实现发射和接收功能的集成。

图 2-1-19　天线

4. 射频识别技术的基本工作原理

射频识别技术的基本工作原理并不复杂。标签进入磁场后，接收读写器发出的射频信号，凭借感应电流所获得的能量发送出存储在芯片中的产品信息（Passive Tag，无源标签或被动标签），或者主动发送某一频率的信号（Active Tag，有源标签或主动标签）；解读器读取信息并解码后，送至中央信息系统进行有关数据处理。

从电子标签到读写器之间的通信和能量感应方式来看，射频识别系统一般可以分为电感耦合（磁耦合）系统和电磁反向散射耦合（电磁场耦合）系统。电感耦合系统是通过空间高频交变磁场实现耦合，依据的是电磁感应定律；电磁反向散射耦合即雷达原理模型，发射出去的电磁波碰到目标后反射，同时携带回目标信息，依据的是电磁波的空间传播规律。

电感耦合方式一般适合于中、低频率工作的近距离射频识别系统；电磁反向散射耦合方式一般适合于高频、微波工作频率的远距离射频识别系统。

（二）射频识别技术标准体系

1. 射频识别标准概述

由于射频识别的应用牵涉众多行业，因此其相关的标准也非常复杂。从类别看，射频识别标准可以分为技术标准（如射频识别技术、IC 卡标准等）、数据内容与编码标准（如编码格式、语法标准等）、性能与一致性标准（如测试规范等）和应用标准（如船运标签、产品包装标准等）四类。具体来讲，射频识别相关的标准涉及电气特性、通信频率、数据格式和元数据、通信协议、安全、测试、应用等方面。

首款读写器自研芯片大规模商用

与射频识别技术和应用相关的国际标准化机构主要有：国际标准化组织（ISO）、国际电工委员会（IEC）、国际电信联盟（ITU）、世界邮联（UPU）。此外还有其他的区域性标准化机构（如 EPC Global、UID Center、CEN）、国家标准化机构（如 BSI、ANSI、DIN）和产业联盟（如 ATA、AIAG、EIA）等也制定了与射频识别相关的区域、国家、产业联盟标准，并通过不同的渠道提升为国际标准。

总体来看，目前射频识别存在三个主要的技术标准体系：总部设在美国麻省理工学院（MIT）的自动识别中心（Auto-ID Center）、日本的泛在 ID 中心（Ubiquitous ID Center，UIC）和 ISO 标准体系。

2. 主要技术标准体系

（1）EPC Global。EPC Global 是由美国统一代码协会（UCC）和国际物品编码协会（EAN）于 2003 年 9 月共同成立的非营利性组织，其前身是 1999 年 10 月 1 日在美国麻省理工学院成立的非营利性组织 Auto-ID Center。Auto-ID Center 以创建物联网为使命，与众多成员企业共同制定一个统一的开放技术标准。Auto-ID Center 成员企业包括沃尔玛集团、英国 Tesco 等 100 多家欧美零售流通企业，同时有 IBM、微软、飞利浦、Auto-ID Lab 等公司提供技术研究支持，目前 EPC Global 已在加拿大、日本、中国等建立了分支机构，专门负责 EPC 码段在这些国家的分配与管理、EPC 相关技术标准的制定、EPC 相关技术的宣传普及以及推广应用等工作。

EPC Global 物联网体系架构由 EPC 编码、EPC 标签及读写器、EPC 中间件、ONS 服务器和 EPCIS 服务器等部分构成。EPC 赋予物品唯一的电子编码，其位长通常为 64 bit 或 96 bit，也可扩展为 256 bit。对不同的应用规定有不同的编码格式，主要存放企业代码、商品代码和序列号。Gen2 标准的 EPC 编码可兼容多种编码。

（2）泛在 ID 中心。日本在电子标签方面的发展，始于 20 世纪 80 年代中期的实时嵌入式系统 TRON，T-Engine 是其中核心的体系架构。在 T-Engine 论坛领导下，泛在 ID 中心于 2003 年 3 月成立，并得到日本政府经产和总务省以及包括微软、索尼、三菱、日立、日电、东芝、夏普、富士通、NTT DoCoMo、KDDI、J-Phone、伊藤忠、大日本印刷、凸版印刷、理光等重量级企业的支持。

泛在 ID 中心的泛在识别技术体系架构由泛在识别码（uCode）、信息系统服务器、泛在通信器和 uCode 解析服务器四部分构成。

①uCode 采用 128 bit 记录信息，提供了 340×1036 编码空间，并可以以 128 bit 为单元进一步扩展至 256 bit、384 bit 或 512 bit。uCode 能包容现有编码体系的元编码设计，以兼容多种编码，包括 JAN、UPC、ISBN、IPv6 地址，甚至电话号码。uCode 标具有多种形式，包括条码、射频识别标签、智能卡、有源芯片等。泛在 ID 中心把标签进行分类，设立了 9 个级别的不同认证标准。

②信息系统服务器存储并提供与 uCode 相关的各种信息。

③泛在通信器主要由 IC 标签、标签读写器和无线广域通信设备等部分构成，用来把读到的 uCode 送至 uCode 解析服务器，并从信息系统服务器获得有关信息。

④uCode 解析服务器确定与 uCode 相关的信息存放在哪个信息系统服务器上。uCode 解析服务器的通信协议为 uCodeRP 和 eTP，其中 eTP 是基于 eTron（PKI）的密码认证通信协议。

（3）ISO 标准体系。国际标准化组织（ISO）以及其他国际标准化机构，如国际电工委员会（IEC）、国际电信联盟（ITU）等是射频识别国际标准的主要制定机构。大部分射频识别标准都是 ISO（或与 IEC 联合组成）的技术委员会（TC）或分技术委员会（SC）制定的。

3. 射频识别频率标准

就射频识别的频率特性来看，射频识别系统可以简单地分为：低频（0~300 kHz）系统、高频（3~30 MHz）系统和超高频（300~960 MHz）系统以及微波（2.45~1 000 GHz）系统。

低频系统一般工作频率在 100~500 kHz，常见的工作频率有 125 kHz、134.2 kHz；高频系统工作频率在 10~15 MHz，常见的高频工作频率为 13.56 MHz；超高频系统工作频率为 433~960 MHz，常见的工作频率为 433 MHz、869.5 MHz、915.3 MHz；有些射频识别系统工作在 5.8 GHz 的微波段。

在低频段，常见的应用是航空与航海导航系统、定时信号系统以及军事上的应用。此外，在普通门禁上，低频系统也得到了非常广泛的应用。高频应用范围为新闻广播、电信服务、电感射频识别、遥控系统、远距离控制模拟系统、无线电演示设备等。目前国内较大型的应用为二代身份证的应用和学生火车优待证的应用。超高频射频识别产品被推荐应用在供应链管理上；但是，超高频技术对于金属等可导媒介完全不能穿透。实践证明，由于高湿物品、金属物品对超高频无线电波的吸收与反射特性，超高频 RFID 产品对于此类物品的跟踪与识读是完全失败的。微波主要应用于射频识别、遥测发射器与计算机的无线网络。采用双频技术的射频识别系统同时具有低频和高频系统各自的优点，能够广泛地运用在动物识别、导体材料干扰的环境及潮湿的环境等，诸如托盘、集装箱、水果箱、食品罐头等物流供应链场合、动物识别、人员门禁、运动计时等。

RFID 图书馆管理系统解决方案

任务二　条码软件的安装

下面以 Label mx 通用条码标签软件为例来讲解条形码软件的安装步骤。

（1）安装 Label mx 界面如图 2-2-1 所示。

图 2-2-1　Label mx 通用条码安装界面

（2）根据安装提示安装到相应的目标目录下，如图 2-2-2~图 2-2-4 所示。

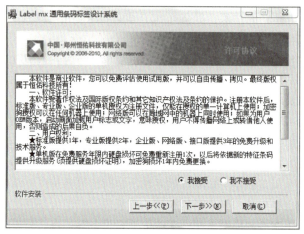

图 2-2-2　许可协议

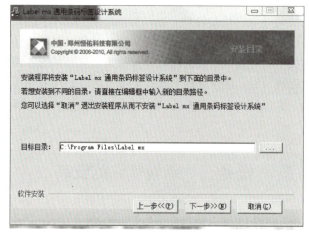

图 2-2-3　目标目录选择

项目二 条码技术和射频技术

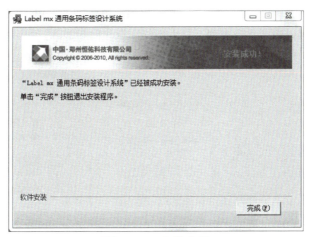

图 2-2-4 安装完成

(3) 安装完成后在桌面上出现 快捷菜单图标,使用时双击即可。

任务三 一维条码和二维条码的制作和使用

1. 一维条码标签设计

下面以设计一个商品条码 6901234567892 为例进行说明。

(1) 新建标签。单击工具栏左上角的新建按钮,或是单击左上角标签,选择新建,即出现如图 2-3-1 所示的软件界面。

图 2-3-1 软件界面

(2) 选择"确定",在图 2-3-2 左边菜单选择一维条码。

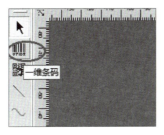

图 2-3-2 一维条码设计

（3）单击中间空白处，得到如图 2-3-3 所示的条码标签。

（4）左侧属性栏可以选择条码类型，写入条码字符，如图 2-3-4 所示。

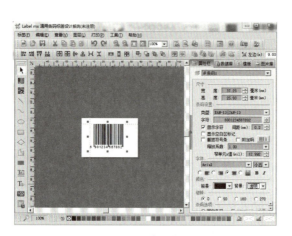

图 2-3-3　条码标签

图 2-3-4　选择所需条码类型

（5）在字符栏写入 6901234567892，就得到如图 2-3-5 所示的一维条码标签。

2. 二维条码的设计

（1）打开元泰 QRCode 二维码编码软件，如图 2-3-6 所示。

（2）在图 2-3-6 下方输入二维码信息，如图 2-3-7 所示。

图 2-3-5　一维条码标签设计完成

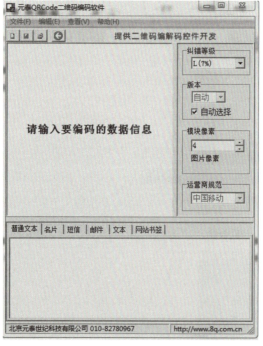

图 2-3-6　QR 二维条码标签设计

图 2-3-7　二维条码标签内容设计（QR）

（3）单击"文件—保存"，得到二维条码图片，如图 2-3-8 所示。

图 2-3-8　保存的二维条码图片

任务四　条码扫描器的安装和使用

以 USB 接口的 Symbol LS 2106 扫描器为例来讲解条码扫描器的安装和使用,如图 2-4-1 所示。

(1) 将接口电缆方形连接器插入扫描器柄底部的电缆接口端口,如图 2-4-2 所示。

图 2-4-1　Symbol LS 2106 扫描器　　　　　　　图 2-4-2　电缆方形连接器插入扫描器

(2) 将接口的另一端插入计算机的 USB 接口(见图 2-4-3),安装好后,可按下条码扫描器触发开关,观察扫描器窗口的灯是否正常亮。如果接的不是计算机而是收银机,连接方式则如图 2-4-4 所示。

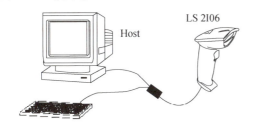
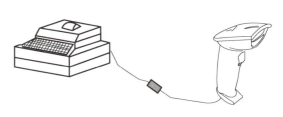

图 2-4-3　扫描器接入计算机　　　　　　　　图 2-4-4　扫描器接入收银机

(3) 安装成功后,扫描器会发出蜂鸣声且发光管发出绿光。打开记事本,将扫描器对准条码,正确的扫描方法如图 2-4-5 所示,确保扫描线扫过符号的所有条和空。扫描的角度如图 2-4-6 所示。

图 2-4-5　正确的扫描方法

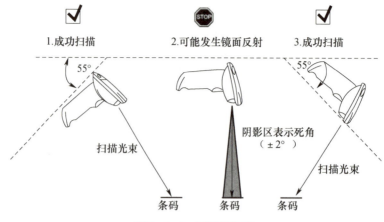

图 2-4-6　扫描的角度

思考与练习

一、单项选择题

1. （　　）一般适合于高频、微波工作的远距离射频识别系统。
   A. 电感耦合方式　　　　　　　　B. 电磁反向散射耦合方式
   C. 光电耦合方式　　　　　　　　D. 激光二极管方式
2. 物流单元标签条码符号的条与空应（　　）于物流单元的底面。
   A. 随意放置　　B. 环绕　　　　C. 垂直　　　　D. 平行
3. 不影响码制选择的因素是（　　）。
   A. 条码字集中包含字符的个数　　B. 识读范围
   C. 印刷条件　　　　　　　　　　D. 条码的反射率
4. 贸易项目中非常小的零售商品，不需要附加信息，最好选用 UPC-E 或（　　）来表示。
   A. EAN-8　　　B. EAN-13　　　C. ITF-14　　　D. UCC/EAN-128
5. 未来 RFID 的发展趋势是（　　）。
   A. 低频 RFID　　B. 高频 RFID　　C. 超高频 RFID　　D. 微波 RFID
6. EAN-13 码的编码必须遵循（　　）原则。
   A. 标准性、唯一性、简明性　　　B. 通用性、可扩展性、永久性
   C. 唯一性、永久性、无含义　　　D. 唯一性、不变性、标准性
7. 以下具有自校验功能的条码是（　　）。
   A. UPC 条码　　B. 交叉 25 条码　　C. 39 条码　　D. EAN 条码
8. 商品条形码属于（　　）。
   A. 顺序码　　　B. 块状码　　　C. 层次码　　　D. 特征码
9. 物流单元标签的（　　）通常包含包装时供应商已确定的信息。SSCC 是物流单元应用的唯一的标识代码。客户和承运商所需要的产品属性信息，如产品变体、生产日期、包装日期和有效期、批号（组号）、系列号等也可以在此区段表示。
   A. 生产商区段　　B. 承运商区段　　C. 客户区段　　D. 供应商区段

10. （　　）是指扫描器在识读条码符号时能够分辨出的条（空）宽度的最小值。
   A. 扫描器的分辨率　　　　　　　B. 扫描器的首读率
   C. 扫描器的拒识率　　　　　　　D. 扫描器的误码率

二、多项选择题

1. 以下关于条码的叙述正确的是（　　）。
   A. 条码是由一组规则排列的条、空及其对应字符组成的标记，用以表示一定的信息
   B. 常用的物流条码有一维条码和二维条码
   C. 一维条码可存放的信息量比二维条码大
   D. 二维条码应用于商品的描述，可不依赖于数据库和网络而独立应用
2. 以下哪些属于 RFID 应用？（　　）
   A. 物流过程中的货物跟踪、信息采集
   B. 驯养动物、畜牧牲口、宠物等识别管理
   C. ATM 自动存取款机
   D. ETC 路桥不停车收费系统
3. 射频识别技术的优点有哪些？（　　）
   A. 信息量大　　　B. 保密性好　　　C. 光遮盖没影响　　　D. 通信速度很快
4. 二维条码与一维条码相比较，有哪些优点？（　　）
   A. 尺寸大　　　B. 存储信息多　　　C. 纠错能力强　　　D. 印刷成本低
5. 射频识别系统一般可以分为（　　）。
   A. 电感耦合系统　　　　　　　　B. 电磁反向散射耦合系统
   C. 激光扫描器　　　　　　　　　D. 光电耦合系统
6. 通用商品条码 EAN-13 代码由 13 位数字组成，这些数字分别代表（　　）。
   A. 前缀码　　　B. 厂商识别代码　　　C. 商品项目代码　　　D. 校验码

三、简答题

1. 什么是射频识别的读写器？
2. 简述储运单元条码种类及作用。
3. 简述有源标签与无源标签的区别与联系。

四、论述题

物流条码标签 3 个区段各自的作用是什么？

阅读建议

［1］中国物品编码中心网站［EB/OL］.http://www.ancc.org.cn/
［2］中国商品信息服务平台［EB/OL］.http://www.gds.org.cn/
［3］条码中心［EB/OL］.https://www.txmzx.com/a/yewuzhinan/
［4］物联网世界［EB/OL］.http://www.iotworld.com.cn/
［5］RFID 世界网［EB/OL］.http://www.rfidworld.com.cn/
［6］RF 技术社区［EB/OL］.https://rf.eefocus.com/

项目三

GPS 和 GIS 技术

 学习目标

1. 知识目标
(1) 认知 GPS 定位和导航原理；
(2) 描述 GPS 的工作原理及功能；
(3) 认知 GIS 技术及其分类、功能。

2. 技能目标
(1) 能够评价 GPS 在物流行业中的应用价值；
(2) 能够分析应用 GIS 在物流行业中的应用场景；
(3) 能够根据案例情景完成物流企业 GPS 应用分析报告。

3. 素质目标
(1) 培养学生具备运用 GPS 和 GIS 技术的基本素质；
(2) 培养学生具备应用 GPS 和 GIS 技术进行物流管理的职业要求。

任务一　GPS 和 GIS 的背景知识

一、GPS

GPS, 全球定位系统 (Global Positioning System) 是美国从 20 世纪 70 年代开始研制, 历时 20 年, 耗资 200 亿美元, 于 1994 年全面建成, 具有在海、陆、空进行全方位实时三维导航与定位功能的新一代卫星导航与定位系统。

GPS 系统包括用户设备——GPS 信号接收机、地面控制设备——地面监控系统和空间设备——GPS 卫星星座三大部分。

图 3-1-1 为 GPS 系统。

1. GPS 信号接收机

GPS 信号接收机的任务是能够捕获

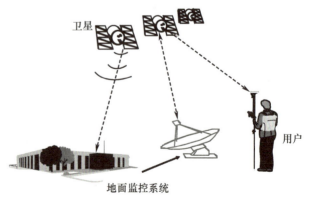

图 3-1-1　GPS 系统

到按一定卫星高度截止角所选择的待测卫星的信号,并跟踪这些卫星的运行,对所接收到的 GPS 信号进行变换、放大和处理,以便测量出 GPS 信号从卫星到 GPS 信号接收机天线的传播时间,解译出 GPS 卫星所发送的导航电文,实时地计算出 GPS 信号接收机的三维位置、三维速度和时间。

GPS 卫星发送的导航定位信号,是一种可供无数用户共享的信息资源。对于陆地、海洋和空间的广大用户,只要拥有能够接收、跟踪、变换和测量 GPS 信号的接收设备,即 GPS 信号接收机,就可以在任何时候用 GPS 信号进行导航定位测量。根据使用目的的不同,用户要求的 GPS 信号接收机也各有差异。目前世界上已有几十家工厂生产 GPS 信号接收机,产品也有几百种。这些产品可以按照原理、用途、功能等进行分类。

静态定位,是 GPS 信号接收机在捕获和跟踪 GPS 卫星的过程中固定不变,GPS 信号接收机高精度地测量 GPS 信号的传播时间,利用 GPS 卫星在轨的已知位置,计算出 GPS 信号接收机天线所在位置的三维坐标。

动态定位,是用 GPS 信号接收机测定一个运动物体的运行轨迹。GPS 信号接收机所位于的运动物体叫做载体,如航行中的船舰、飞行中的飞机、行走的车辆等,如图 3-1-2~图 3-1-7 所示。载体上的 GPS 信号接收机天线在跟踪 GPS 卫星的过程中相对地球而运动,GPS 信号接收机用 GPS 信号实时地测得运动载体的状态参数(瞬间三维位置和三维速度)。

图 3-1-2　测地型——用于大地测量

图 3-1-3　车载型——用于车辆导航定位

图 3-1-4　航海型——用于船舶导航定位

图 3-1-5　航空型——用于飞机导航定位

图 3-1-6　星载型——用于卫星导航定位

图 3-1-7　手持型——用于个人手机定位

2. 地面监控系统

对于导航定位来说，GPS 卫星是一个动态已知点。卫星的位置是依据卫星发射的星历——描述卫星运动及其轨道的参数——算得的。每颗 GPS 卫星所发射的星历，是由地面监控系统提供的。卫星上的各种设备是否正常工作以及卫星是否一直沿着预定轨道运行，都要由地面设备进行监测和控制。地

GPS 定位："无人机放牧"让"苦力活"变"技术活"

面监控系统另一个重要作用是保持各颗卫星处于同一时间标准——GPS 时间系统。这就需要地面站监测各颗卫星的时间，求出钟差。然后由地面注入站发给卫星，卫星再由导航电文发给用户设备。GPS 工作卫星的地面监控系统包括：主控站 1 个；监测站 6 个；注入站 4 个；通信与辅助系统，如图 3-1-8 所示。

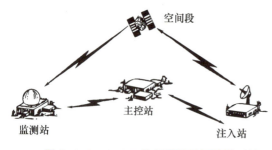

图 3-1-8　GPS 工作卫星的地面监控系统

3. GPS 卫星星座

GPS 卫星星座由 21 颗工作卫星和 3 颗在轨备用卫星组成 GPS 卫星星座，记作（21+3）GPS 星座。24 颗卫星均匀分布在 6 个轨道平面内，轨道倾角为 55°，各个轨道平面之间相距 60°，即轨道的升交点赤经各相差 60°。每个轨道平面内各颗卫星之间的升交角距相差 90°，一轨道平面上的卫星比西边相邻轨道平面上的相应卫星超前 30°，如图 3-1-9 所示。

在两万千米高空的 GPS 卫星，当地球对恒星自转一周时，它们绕地球运行两周，即绕地球一周的时间为 12 恒星时。这样，对于地面观测者来说，每天将提前 4 分钟见到同一颗 GPS 卫星。位于地平线以上的卫星颗数随着时间和地点的不同而不同，最少可见到 4 颗，最多可见到 11 颗。在用 GPS 信号导航定位时，为了结算测站的三维坐标，必须观测 4 颗 GPS 卫星，将其称为定位星座。这 4 颗卫星在观测过程中的几何位置分布对定位精度有一定的影响。对于某地某时，甚至不能测得精确的点位坐标，这种时间段叫做"间隙段"。但

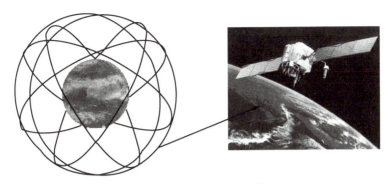

图 3-1-9　GPS 卫星星座

这种时间间隙段是很短暂的，并不影响全球绝大多数地方的全天候、高精度、连续实时的导航定位测量。

 课程思政

"北斗三号"系统最后一颗组网卫星入网工作

中国卫星导航系统管理办公室 2020 年 7 月 29 日宣布，"北斗三号"全球卫星导航系统最后一颗组网卫星近日正式入网工作。2020 年 6 月 23 日 9 时 43 分，我国在西昌卫星发射中心用"长征三号"乙运载火箭，成功发射北斗系统第 55 颗导航卫星，暨"北斗三号"最后一颗全球组网卫星，这标志着北斗全球卫星导航系统全面完成星座部署，面向全球开启高精度的定位、导航、授时、短报文通信和国际搜救等服务。该卫星在 6 月 30 日成功定点到工作轨位。

据介绍，该卫星是北斗卫星导航系统第 55 颗卫星，也是"北斗三号"全球卫星导航系统中的地球静止轨道卫星。日前，卫星已完成在轨测试、入网评估等工作，正式入网后，使用测距码编号 61 提供定位导航授时服务。

"北斗三号"全球卫星导航系统由 24 颗地球中圆轨道卫星、3 颗倾斜地球同步轨道卫星和 3 颗地球静止轨道卫星组成。其中地球静止轨道卫星安静地驻守在距地面 36 000 千米高的太空中，担负着为提升北斗导航系统的技术指标提供增强服务的重任。

据担任卫星总研制的中国航天科技集团五院介绍，"北斗三号"系统中的地球静止轨道卫星采用了我国现役规模较大的卫星平台，强大的承载能力使该卫星具备无线电导航、无线电测定、星基增强、精密单点定位、功率增强、站间时间同步和定位六大本领，可为我国及周边地区用户提供导航及增强服务。

据了解，"北斗三号"系统的服务能力较"北斗二号"系统拓展了 10 倍，将在通信、电力、金融、测绘交通、渔业、农业、林业等领域提供普惠服务。

（资料来源："北斗三号"系统最后一颗组网卫星入网工作-新华网 http://www.xinhuanet.com/tech/2020-07/30/c_1126302087.htm）

二、GIS

GIS（Geographic Information System）地理信息系统是随着地理科学、计算机技术、遥感技术和信息科学的发展而发展起来的一个学科。在计算机发展史上，计算机辅助设计技术（CAD）的出现使人们可以用计算机处理像图形这样的数据，图形数据的标志之一就是图形元素有明确的位置坐标，不同图形之间有各种各样的拓扑关系。简单地说，拓扑关系指图形元素之间的空间位置和连接关系。简单的图形元素如点、线、多边形等；点有坐标 (x, y)；线可以看成由无数点组成，线的位置就可以表示为一系列坐标对 $(x_1, y_1), (x_2, y_2), \cdots, (x_n, y_n)$；平面上的多边形可以认为是由闭合曲线形成范围。图形元素之间有多种多样的相互关系，如一个点在一条线上或在一个多边形内，一条线穿过一个多边形等。在实际应用中，一个地理信息系统要管理非常多、非常复杂的数据，可能有几万个多边形、几万条线、上万个点，还要计算和管理它们之间的各种复杂的空间关系。

图 3-1-10 所示为车辆跟踪地理信息系统。

GIS 演示

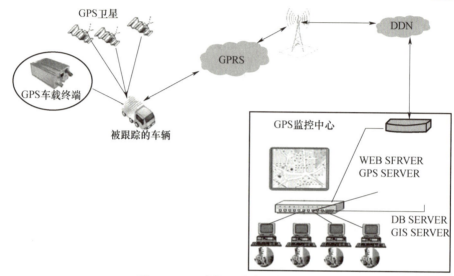

图 3-1-10　车辆跟踪地理信息系统

1. 数据的采集、检验与编辑

数据的采集、检验与编辑主要用于获取数据，保证 GIS 数据库中的数据在内容与空间上的完整性。

2. 数据转换与处理

数据转换与处理的目的是保证数据在入库时在内容上的完整性、逻辑上的一致性。数据转换与处理的方法主要有数据编辑与处理、错误修正；数据格式转化，包括：矢量栅格转化，不同数据格式转化；数据比例转化，包括平移、旋转、比例转换、纠正等；投影变换，主要是投影方式变换；数据概化，主要是平滑、特征集结；数据重构，主要是几何形态变换（拼接、截取、压缩、结构）；地理编码，主要有根据拓扑结构编码；等等。

三、GPS/GIS 与物流

1. 车辆定位、实时监督、车辆跟踪功能

GPS 技术的应用能够实现实时、快速的定位，这对于现代物流的高效率管理来说是非常核心和关键的，将能够方便地实现总部对于车辆运输情况的实时监控，随时了解最新的情况；结合 GIS 技术，可以利用网络分析和路径分析等功能，科学快速地预先设定运输的最佳路径，当利用 GPS 信号反馈回来的汽车运行路径偏离原定路线的时候，就可以发出系统警告，以便决策层针对实际情况快速反应。

GPS 在物流中的应用

2. GPS 导航功能

GPS 在车辆导航方面的技术已经逐渐成熟，主要是结合 GIS 技术，利用车载 GPS 信号接收机获取车辆位置信息，使用车载电子地图进行图上定位等。在现代物流信息系统中的城市配送子系统中，这种技术有非常高的实用价值，将能很好地解决物流配送效率不高的问题。

3. 轨迹回放功能

这也是 GIS 和 GPS 相结合的产物，也可以作为车辆跟踪功能的一个重要补充。就上述的技术方案概述来说，可以比较好地解决当前物流信息系统的一些问题。从市场上来看，在目前越来越激烈的物流行业竞争中，谁能率先实现更高度的信息化，谁就占据了行业的最高点。目前，大部分物流公司都已经对引进专门的物流信息系统有了相当大的兴趣，就广州市的情况而言，物流公司将近 3 万家。

影响物流专业管理软件在市场上取得广泛应用的原因有很多，但是功能上的缺陷是大部分物流公司望而却步的主要因素。简单地说，实际上不是软件缺乏市场，而是软件本身的质量和市场的需求有一定的差距，而这种差距主要体现在 GIS 及 GPS 技术上面，数据库技术只有结合了 GIS 的空间数据信息和 GPS 卫星定位信息，它在物流、交通运输方面的强大优势才会得以体现，否则它和普通的 OA 办公自动化系统本身并没有太多的区别。而且随着网络技术的快速发展，网络条件的逐步完善，GIS 的一个重要分支 Web GIS 也得到了较快的发展，它和基于 B/S 架构的物流管理信息系统的结合在技术上将会有着强大的市场生命力。虽然 GIS 以及 GPS 技术有着突出的优势，在国外一些大型的物流信息系统中已经应用，也产生了巨大的经济效益，但是成本高昂，这也是其没有能够迅速在我国物流管理信息系统中广泛应用的主要原因。近年来，这种情况已经有了很大改观，GPS 产品线也逐渐丰富起来，GPS 信号接收机、PDA 等车载、手持设备价格也已经降到大众可以接受的程度；但是作为这种技术应用的基础——GIS 基础空间地理数据，无论从覆盖面、详细程度、市场价格等哪个方面来说，都还不能很好地满足需求，尤其由于各个部门、机构之间缺乏数据共享机制，造成了大量的重复建设，成本更是居高不下！

目前，各种物流信息平台的建设以及"互联网+"信息化的发展都在不断地推动现代信息技术在物流行业中的应用与发展。其中，GPS 与 GIS 技术在物流行业特别是在运输业中得到了快速发展与广泛应用。随着信息化、自动化与智能化的理念在人们生活中越来越突显，GPS、GIS 技术将在物流领域得到更深远的发展与应用，必须有效解决当前应用过程中存在的一些问题，例如技术的更新、系统兼容等，才能有效促进物流产业的发展，优化物流产业结构，提高物流行业的竞争力。GPS、GIS 技术在物流行业中的有效应用是物流行业今后发展的重要内容之一。

四、经纬度和海拔定位操作

（一）谷歌地球定位

上网下载 Google Earth（谷歌地球），并安装该软件，启动后进入如图 3-1-11 所示的界面。

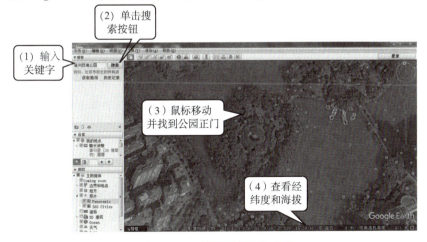

图 3-1-11　西湖公园定位步骤

在此以定位福州西湖公园为例,其正门坐标如图 3-1-11 西湖公园定位步骤所示。
(1) 输入关键字:福州西湖公园。
(2) 单击搜索按钮。
(3) 鼠标移动并找到公园的正门。
(4) 查看经纬度和海拔。
结论:福州西湖公园正门的经纬度为北纬 16°05′39″,东经 119°16′59″,海拔 9 米。

(二) 手机 GPS 定位

以苹果手机安装 Mapbar 图吧,查看某地址经纬度坐标定位操作步骤如图 3-1-12 所示。

图 3-1-12 坐标定位操作步骤

(a) 选择导航快捷键,并进入 Mapbar 图吧;(b) 在主界面中选择"浏览地图"选项;
(c) 单击右上角工具栏中第 2 项"卫星图";(d) 等待一分钟后,自动定位出经纬度海拔

结论:某人所在小区的经纬度为东经 119°16′38″,北纬 26°02′21″,海拔 16 米。

任务二 巡航卫士货运物流管理系统的使用

一、企业物流信息部岗位的设置

(一) 任务描述

物流管理的最终目标是降低成本、提高服务水平,这需要物流企业能够及时、准确、全面地掌握运输车辆的信息,对运输车辆实现实时监控调度。现代科技、通信技术的发展,GPS/GIS 技术的成熟和 GSM 无线通信技术的广泛应用,为现代物流管理提供了强大而有效的工具。本任务单元以一个物流企业车辆跟踪为例,为其信息中心进行岗位设置。

(二) 学习目标

(1) 能对车辆历史轨迹和实时运行位置进行监测。
(2) 能用巡航卫士货运物流管理系统的数据生成"车辆里程油耗报表"。
(3) 能用巡航卫士货运物流管理系统的数据生成"车辆停车报表"。

(三) 学习任务

(1) 运行管理:要求每个人进入监控系统后,进行运行管理。

(2) 报表管理：要求每个人均生成"车辆里程油耗报表"和"车辆停车报表"（在道路比例和停车时间方面需要有一定差别，数据可自定义）。

（四）工作准备

(1) 查看本任务提供的资料、网上搜索相关资料、图书查找等。
(2) 相关实验在机房进行，且机房能连接到网络、安装有计算机广播系统。
(3) 理论授课可在多媒体教室进行，最好能连接网络、可观看视频。

（五）考核评价

考核项目评分标准，见表3-2-1。

表 3-2-1　考核项目评分标准

项目	分值	考核项目明细	得分
里程油耗报表（20分）	5	货运物流管理系统登录	
	5	里程油耗报表进入准确	
	5	车辆的实际油耗输入准确	
	5	生成报表准确	
车辆停车报表（20分）	5	货运物流管理系统登录	
	5	车辆停车报表进入准确	
	10	生成报表准确	

备注：
(1) 里程油耗报表的生成（20%）。
(2) 车辆停车报表的生成（20%）。
说明：要求提交两个文档（学号+姓名+里程油耗报表.pdf、学号+姓名+车辆停车报表.pdf），注意扩展名为.pdf；如提交的为.xls，则该项不得分。

二、巡航卫士货运物流管理系统

"巡航卫士"是一种车载GPS监控系统，由海归学子创办的欣新科技（深圳）有限公司研发，拥有自主知识产权，并获得发明专利。其中货运物流管理系统模块主要的功能是状态监控和车辆定位。

1. 状态监控

记录发动机状态、行驶速度、开关车门、刹车信息等；实时观察车上货物的情况。

2. 车辆定位

通过车载设备中的GPS模块，获得车辆实时位置（经度、纬度），并向用户监控中心发送位置信息，从而在用户监管中心得知车辆动态；监控车辆在线路上的行驶状况，并且可以记录车辆行驶轨迹，数据长期保存，可回放任意一时间段某一车辆的行驶数据。

（一）模拟数据

时间：2017-04-14 08：00 开始（其他时间 2017-03-24 16：20、2017-04-10 14：30 等），里程油耗报表（各组要求输入的数据不相同，如高速公路25.3）如图3-2-1所示。

图 3-2-1　里程油耗报表

车辆停车报表（各组要求输入的数据不相同，如停车时间 20），如图 3-2-2 所示。

图 3-2-2　车辆停车报表

（二）进入监控系统

（1）首先双击打开 IE 浏览器（注意，请用微软自带的浏览器，请尽量不要使用第三方浏览器；否则，可能会导致部分功能不能使用或被阻止），并在地址栏输入：61.145.165.149，回车后进入系统，如图 3-2-3 所示。

图 3-2-3　巡航卫士 IP 地址

（2）鼠标左键单击"物流车管理"，就会进入监控系统的登录界面，如图 3-2-4 所示。

图 3-2-4　巡航卫士登录界面

（3）在登录界面中，输入相应的用户名和密码，确认用户名和密码无误，并单击"登录"就可进入监控系统的主界面，如图 3-2-5 所示。

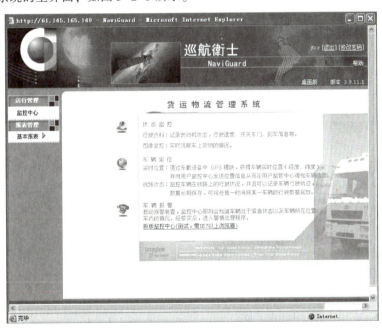

图 3-2-5　货运物流管理系统主界面

（三）运行管理

（1）单击 监控中心 按钮，就可进入车辆实时监控界面。

（2）合计：2729　　在线：372　　离线：2357，通过这个统计栏可以看到所有车辆、在线车辆和离线车辆各多少台。

(3) ，可进行拖动、放大、缩小的操作，"查看监控区域"可以进行选择，并且在选择区域后，地图自动显示该区域信息。

（4）单击监控界面右上方"监控中心"字样旁边的三角形状，就会弹出车辆查询选择栏，如图 3-2-6 所示。这个车辆查询选择栏分成三大部分，分别为查询栏、车辆列表栏和监控操作栏。在监控中心输入如图 3-2-7 所示的信息，就可快速查找到该车辆的具体信息。选取该车号，就可在监控操作栏进行操作，如图 3-2-7 所示。

图 3-2-6　车辆查询选择栏

图 3-2-7　监控操作栏

监控操作栏图 3-2-7 主要功能如下：
①位置：用于查询车辆在地图上的位置。
②图片：用于查询车辆摄像头所拍摄的照片（这一功能与设备配置有关）。
③轨迹：用于查询车辆前两个月所行驶的路线。
④复位：用于恢复原始设置。
⑤显示报警：就是查询车辆是否有报警，如有就出弹出一个报警栏，并会体现是何种报警。
⑥显示车牌：如果地图中的车辆图标没有显示车号，单击此项，就可显示出车号。
⑦多车轨迹：就是实时显示出多车辆的行驶路线，记住此功能与③的轨迹有区别，不能回查以前的轨迹，只能实时的。
⑧显示对讲：通过网络呼叫驾驶员，进行通话。

（5）如想看该车的具体信息，可将鼠标移到表示该车的图标上，就会弹出信息栏，上面会显示该车的车号、设备、定位时间、定位的经纬度、速度值、状态等，如图 3-2-8 所示。

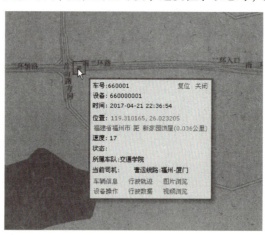

图 3-2-8　弹出的信息栏

如想查看该车的三维位置图，可单击经纬度［位置：26.023205，119.310165 福建省福州市距新家园饼屋（0.036 千米）］，就会自动切换到谷歌的卫星图片（注意：由于 GPS 存在一定的误差，在卫星图片上显示的车辆位置，未必是该车的真实位置），如图 3-2-9 所示。

图 3-2-9　车的三维位置

三维可视化监控
系统应用

（6）单击监控操作栏的"轨迹"，就会进入行驶轨迹界面。

现在分别在"开始时间"和"结束时间"输入想查询的时间，记住间隔时间不能超过三天，并且按此格式输入（2017-04-14 08：00）；如果开始时间和结束时间都不输入，则"开始时间"为现在时间的前一小时，"结束时间"为当前时间。

①单击"查询"，系统就将此时间里的行驶数据以列表行式在右边显示出来。

②单击"开始"，左边地图会自动画出所行驶的路线。

③单击"停止"，就结束回放。

④选择播放速度：X1 是正常速度；X2 是快速；X1/2 是慢速。

(四) 报表管理

1. 里程油耗报表的生成

（1）单击"报表管理"→"基本报表"，会弹出一选择列表框，分别是"车辆报警日志""车辆报警统计""里程油耗报表""车辆停车报表""区域车辆查询""拍照数量查询"，如图 3-2-10 所示。现主要介绍"里程油耗报表"功能的使用。

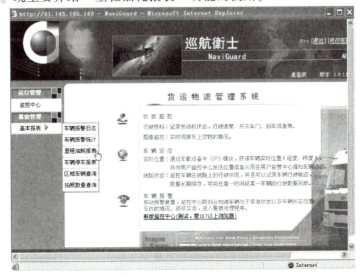

图 3-2-10　"基本报表"的选择列表框

（2）单击"里程油耗报表"进入如图 3-2-11 所示的界面。

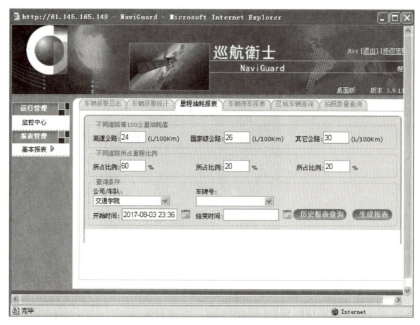

图 3-2-11　"里程油耗报表"界面

（3）在"不同道路每 100 千米油耗值"这一项中，根据其车辆的实际油耗输入相应的值。比如，某辆车在高速公路上每 100 千米油耗值为 38 升，则就在这一栏中输入"38"，其他栏均输入"0"此类，如图 3-2-12 所示。

图 3-2-12　输入油耗值

（4）在"不同道路所占里程比例"这一项中，根据其车辆在整个行驶路段中，输入相应的值。比如，某辆车在整个行驶里程中，高速公路占了 100%，则就在这一栏中输入 100，其他栏均输入 0，如图 3-2-13 所示。

图 3-2-13　输入里程比例

（5）接着在"车牌号"这一栏中选择要统计的车牌号，并在"开始时间"和"结束时间"文本框输入开始时间和结束时间，如图 3-2-14 所示。同理，开始时间和结束时间都不输入，则开始时间为现在时间的前一小时，结束时间为当前时间。

图 3-2-14　输入查询条件

项目三　GPS 和 GIS 技术　　55

（6）然后单击 生成报表 按钮，接着会弹出一个提示栏，单击"确定"按钮就会在列表中显示 文件正在生成 ，稍等片刻，再单击一下 历史报表查询 按钮，就会看到下面的列表出现了 文件已生成 按钮。

（7）单击 下载 按钮，这时会弹出如图3-2-15所示的提示栏。

如选择"打开"，就会直接打开文件，但该文件不会保存在计算机上，如下次再查看，需重新下载。

如选择"保存"，就会将文件下载到本机上，然后进入保存此文件的所在文件夹，双击打开就可看到"里程油耗报表"（注意：此文件是以 PDF 格式打开的，如没有安装 PDF 阅读器，则打开会出现乱码，可上网下载 Foxit Reader 绿色版如图 3-2-16 所示，来打开 PDF 文件）。

如选择"取消"，可放弃此次操作。

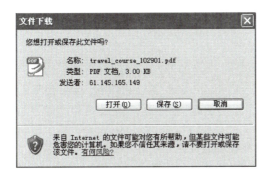
图 3-2-15　"文件下载"对话框

图 3-2-16　PDF 阅读器

2. 车辆停车报表的生成

车辆停车报表，就是在一段时间内，统计出该车辆所有的停车次数，停车时间及地点停车，具体操作如下。

（1）单击"车辆停车报表"进入系统，如图3-2-17所示。

图 3-2-17　"车辆停车报表"系统界面

（2）接着在"车牌号"这一栏中选择要统计的车牌号，并在"开始时间"和"结束时间"分别输入想要查询的时间。同理，"开始时间"和"结束时间"都不输入，则开始时间为现在时间的前一小时，"结束时间"为当前时间。

在"停车时间"这一项设置好想要查询的最低的停车时间，但不能小于20分钟。

（3）然后单击"生成报表"按钮，接着会弹出一个提示栏，单击"确定"按钮就会在列表中显示"文件正在生成"，稍等片刻，再单击"历史报表查询"按钮，就会看到下面的列表中出现了"文件已生成"（报表类型可选择 Excel 格式或者 PDF 格式）。

（4）单击"下载"按钮，这时会弹出一个提示栏。

（5）如选择"打开"，就会直接打开文件，但该文件不会保存在计算机上，如下次再查看，需再次下载。

（6）如选择"保存"，就会将文件下载到本机上，然后进入保存此文件的所在文件夹，双击打开就可看到"车辆停车报表"。

（7）如选择"取消"，可放弃此次操作。

以上操作视频录像详见：车辆停车报表的生成。

任务三　基于 GPS 和 GIS 技术的配送运输实训

一、企业物流运输部岗位的设置

（一）任务描述

配送运输部配送专员职位描述如下。

岗位职责：

（1）准时、及时派件；

（2）及时送发票、退押金、退核销单并收取运费；

（3）保证物料充足，每辆车要配备足够的物料；

（4）关于服务重点的问题上支援客户；

（5）遵守各运作、保安和安全守则、程序与方法，以达成服务承诺。

本任务单元以一个物流企业配送运输为例，为其信息中心进行岗位设置。

（二）学习目标

（1）能利用 GPS 和 GIS 技术，模拟物流配送的典型工作任务。

（2）能模拟路线规划与优化、在途配送、货物跟踪、车辆调度等。

（三）学习任务

（1）制订物流配送路线规划与优化的计划并实施。

（2）学生在教师指导下使用 GPS 或借助电子地图和视频教程等资料，制订物流配送路线规划、在途配送、货物跟踪、车辆调度等作业计划，并实施和检查反馈。

（3）在规定的时间内，完成计划制订、货物配送等项目，作业符合物流规范，对已完成的任务进行记录、存档和评价反馈，并且注意人身安全。

（4）学习完本课程后，学生应当能够进行物流公司货物配送作业，包括：配送路线的规划；配送路线的优化；GPS 设备的使用；GIS 的使用；货物查询及跟踪；车辆调度；客户沟通。

（四）工作准备

（1）查看本任务提供的资料，网上搜索相关资料，查找图书等。

（2）车载 GPS 发射器、手持 GPS 定位仪、纸质地图、Google 卫星地图、福州三维地图、福州三维全景地图、Google 搜索引擎、手机、配送车辆（公交车）。

（3）需配送的货物，需配送的配货单、收货单、纸质地图。

(五) 考核评价

考核项目评分标准见表3-3-1。

表3-3-1 考核项目评分标准

项目	分值	考核项目明细	得分
校内/校外配送实训（60分）	20	总成本	
	20	总时间	
	10	顾客满意度	
	10	文档资料	

备注：
校内或校外模拟总计60分，其中，成本20分；时间20分；顾客满意度10分；各种文档资料10分。
校内或校外模拟总成绩=成本的分值+时间的分值+满意度的分值+文档资料的分值
说明：
总成本最低的组得分20分，次低的得分18分，依此类推16分、14分……
总时间最少的组得分20分，次低的得分18分，依此类推16分、14分……
顾客满意度最高的得分10分，次高的得分9分，依此类推8分、7分……
文档资料和短信最多的得分10分，次多的得分9分，依此类推8分、7分……

二、工作与学习内容

（1）工作对象/题材：需配送的货物，需配送的配货单、收货单，纸质地图，顾客，配送员，客户人员，配送路线的规划，货物的配送，跟踪，车辆调度。

（2）工具：车载GPS发射器、手持GPS定位仪、纸质地图、Google卫星地图、福州三维地图、福州三维全景地图、Google搜索引擎、手机、配送车辆（公交车）。

（3）工作方法：
①配送员、客服人员、顾客之间的沟通与短信记录。
②填写送货记录单或收货记录单的详细内容。
③制订配送计划。

（4）配送组织：
①客服人员制订配送任务。
②配送员领取待配送的货物、地图、配送计划路线图、送货单、交通工具（公交）、通讯录。
③顾客先行到指定地点等待收货。

（5）工作要求：
①配送员和顾客注意人身安全及交通安全。
②顾客、配送员、客服人员进行专业沟通。
③从时间、费用、顾客满意度等方面进行路线规划与优化，确定操作可行性计划。
④对已完成的工作进行登记存档。
⑤制订计划、配送、沟通符合标准化的要求。

（6）学习组织形式与方法：
①大部分课业的"学习准备"阶段采用课堂教学的方式，部分采用独立学习。
②多数计划实施阶段采用小组学习，明确小组负责人由配送员承担。

③小组负责人的职责类似于配送组长的职责，负责组内基层管理、组织分工、工具设备管理等工作。

实训场地分为校内实训场地（交院）和校外实训场地（福州市区）；在学习过程中设置与物流企业一致的工作步骤及要求。

三、数据（依据实际情况，可选校内或校外收货点）

校内 10 个收货点的经纬度如下：
（1）交院南区大门：经度 119°18′32″；纬度 26°01′31″。
（2）南区管理系大楼：经度 119°18′28″；纬度 26°01′31″。
（3）校友楼：经度 119°18′24″；纬度 26°01′31″。
（4）男生宿舍 108：经度 119°18′25″；纬度 26°01′33″。
（5）北区大门口：经度 119°18′29″；纬度 26°01′51″。
（6）北区图书馆：经度 119°18′27″；纬度 26°01′55″。
（7）至佳美食：经度 119°18′28″；纬度 26°01′57″。
（8）北区水塔（汽车系）：经度 119°18′22″；纬度 26°01′49″。
（9）北区 24 号楼（学生宿舍）：经度 119°18′21″；纬度 26°01′52″。
（10）北区交通银行：经度 119°18′30″；纬度 26°01′57″。

校外 10 个收货点的经纬度如下：
（1）高盖山公园：经度 119°16′36″；纬度 26°01′16″。
（2）交院北区：经度 119°18′29″；纬度 26°01′51″。
（3）师大旧校区：经度 119°18′18″；纬度 26°02′28″。
（4）福大旧校区北门：经度 119°16′01″；纬度 26°04′51″。
（5）金牛山公园：经度 119°15′23″；纬度 26°04′45″。
（6）西湖公园：经度 119°17′07″；纬度 26°05′36″。
（7）左海公园北门：经度 119°16′56″；纬度 26°06′13″。
（8）镇海楼：经度 119°29′79″；纬度 26°10′80″。
（9）于山公园：经度 119°30′53″；纬度 26°07′63″。
（10）温泉公园：经度 119°31′26″；纬度 26°09′67″。

四、配送项目课程实施

配送项目课程实施的步骤可按图 3-3-1 所示的顺序进行。

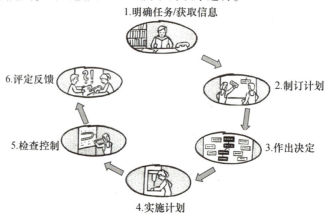

图 3-3-1　配送项目课程实施的步骤顺序图

（一）明确任务/获取信息

1. 线路规划与优化的任务

要求各小组画出 10 个收货点的相对位置配送路线草图，讨论并连线，形成遍历图，各个地点要标出预计到达时间（时间精确到分），并且用箭头标出配送顺序和距离（用谷歌或百度测距）。

（1）组建团队。分组并组建"物流公司"，5 人一组（占总分 5%）。每组 5 人，选定公司名称，确定 1 名负责人。小组角色为配送员 2 名，负责在途配送，并记录送货单；顾客 2 名，负责在固定地点收货，并记录收货单；客服 1 名，负责在总部（实训室）进行协调和调度，并事先规划配送路线。

填写通讯录：公司名称+职责+姓名+手机号码。

（2）制订配送路线图。制定配送原则：总时间最少、总路线最短、总费用最少、顾客满意度最高。利用 GPS 全球定位仪定位各个收货点坐标，并利用福州纸质地图+谷歌卫星地图（图 3-3-2）+福州三维地图（图 3-3-3）+福州三维全景地图（图 3-3-4），对收货点进行配送路线规划。路线图请复印一式三份（配送员、客服、教师各一份）。

图 3-3-2　谷歌卫星地图　　图 3-3-3　福州三维地图　　图 3-3-4　福州三维全景地图

 小知识

距离计算

使用百度的测距功能大体上进行距离测算。

（1）输入关键字：福州西湖公园。

（2）单击"地图"选项。

（3）单击"百度一下"按钮。

（4）单击"测距"按钮选取测距尺。

（5）进行西湖公园多点测距。

测距结论：福州西湖公园周长 5.1 千米。如果按步行 5 千米/小时计算，步行绕公园一周大约需要 1 小时 1.2 分钟。

2. 实施经 GPS 和 GIS 技术规划的配送的任务

配送工作流程如下：

（1）配送员发短信给客服告知已送货物，并预计下一站到达时间。

（2）客服发短信告诉顾客相关信息。

（3）配送员发短信给下一站顾客约定交货具体时间和地点。

（4）配送员在送货记录单上核对并登记顾客身份证号码。

（5）顾客填写收货单并对配送员的满意度进行登记。

（6）开始下一轮配送。

3. 岗位职责信息

（1）顾客：每组顾客（2名）到达指定收货点。10个收货点分别为：高盖山公园门口、交院北区门口、师大旧校区门口、福大旧校区北门、金牛山公园入口、西湖公园入口（湖滨路）、左海公园北门（超大集团旁）、镇海楼入口处、于山公园入口、温泉公园入口。

顾客可发短信到客服询问货物到达的预期时间。

（2）配送员：每组配送员（2名）将货物送达指定收货点，并按工作流程进行操作。

配送员须携带的资料有：货物、地图、送货单、通讯录、配送计划路线图。

（3）客服人员：每组客服人员（1名）须与配送员及顾客沟通。

客服人员须计算配送路线及预计到达时间（市区公交25千米/小时，步行5千米/小时）。

（二）制订计划

（1）分组讨论目标：总时间最少、总路线最短、总费用最少、顾客满意度最高、综合目标。

（2）制订项目工作计划：画出10个收货点的相对位置草图，讨论并连线，形成遍历图。

（3）各组提早55分钟进行抽签，决定各送货地点。

（4）各组用40分钟进行计划的制订（校内实训），校外实训涉及路线更复杂，学生须在前一天利用课外时间进行计划制订并讨论。

（三）作出决定

（1）收集信息。比如，步行的时速、南北区的公交车、各个收货点的位置。

（2）比较信息。对各种方案进行计算和比较，找出最短路径方案、最短时间方案和其他最佳方案。

（3）讨论、选取其中一种方案，准备实施。

（四）实施计划

（1）确定各自在小组中的分工以及小组成员合作的形式，然后按照已确立的工作步骤和程序进行工作。

（2）校内、校外模拟时间：顾客收货单中的"预计到达时间"字段要提早10分钟由各组填写，顾客先提早5分钟出发到指定地点，规定统一的开始时间。在实施开始前10分钟全班统一核对时间。

（五）检查控制

在实施过程中，对交通工具进行如下统一规定：

（1）校内实训时一律用步行，不能用自行车、电动车等代步。

（2）校外实训一律搭乘公交车，不能用其他代步工具（出于安全考虑）。

（六）评定反馈

评分标准详见考核项目评分标准表。

附件一 送货记录单

序号	货物编号（客服事前填写）	送货目的地（客服事前填写）	收货人姓名（收货人现场填写）	身份证号码（两人）（收货人现场填写）	预计到达时间（客服事前填写）	实际到达时间（收货人现场填写）	收货人签字（收货人现场填写）
1							
2							
3							
4							
5							
6							
7							
8							
9							
10							
11							

组名：　　　　　　　　　送货人：　　　　　　　　　日期：

附件二　收货记录单

序号	货物编号（别组客服事前填写）	收货地点（顾客现场填写）	送货人姓名（两人）（顾客现场填写）	预计到达时间（别组客服事前填写）	实际到达时间（顾客现场填写）	顾客满意度（顾客现场填写）	其中顾客满意度为以下标准
1							提早到达 +1 分（满意）
2							
3							准时到达 +2 分（非常满意）
4							
5							推迟到达 +0 分（不满意）
6							
7							
8							
9							
10							
11							

组名：　　　　　　　收货人：　　　　　　　日期：

思考与练习

一、单项选择题

1. 在 GIS 三维制图时，为保证 DEM 具有真实感，需要对地理实体进行消隐，可用的方法有（　　）。

　　A. 扫描线算法　　　B. 优先度算法　　　C. 曲面算法　　　D. 以上都是

2. GPS 卫星星座共有（　　）颗卫星。

　　A. 21　　　　　　B. 22　　　　　　C. 23　　　　　　D. 24

3. TCP 协议工作在（　　）。
   A. 物理层　　　　B. 链路层　　　　C. 传输层　　　　D. 应用层
4. （　　）是物流信息技术的基础和灵魂。
   A. GPS　　　　　B. 网络　　　　　C. 条码　　　　　D. 计算机
5. GPS 地面监控部门主要负责（　　）。
   A. 卫星星历的计算和卫星的运行　　　B. 卫星星历的计算和卫星的监控
   C. 卫星的监控和卫星的运行　　　　　D. 卫星的管理和卫星的测试
6. 在对车辆进行监控调度时，除了使用 GPS 系统外，还会运用（　　）系统。
   A. EDI　　　　　B. RFID　　　　C. SIM　　　　　D. GSM
7. （　　）是指由计算机软硬件环境、地理空间数据、系统维护和使用人员四部分组成的空间信息系统，可对整个或部分地球表层（包括大气层）空间中有关地理分布数据进行采集、储存、管理、运算、分析显示和描述。
   A. GPS　　　　　B. GIS　　　　　C. RFID　　　　D. EOS

二、多项选择题

1. 全球定位系统包括哪三个部分？（　　）
   A. GPS 信号接收机　　　　　　　　B. 地面控制设备
   C. GPS 卫星星座　　　　　　　　　D. 地理信息系统
2. 采用利用通信卫星、GPS 技术和 GIS 技术的车辆运行管理的缺点是（　　）。
   A. 系统初期投资大　　　　　　　　B. 使用费用高
   C. 效率低　　　　　　　　　　　　D. 准确性差
3. 空间数据的特性有 3 个，分别是（　　）。
   A. 空间特征　　　B. 时间特征　　　C. 动态特征　　　D. 属性特征
4. GPS 系统与其他导航系统相比，具有（　　）。
   A. 实时导航　　　B. 定位精度高　　C. 全天候作业　　D. 全球化作业
5. 现代物流中 GIS 主要应用在（　　）等方面。
   A. 运输路线选择　　　　　　　　　B. 仓库位置选择
   C. 仓库库存量控制　　　　　　　　D. 运输车辆调度
6. 地理信息系统 GIS 包括（　　）。
   A. 空间数据　　　B. 房屋数据　　　C. 属性数据　　　D. 时间数据
7. 网络 GPS 系统主要由三部分组成，包括（　　）。
   A. 网上服务平台　　　　　　　　　B. 数据交换软件
   C. 用户端设备　　　　　　　　　　D. 车载终端设备
8. 应用型 GIS 根据应用层次的不同，可以分为（　　）。
   A. 空间事务处理系统　　　　　　　B. 空间管理信息系统
   C. 空间信息分析系统　　　　　　　D. 空间决策支持系统
9. 按照研究对象的瞬时状态和发展过程，GIS 应用模型可分为（　　）。
   A. 动态　　　　　B. 静态　　　　　C. 半动态　　　　D. 半静态
10. 应用型 GIS 的设计，大致可以分为的主要阶段有（　　）。
    A. 系统分析　　　B. 系统设计　　　C. 系统实施　　　D. 系统运行与维护

三、简答题

1. 简述地理信息系统 GIS 在物流中的应用。
2. 简述中国北斗卫星导航系统发展特色。
3. 举例说明 GPS 在实际生活中的应用。

四、论述题

论述全球有四大卫星定位系统。

阅读建议

［1］GPS 之家［EB/OL］.http://www.gpsuu.com/

［2］徐绍铨，张华海，杨志强，等.GPS 测量原理及应用（第 4 版）［M］.武汉：武汉大学出版社，2017.

［3］李天文，等.GPS 原理及应用（第 3 版）［M］.北京：科学出版社，2017.

［4］王法辉.GIS 和数量方法在社会经济研究中的应用［M］.北京：商务印书馆，2019.

［5］51GIS 学院–网易云课堂［EB/OL］.https://m.study.163.com/m/provider/400000000576032/index.htm

项目四

POS 技术和 EDI 技术

 学习目标

1. 知识目标
（1）认知 POS 系统的组成及功能；
（2）描述 EDI 的标准、系统的组成和工作原理。

2. 技能目标
（1）能够复述 EDI 技术的工作原理；
（2）能够分析评价 EDI 技术及 POS 系统在物流中的应用价值。

3. 素质目标
（1）培养学生具备运用 POS 和 EDI 技术的基本素质；
（2）培养学生具备应用 POS 和 EDI 技术进行物流管理的职业要求。

任务一 POS 和 EDI 的背景知识

一、POS 技术基础知识

（一）POS 系统的概念与组成

1. POS 系统的概念

POS（Point of Sales）系统即销售时点信息系统，是指通过自动读取设备（如收银机）在销售商品时直接读取商品销售信息（如商品名、单价、销售数量、销售时间、销售店铺、购买顾客等），并通过通信网络和计算机系统传送至有关部门进行分析、加工以提高经营效率的系统。POS 系统最早应用于零售业，以后逐渐扩展至其他如金融、旅馆等服务行业，利用 POS 系统的范围也从企业内部扩展到整个供应链。

POS 系统有两种类型：一类是上述介绍的商业 POS 系统，包含前台 POS 系统和后台 MIS（Management Information System）系统两大基本部分；另一类是指金融 POS，它是由银行设置在商业网点或特约商户的信用卡授权终端和银行计算机系统通过公用数据交换网联机构成的电子转账服务系统。

本书主要介绍商业 POS 系统。前台 POS 系统，主要负责销售点的销售和销售数据的采集，其工作基础为商品条形码和 POS 收银机。后台 MIS 系统即管理信息系统，主要负责超市日常经营业务的管理、超市自身机构及人员的管理等，并为管理者提供决策依据，其技术基础为计算机技术及数据库技术。

前台 POS 系统是为后台 MIS 系统采集数据的，后台 MIS 系统依据前台 POS 实时采集的数据进行计算、分析和汇总，可以控制进货数量、合理周转资金，还可统计各种销售报表，并可对收银员业绩进行考核。因此，前台 POS 系统和后台 MIS 系统是密切相关的，二者缺一不可。

2. POS 系统组成及特点

（1）前台 POS 系统，如图 4-1-1 所示。前台 POS 系统是指通过收银机，在销售商品时直接读取商品销售信息，实现前台销售业务的自动化，对商品交易进行实时服务和管理，并通过通信网络和计算机系统传送至后台，通过后台 MIS 系统对交易信息进行储存、汇总、统计与分析，获得商品销售的各项信息，为管理者分析经营成果、制订计划提供依据。

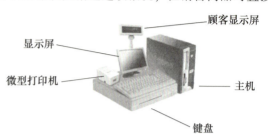

图 4-1-1　前台 POS 系统

（2）后台 MIS 系统。后台 MIS 系统包括计算机和相应的管理软件。后台 MIS 系统负责全部商品的进、销、存管理以及财务管理、考勤管理等。它可根据商品进货信息对厂商进行管理，又可根据前台 POS 系统提供的销售数据，控制进货数量，优化库存。后台 MIS 系统计算、分析和汇总商品销售的相关信息，可以为企业管理部门和管理人员的决策提供依据。

（二）POS 系统的结构和运行

1. POS 系统的结构

（1）POS 系统的硬件结构，如图 4-1-2 所示。POS 系统硬件主要包括收款机、扫描机、显示器、打印机、微机和硬件平台等。

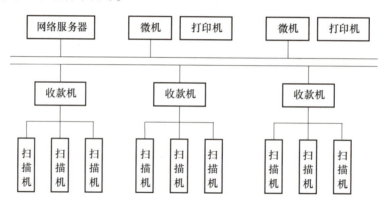

图 4-1-2　POS 系统的硬件结构

前台收款机即 POS 机，可采用具有顾客显示屏、票据打印机、条码扫描仪的机型。

商业企业规模经营靠的是计算机网络，没有网络企业经营者就无法掌握动态信息，就无法进行有效的控制，更无法做出正确的决策。

在日常经营中，前台收款机在完成交易后需要通过网络将数据传送到后台去处理；顾客使用信用卡在结算支付时，也要经过 POS 机进行刷卡并通过网络与银行连通完成转账划账；采购部门通过网络可以很方便地与生产厂商或批发商进行电子订货（EOS）；业务部门甚至可以通过网络以 EDI 电子数据交换方式，与国内外贸易公司进行贸易活动；商业企业通过计算机网络与外部信息系统相连，可以随时掌握顾客信息、商品信息、物价信息，从而为企业的经营管理提供完整的决策依据。

（2）POS 系统的软件结构，如图 4-1-3 所示。

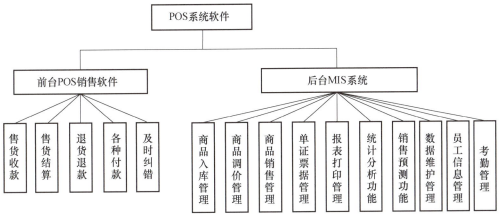

图 4-1-3　POS 系统的软件结构

①前台 POS 销售软件的功能如下：

a. 售货收款。日常的销售收款工作，记录每笔交易的时间、商品、数量、金额等。一般采用条码扫描方式进行销售输入操作。如果出现条码无法识读的情况，应辅以手工输入方式，以完成销售输入操作。

b. 售货结算。进行收银员交接班时收款的结算或是全天的销售情况。可以计算本次交班时的现金及销售情况，也可以统计收银机全天的销售金额以及各收银员的销售金额。

c. 退货退款。记录退货时的商品种类、数量和金额等情况。

d. 各种付款。可以支持各种付款方式如现金、信用卡、商场储值卡等，满足不同顾客的需求。

e. 及时纠错。在销售过程中出现错误能够立即修正，保证数据的准确性。

②后台 MIS 系统的功能。后台 MIS 系统的主要功能有：商品入库管理、商品调价管理、商品销售管理、单证票据管理、报表打印管理、统计分析功能、销售预测功能、数据维护管理、员工信息管理、考勤管理等。

2. POS 系统的运行步骤

POS 系统基本作业原理是先将商品资料存储于计算机数据库中，前台操作时扫描商品上的条码，得到商品的编号，通过计算机与收银机的网络线，读取计算机数据库中的商品详细信息（商品名称、价格等），同时销售操作完成后，每笔销售记录传回计算机数据库中，作为各种销售统计分析的基础数据。POS 系统具体运行步骤如下：

（1）条码识别：收银员使用扫描器读取商品条码；

（2）消费金额和总价确认：计算顾客购买的商品数量及总金额；

（3）信用卡刷卡［现金付款直接到（6）］：卡支付；

（4）输入密码；

（5）建立数据传输；

（6）打印凭条：打印出顾客的购买清单和付款总金额；

（7）信息回流后台数据库；

（8）信息反馈后，做出相应的调整：通过对销售时点信息进行加工分析来掌握消费者购买的情况，对商品品种、陈列和价格等进行调整；

（9）信息管理，制订计划。

二、POS 的应用与效益分析

（一）POS 的应用

POS 系统对商品流转业务的管理主要体现在：通过核算员、收银员在流转的各个环节，将必要的票据登录到 POS 系统中去。所登录的数据主要有商品的单价、数量及金额等相关指标。

对于商品流转各个环节以及与商场管理密切相关的人为活动，如商品部的哪些人具有采购权，哪些人可以和厂家谈判签订合同等，POS 系统不能进行控制和管理。

商品进、销、调、存各环节涉及的主要终端操作人员有：进货环节的商品库核算员、仓库核算员；销售环节的 POS 系统终端收银员；调拨环节的商品部核算员；仓储环节的商品部核算员、仓库核算员。

这些终端操作人员主要分为核算员和收银员，对这两类人员的要求不同。对核算员的要求是要熟悉商品流转业务，有一定的计算机和财务知识。严格执行商场管理规程及操作规程，充分理解商品流转各环节的票据含义；对收银员的要求是责任心强，对收款机操作熟练迅捷，能够处理一些简单的销售业务问题（如收款方式、付款方式、币种识别等）。

扫码支付功能介绍 & 接入方法

在 POS 系统应用过程中，要使 POS 系统发挥其功效，在系统工作的各个流程，工作人员都应熟悉本流程的工作，并按操作规程操作。对于各流程中的工作人员，具体事项如下：

1. 商品编码、定价和登录

工作人员要了解和确定商品编码规范，包括商品店内码、商品条码；了解和确定商品的进价、售价、调价等定价的方式；了解和确定商品定价单、调价单的单据格式及使用规范，并能进行相关操作。

2. 进货

工作人员要了解和确定商品到货情况及处理流程。一般商品到货分为全部进仓，全部进柜和部分进仓、部分进柜三种情况。每种情况又有货单与货同到、货到单未到、单到货未到三种状态；了解和确定验收单、进账单（货到单未到时使用）的单据格式及使用规范，并能进行相关操作。

3. 调拨

工作人员要了解和确定商品部内发生的商品调拨；了解和确定商品部间发生的商品调拨；了解和确定调拨单的单据格式、使用规范，并能进行相关操作。

4. 退货及换货

工作人员要了解和确定商品退货的过程；了解和确定商品换货的过程；了解和确定退货、换货验收单的单据格式和使用规范，并能进行相关操作。

5. 仓储

工作人员要了解和确定商品移仓（支货）的过程；了解和确定商品移仓（退仓）的过程；了解和确定商品的提货及退仓的过程；了解和确定移仓单的单据格式、使用规范，并能进行相关操作。

6. 零售

工作人员要了解和确定商品零售的过程；了解和确定收款单、解款单的单据格式及使用规范，并能进行相关操作。

7. 报损、报溢、报废

工作人员要了解和确定商品的报损、报溢过程；了解和确定商品溢耗损报核单、财产损溢审批单的单据格式及使用规范，并能进行相关操作。

8. 盘点

工作人员要了解和确定商品盘点过程；了解和确定盘点表格式及使用规范，并能进行相关操作。

9. 进货退补价

工作人员要了解和确定进货后，发生退补价时的处理流程；了解和确定进货退补价单的单据格式及使用规范，并能进行相关操作。

此外还需要相关人员对POS系统进行日常维护与异常处理，系统管理员和数据库管理员应定期进行主机系统的数据备份和数据清理工作，以避免有用信息的丢失以及非相关冗余和相关冗余信息占用有效空间。

（二）POS系统的效益分析

商业POS系统的实现节约了原来用于手写、保管各种单据的人工成本和时间成本；简化了操作流程，提高了基层员工的工作效率和积极性；提高了工作人员工作的正确性，省略了手工核对的工作量；各级主管从繁重的传统式经营管理中解脱出来，并且有更多的时间从事于管理工作，工作重心逐渐转到管理上来，进一步提高了工作效率；采购人员利用查询和报表，更直接、更有效地获得商品情况，了解到商品是畅销还是滞销；销售人员根据商品的销售情况进行分析，以进行下一次的销售计划；财务人员能更加清楚地了解库存情况、账款余额、毛利贡献等财务数据，通过更好地控制成本和费用，提高资金周转率；管理者把握住商品的进、销存动态，对企业各种资源的流转进行更好的控制和发展。

以下从系统总体和作业流程层面进行效益分析。

1. POS系统的效果

应用POS系统后，从作业水平、门店营运水平以及企业经营管理水平这三个层面对总体的效果进行分析，见表4-1-1。

表4-1-1 应用POS系统的效果

层面	项目	效果
作业水平	收银业务的省力化	商品检查时间缩短
		高峰时间的收银作业变得容易
		输入商品数据的出错率大大降低
		员工培训教育时间缩短
		核算购买金额的时间大大缩短
		店铺内的票据数量减少
		现代管理合理化
	数据收集能力大大提高	信息发生时点收集
		信息的准确性增强
		数据收集的省略化、迅速化和实时化

续表

层面	项目	效果
门店营运水平	门店作业的合理化	提高收银台的管理水平
		贴商品标签和价格标签简单化
		改变价格标签的作业迅速化和实时化
		销售额和现金额随时把握，检查输入数据作业简便化
	门店营运的效率化	能掌握库存水平
		人员配置效率化、作业指南明确化
		销售目标的实现程度变得容易测定，容易实行时间段减价
		销售报告容易制作
		能把握畅销商品和滞销商品的信息
		货架商品陈列、布置合理化
		能发现不良库存品
		对特殊商品进行单品管理成为可能
企业经营管理水平	提高资本周转率	可提前避免出现缺货现象
		库存水平合理化
		商品周转率提高
	商品计划的效率化	销售促进方法的效果分析
		把握顾客购买动向
		按商品品种进行利益管理
		基于销售水平制订采购计划
		有效的店铺空间管理
		基于时间段的广告促销活动
		有利于分析企业经营管理水平

2. POS 系统对作业流程层面的影响

从工作流程的角度比较和分析 POS 系统导入前后对操作的影响，见表 4-1-2。

表 4-1-2　POS 系统对作业流程的影响

工作流程	导入 POS 系统前	导入后的改进方式
前台收银作业	商品庞大且繁杂，无法掌握，人工录入账目，耗费时间且错误率高，容易发生弊端，收银员训练成本高，现金不易掌握	利用条码分类管理，用扫描器输入，可降低收银作业错误，节省人工，且当人员流动时，训练新收银员容易，而智能型收款机与后台系统联机，可随时查询，掌握销售状况
销售管理	凭直觉或经验，判断商品销售高峰时段、价格区域以及畅销品和滞销品；变价、促销、特价有赖人工处理；不易达成顾客购买倾向	前台销售数据传至后台系统，产生各类报表，通过计算机交叉分析，能更精确掌握销售的实时情况

续表

工作流程	导入 POS 系统前	导入后的改进方式
库存管理	难以掌握现有库存量及金额，采购人员依直觉进货和主观进货，造成存货积压而不易觉察	通过计算机可对进货情况一目了然，并可设定安全库存以实现自动采购，同时对于盘点或耗损也可纳入计算机记录，可追踪查询滞销品
上游商品情报	商品、供应商等各项信息由采购人员掌握，易产生弊端，供应商稽核不易	纳入后台管理，可随时查询送货时效、付款条件和供应商品等

3. 企业应用 POS 系统的效益指标

企业应用商业 POS 系统后带来的效益，还可以从具体的效益指标中体现出来。在表 4-1-3 中列举了信息面、管理面和企业内部稽核面上的效益指标进行说明。

POS 系统

表 4-1-3　企业应用 POS 系统的效益指标

	效益指标	说明
信息面	购买动向分析； 消费者层次分析； 畅、滞销品分析	针对 POS 系统所收集的数据进行分析，可以获悉消费者的购买动机、目标客户群体、畅销品及滞销品等重要信息，以利于管理
管理面	商品的配置； 商品陈列的管理； 特卖、促销、变价管理； 盘点及进货管理	将 POS 系统所收集的各项数据作为商品陈列的参考，并可进行商品比率、结构调整，也可作为商品库存与订货的参考
内部稽核面	合理化作业； 防止舞弊； 简化收银作业； 减少人工输入	通过 POS 系统作业，推动商店作业合理化，建立制度并简化收银作业，防止员工舞弊，避免因人为疏忽而产生弊端

三、EDI 基础知识

（一）EDI 的概念及分类

1. EDI 的概念

EDI 是英文 Electronic Data Interchange 的缩写，中文可译为"电子数据互换"。它是一种在公司之间传输订单、发票等作业文件的电子化手段。它通过计算机通信网络将贸易、运输、保险、银行和海关等行业信息，用一种国际公认的标准格式，实现各有关部门或公司与企业之间的数据交换与处理，并完成以贸易为中心的全部过程。它是 20 世纪 80 年代发展起来的一种新颖的电子化贸易工具，是计算机、通信和现代管理技术相结合的产物。国际标准化组织（ISO）将 EDI 描述成"将贸易（商业）或行政事务处理按照一个公认的标准变成结构化的事务处理或信息数据格式，从计算机到计算机的电子传输"；ITU-T（国际电联电信委员会，原 CCITT）将 EDI 定义为"从计算机到计算机之间的结构化的事务数据互换"。又由于使用 EDI 可以减少甚至消除贸易过程中的纸面文件，因此 EDI 又被人们通俗地称为"无纸贸易"。

EDI 是指商业贸易伙伴之间，将按标准、协议规范化和格式化的经济信息通过电子数据网络，在单位的计算机系统之间进行自动交换和处理。

2. EDI 与其他通信手段的比较

EDI 与现有的一些通信手段，如传真、用户电报（Telex）、电子信箱（E-mail）等，有着很大的区别，主要表现在以下七个方面：

（1）EDI 传输的是格式化的标准文件，并具有格式校验功能。而传真、用户电报和电子信箱等传送的是自由格式的文件。

（2）EDI 是实现计算机到计算机的自动传输和自动处理，其对象是计算机系统。而传真、用户电报和电子信箱等的用户是人，接收到的报文必须由人为干预或人工处理。

（3）EDI 对于传送的文件具有跟踪、确认、防篡改、防冒领、电子签名等一系列安全保密功能。而传真、用户电报没有这些功能。虽然电子信箱具有一些安全保密功能，但它比 EDI 的层次低。

（4）EDI 文本具有法律效力，而传真和电子信箱则没有。

（5）传真是建立在电话上，用户电报是建立在电报网上，而 EDI 和电子信箱都是建立在分组数据通信网上。

（6）EDI 和电子信箱都建立在计算机通信网开放式系统互联模型（OSI）的第七层上，而且都是建立在信息处理系统数据通信平台之上，但 EDI 比电子信箱要求的层次更高。

（7）传真目前大多为实时通信，EDI 和电子信箱都是非实时的，具有存储转发功能。因此，不需用户双方联机操作，解决了计算机网络同步处理的困难和低效率问题。如果利用信箱系统，也可实现传真的存储转发。

3. EDI 的分类

根据功能，可将 EDI 分为以下四类。

（1）贸易数据互换系统（Trade Data Interchange，TDI），它用电子数据文件来传输订单、发货票和各类通知。

（2）电子金融汇兑系统（Electronic Fund Transfer，EFT），即在银行和其他组织之间实行电子费用汇兑。EFT 已使用多年，但它仍在不断的改进中。最大的改进是同订货系统联系起来，从而形成一个自动化水平更高的系统。

（3）交互式应答系统（Interactive Query Response）。它可应用在旅行社或航空公司作为机票预定系统。这种 EDI 在应用时要询问到达某一目的地的航班，要求显示航班的时间、票价或其他信息，然后根据旅客的要求确定所要的航班的打印机票。

（4）带有图形资料自动传输的 EDI。最常见的是计算机辅助设计（Computer Aided Design，CAD）图形的自动传输。比如，设计公司完成一个厂房的平面布置图，将其平面布置图传输给厂房的主人，请主人提出修改意见。一旦该设计被认可，系统将自动输出订单，发出购买建筑材料的报告。在收到这些建筑材料后，自动开出收据。如美国一个厨房用品制造公司——Kraft Maid 公司，在 PC 机上以 CAD 设计厨房的平面布置图，再用 EDI 传输设计图纸、订货、收据等。

（二）EDI 的工作过程

EDI 通信网络是建立在信息处理系统（Message Handling System，MHS）数据通信平台上的信箱系统。具体实现的方法是在数据通信网络上加挂大容量信息处理计算机，在计算机上建立信箱系统，通信双方申请各自的信箱，其通信过程就是把文件传到对方的信箱中。文件交换由计算机自动完成，发送文件时，用户只需进入自己的信箱系统，图 4-1-4 为 EDI 的工作过程。

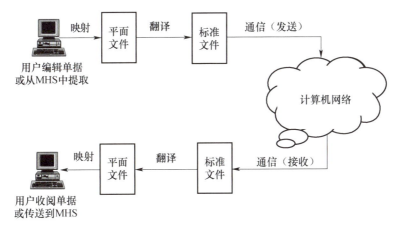

图 4-1-4　EDI 的工作过程

1. 映射

发送方将要发送的数据从信息处理系统数据库中提出，转换成平面文件（也称中间文件）。平面文件是用户通过应用系统直接编辑、修改和操作的单证和票据文件，它可以直接阅读、显示和打印输出。

2. 翻译

将平面文件翻译为标准 EDI 报文，并组成 EDI 信件。EDI 标准格式文件是一种只有计算机才能阅读的文件，它是按照 EDI 数据交换标准的要求，将平面文件中的各项信息翻译而来。

EDI 在物流行业中的应用

3. 通信

发送方将 EDI 信件投递到对方信箱，接收方从 EDI 信箱收取信件。

4. EDI 文件处理

接收方将 EDI 信件拆开并翻译成为平面文件，然后将平面文件转换还原成应用文件，并送到接收方信息系统中进行处理。

EDI 平台的数据接入主要有以下三种：

（1）具有单一计算机应用系统的用户接入方式：拥有单一计算机应用系统的企业规模一般不大，这类用户可以利用网络直接接入 EDI 中心。

（2）具有多个计算机应用系统的用户接入方式：对于规模较大的企业，多个应用系统都需要与 EDI 中心进行数据交换。为了减少企业的通信费用和方便网络管理，一般是采用联网方式将各个应用系统首先接入负责与 EDI 中心交换信息的服务器中，再由该服务器接入 EDI 交换平台。

（3）普通用户接入方式：该类用户通常没有自己的计算机系统，当必须使用 EDI 与其贸易伙伴进行业务数据传递时，他们通常通过因特网接入 EDI 网络交换平台。

在实际操作过程中，EDI 系统为用户提供的 EDI 应用软件包，包括了应用系统、映射、翻译、格式校验和通信连接等全部功能。其处理过程，用户可看做是一个"黑匣子"，完全不必关心里面的具体过程。

四、EDI 系统结构

（一）EDI 系统的构成要素

从 EDI 的定义中可以看出，EDI 包含了三个方面的内容，即 EDI 硬软件、通信网络和数据标准化。其中计算机硬软件是 EDI 应用的条件，通信环境是 EDI 应用的基础，标准化是 EDI 的特征。这三方面相互衔接、相互依存，构成 EDI 的基础框架。EDI 系统构成如图 4-1-5 所示。

图 4-1-5　EDI 系统构成

1. EDI 硬软件

EDI 不是简单地通过计算机网络传送标准数据文件，它要求对接收和发送的文件进行自动识别和处理。因此，EDI 的用户需要配备相应的 EDI 软件和硬件。EDI 软件具有将用户数据库系统中的信息译成 EDI 的标准格式以供传输交换的能力。

（1）EDI 软件主要包括转换软件、翻译软件、通信软件。

①转换软件：它可以帮助用户将计算机系统文件转换成翻译软件能够理解的平面文件，或是将从翻译软件接收来的平面文件转换成计算机系统中的文件。

②翻译软件：将平面文件翻译成 EDI 标准格式，或将接收到 EDI 标准格式翻译成平面文件。

③通信软件：将 EDI 标准格式的文件外层加上通信信封再送到 EDI 系统交换中心的邮箱，或由 EDI 系统交换中心内将接收到的文件取回。

（2）EDI 所需的硬件设备有计算机和通信网络。

2. 通信网络

通信网络是实现 EDI 的手段。EDI 的通信方式有点对点（PTP）方式、增值网（VAN）方式和 MHS 方式等。其中，点对点与增值网是主要的通信方式。

（1）点对点（PTP）方式。点对点方式即 EDI 按照约定的格式，通过通信网络进行信息的传递和终端处理，完成相互的业务交往。早期的 EDI 通信一般都采用此方式，但它有许多缺点，如当 EDI 用户的贸易伙伴不再是几个而是几十个甚至几百个时，这种方式很费时间，需要许多重复发送。同时这种通信方式是同步的，不适于跨国家、跨行业之间的应用。点对点的方式又可分为：一点对一点方式、一点对多点方式、多点对多点方式。

（2）增值网（VAN）方式。它是那些增值数据业务（VADS）公司，利用已有的计算机与通信网络设备，除完成一般的通信任务外，增加 EDI 的服务功能。VADS 公司提供给 EDI 用户的服务主要是租用信箱及协议转换，后者对用户是透明的。信箱的引入，实现了 EDI 通信的异步性，提高了效率，降低了通信费用。另外，EDI 报文在 VADS 公司自己的系统（即 VAN 中）中传递也是异步的，即存储转发的。

VAN 方式尽管有许多优点，但因为各增值网的 EDI 服务功能不尽相同，VAN 系统并不能互通，从而限制了跨地区、跨行业的全球性应用。同时，此方法还有一个致命的缺点，即 VAN 只实现了计算机网络的下层，相当于 OSI 参考模型的下三层。而 EDI 通信往往发生在各种计算机的应用进程之间，这就决定了 EDI 应用进程与 VAN 的联系相当松散，效率很低。

（3）MHS 方式。信息处理系统 MHS 是 ISO 和 ITU-T 联合提出的有关国际间电子邮件服务系统的功能模型。它是建立在 OSI 开放系统的网络平台上，适应多样化的信息类型，并通过网络连接，具有快速、准确、安全、可靠等特点。它是以存储转发为基础的非实时的电子通信系统，非常适合作为 EDI 的传输系统。MHS 为 EDI 创造一个完善的应用软件平台，减少了 EDI 设计开发上的技术难度和工作量。ITU-T X.435/F.435 规定了 EDI 信息处理系统和通信服务，把 EDI 和 MHS 作为 OSI 应用层的正式业务。EDI 与 MHS 互连，可将 EDI 报文直接放入 MHS 的电子信箱中，利用 MHS 的地址功能和文电传输服务功能，实现 EDI 报文的完善传送。

EDI 与 MHS 结合,大大促进了国际 EDI 业务的发展。为实现 EDI 的全球通信,EDI 通信系统还使用了 X.500 系列的目录系统(DS)。DS 可为全球 EDI 通信网的补充、用户的增长等目录提供增、删、改功能,以获得名址网络服务、通信能力列表、号码查询等一系列属性的综合信息。EDI、MHS 和 DS 的结合,使信息通信有了一个新飞跃,并为 EDI 的发展提供了广阔的前景。

四种通信网络方式如图 4-1-6 所示。

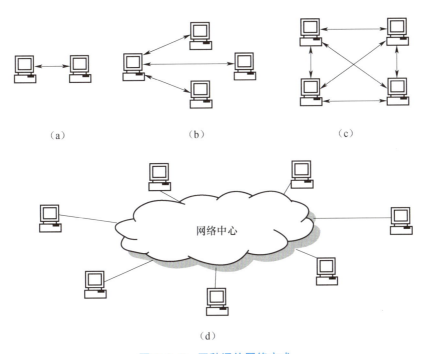

图 4-1-6 四种通信网络方式

(a) 点对点;(b) 一点对多点;(c) 多点对多点;(d) 增值网络

3. 数据标准化

EDI 数据标准是各国各地区代表共同讨论、制定的电子数据交换共同标准,它可以使各组织之间的不同文件格式,转变成可以互相交换的文件格式。显然,标准的不统一将直接影响 EDI 的发展。因此,标准化的工作是实现 EDI 互通和互联的前提和基础。

(二)EDI 标准

1. EDI 标准的内容

EDI 标准包括 EDI 网络通信标准、EDI 处理标准、EDI 联系标准和 EDI 语义语法标准等。

为促进 EDI 的发展,世界各国都在不遗余力地促进 EDI 标准的国际化,以求最大限度地发挥 EDI 的作用。目前,在 EDI 标准上,国际上最有名的是联合国欧洲经济委员会(UN/ECE)下属第四工作组(WP4)于 1986 年制定的《用于行政管理、商业和运输的电子数据互换》标准——EDIFACT(Electronic Data Interchange for Administration, Commerce and TransPort)标准。EDIFACT 已被国际标准化组织(ISO)接收为国际标准,编号为 ISO 9735。同时还有广泛应用于北美地区的,由美国国家标准化协会(ANSI)X.12 鉴定委员会(AXCS.12)于 1985 年制定的 ANSI X.12 标准。如前所述 EDI 的国际标准——UN/EDIFACT 标准已经成为 EDI 标准的主流。但是仅有国际标准是不够的,为了适应国内情况,各国还需制定本国的 EDI 标准。因此,实现 EDI 标准化是一项十分繁重和复杂的工作。同时,采用 EDI 之后,一些公章和纸面单证将会被取消,管理方式将从计划管理型向进程管理型转变。所有这些都将引起一系列的社会变革，故人们又把 EDI 称为"一场结构性的商业革命"。

2. EDI 标准的发展简史

1968 年，美国运输数据协调委员会（TDCC）首先在铁路系统使用 EDI，并提出用于运输业的报文和通信结构方面的标准。

1970 年，英国贸易工业部（DTI）成立了简化国际贸易程序组织（XITPRO），负责简化进/出口程序并着手起草文件。

1978 年，美国会计研究基金会（ACRF）和 TDCC 联合成立了一个委员会负责开发事务处理和信息的数据互换。

1980 年，美国国家标准化协会成立了 X.12 鉴定标准委员会（ASC X.12），下设 10 个分委员会，负责开发和制定美国 EDI 通用标准。

1981 年，联合国欧洲经济委员会第四工作组推出了贸易数据元目录 TDED 和贸易数据交换指南 GT-DI。

1985 年，ANSI 提出 X.12 系列标准，推广应用于北美地区。

1986 年，ANSI 与欧洲标准协会、英国 EDI 标准组织等单位共同协调全球 EDI 标准。

1986 年，WP4 正式提出《用于行政管理、商业和运输的电子数据互换》文件，即 EDIFACT 标准。

1986 年，EXO/TCI54 分别通过 UN/TDED 以及 UN/EDIFACT 为 7372-86《贸易数据元目录》。

1987 年，ISO 正式通过《用于行政管理、商业和运输的 EDI 应用语法规则》，即 ISO 9735-87。

目前的情况是，欧洲使用 EDIFACT 标准。1991 年，欧洲汽车业、化工业、电子业和石油天然气业已全部采用 EDIFACT。此外建筑、保险等行业也宣布将放弃其行业标准，转而采用 EDIFACT。北美则使用 ANSI X.12，X.12 已遍及北美各行业，已有 100 多个数据交易集。亚太地区使用的 EDI 标准主要是 EDIFACT。

3. EDIFACT 和 ANSI X.12 标准的比较

EDIFACT 和 ANSI X.12 标准在语义、语法等许多方面都有很大区别。ANSI X.12 标准目前只可用英语，而 EDIFACT 标准则可用英语、法语、西班牙语、俄语，即日耳曼语系或拉丁语系均可使用该标准的语义、数据字典等。所谓拉丁语系，是指可用 26 个字母和 10 个数字表示的语言系统。日耳曼语系可以认为是拉丁语系的一个派系。

当然，世界上大部分人不用拉丁语作为母语，如汉语、日语等，他们使用象形文字。如何对这些文字进行翻译处理，从全球性的贸易和贸易文件的交流来看，这是一个十分困难而又必须解决的问题。

4. EDI 标准的未来发展

EDI 的迅猛发展，其影响已遍及全球。但目前存在的 EDIFACT 和 ANSI X.12 两大标准在某种程度上制约了 EDI 全球互通的发展。例如，当一个美国公司要与它在欧洲或亚洲的子公司或贸易伙伴联系时，因双方所采用的 EDI 标准不同，就要进行复杂的技术转换才能达到目的。虽然绝大多数翻译软件的制造厂商都支持这两个标准，但仍会给用户或厂商造成一些不必要的麻烦。

在 EDIFACT 被 ISO 接受为国际标准之后，国际 EDI 标准就逐渐向 EDIFACT 靠拢。

ANSI X.12 和 EDIFACT 两家已一致同意全力发展 EDIFACT，使之成为全世界范围内能接受的 EDI 标准。ANSI 官员说："1997 年之后，现在所有的 X.12 标准仍将保留，但新上项目将全部采用 EDIFACT 标准。"

五、EDI 在物流中的应用

近年来 EDI 在物流中广泛应用，被称为物流 EDI。所谓物流 EDI 是指货主、承运业主以及相关的企业之间，通过 EDI 系统进行物流数据交换，并以此为基础实施物流作业活动的方法。各大企业将 EDI 技术与企业内部的仓储管理系统、订单处理系统等企业管理信息系统集成使用之后，可以实现商业单证快速交换和自动处理，简化采购流程，减少库存，改善现金流动等，也使企业能更快地对客户的需求进行相应调整。物流企业 EDI 模型如图 4-1-7 所示。

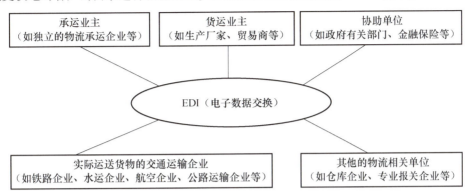

图 4-1-7　物流企业 EDI 模型

这个由发送货物业主、物流运输业主和接收货物业主组成的物流模型中，企业使用 EDI 技术的主要步骤如下。

（1）发货业主（如生产厂家）在接到订货后制订货物运送计划，并把运送货物的清单及运送时间安排等信息通过 EDI 发送给物流运输业主和收货业主（如零售商），以便物流运输业主预先制订车辆调配计划和收货业主制订货物接收计划。

（2）发货业主依据顾客订货的要求和货物运送计划下达发货指令、分拣配货、打印出物流条码的货物标签并贴在货物包装箱上，同时把运送货物品种、数量、包装等信息通过 EDI 发送给物流运输业主和收货业主，依据请示下达车辆调配指令。

（3）物流运输业主在向发货业主取运货物时，利用车载扫描读数仪读取货物标签的物流条码，并与先前收到的货物运输数据进行核对，确认运送货物。

（4）物流运输业主在物流中心对货物进行整理、集装，做成送货清单并通过 EDI 向收货业主发送发货信息。在货物运送的同时进行货物跟踪管理，并在货物交纳给收货业主之后，通过 EDI 向发货业主发送完成运送业务信息和运费请示信息。

（5）收货业主在货物到达时，利用扫描读数仪读取货物标签的物流条码，并与先前收到的货物运输数据进行核对确认，开出收货发票，货物入库。同时通过 EDI 向物流运输业主和发货业主发送收货确认信息。

六、EDI 软件接发 EDI 单证

（1）打开 EDI 演示文件，查看 EDI 相关文件格式如图 4-1-8 所示。图 4-1-9 所示的画面，是一张出口商品检验单。

图 4-1-8　打开 EDI 文件

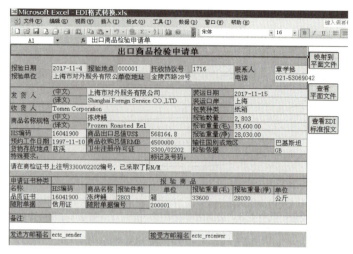

图 4-1-9　出口商品检验单原始单据

（2）单击该检验单右侧的按钮，将其映射到平面文件，如图 4-1-10 所示。

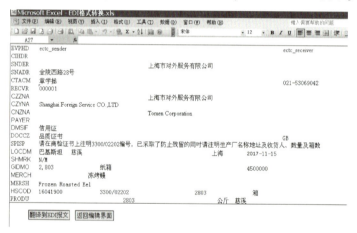

图 4-1-10　平面文件格式

（3）单击下方"翻译到 EDI 报文"按钮，就会出现如图 4-1-11 所示的 EDI 报文格式。

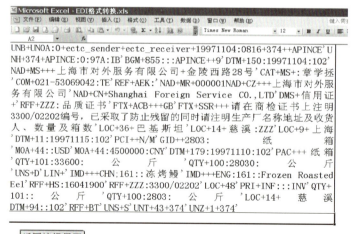

图 4-1-11　EDI 报文格式

任务二　使用 POS 系统进行进、销、退、存商品

1. POS 系统前台销售

（1）登录收银界面，如图 4-2-1 所示。

图 4-2-1　收银员登录界面

（2）扫描商品条码：进入销售界面后，光标会自动出现在左下角的"输入"[Enter]区域内，此时，用"条码扫描枪"对准商品条码处扫描，显示器上将显示该商品的有关信息，表示销售了该商品，如图 4-2-2 所示。重复以上操作，直至完成此笔交易中的所有商品。

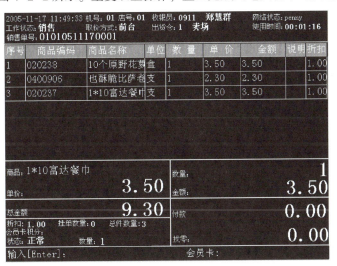

图 4-2-2　扫描商品条码

（3）按"结账"键，出现结账提示框，如图 4-2-3 所示。在"人民币"输入框输入顾客付款额，按 Enter 键接收，出现找零。确认输入的金额没错，再按 Enter 键，钱箱会自动打开。若出现找零金额不为零，则按照找零框中显示的金额退给顾客。关闭钱箱。这笔交易完成，进入下笔交易。

图 4-2-3　现金结算

2. 后台 MIS 系统

登录后台管理信息系统进入主页面，该后台系统的主要功能包括：采购管理、销售管理、库存管理、资金管理、收银台、报表中心、经营分析、图形分析和基础资料，如图 4-2-4 所示。以下选取其中的某些功能进行操作。

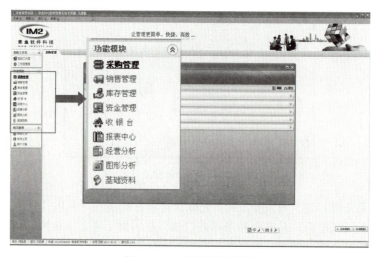

图 4-2-4　登录后台系统

（1）采购管理。采购管理主要包括数据字典、采购业务、货品采购报表、其他报表等。采购管理功能如图 4-2-5 所示，采购订单的填写如图 4-2-6 所示。

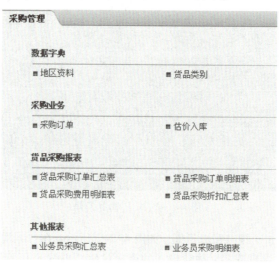

图 4-2-5　采购管理功能

项目四　POS 技术和 EDI 技术

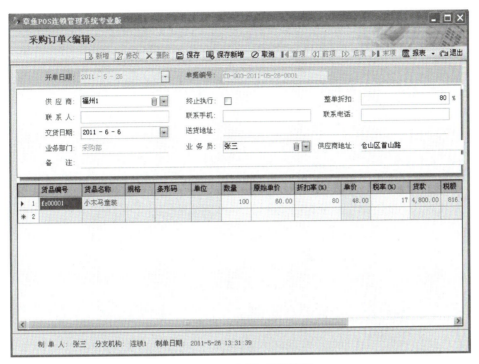

图 4-2-6　采购订单的填写

（2）收银台。收银台主要包含数据字典、会员相关管理、收银台业务和收银台报表等，界面如图 4-2-7 所示，其数据来源是前台 POS 销售数据。

图 4-2-7　收银台管理

（3）库存管理。库存管理包含数据字典、库存业务、账面库存报表、实际库存报表、其他报表等，如图 4-2-8 所示。

（4）经营分析。经营分析主要包含采购分析和销售分析，如图 4-2-9 所示。

（5）报表中心。报表中心汇总了企业运营的所有报表，可以进行报表分析与查询，如图 4-2-10 所示。

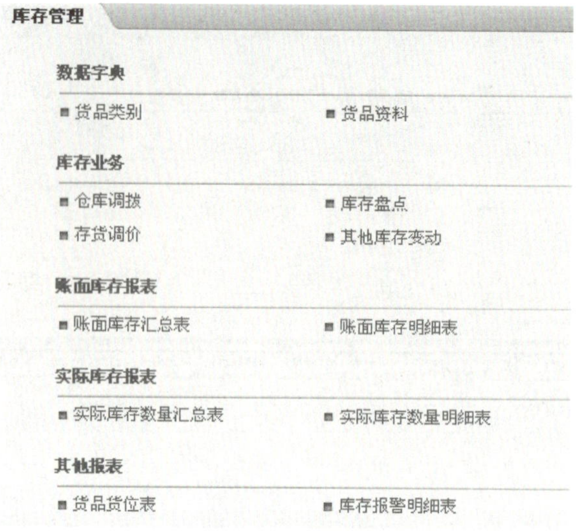

图 4-2-8　库存管理

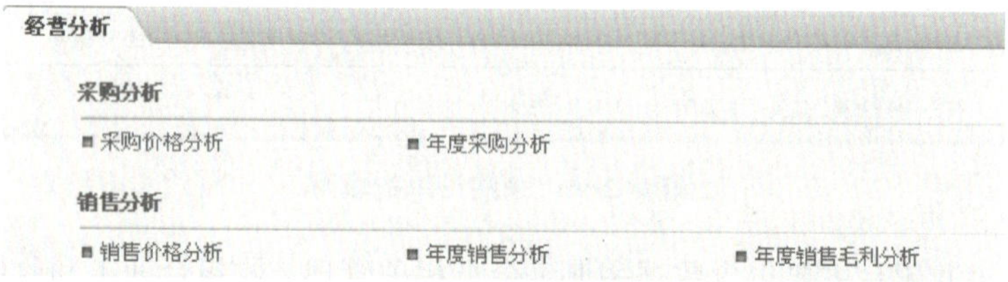

图 4-2-9　经营分析

图 4-2-10　报表中心

以 POS 机升级为由实施诈骗

思考与练习

一、单项选择题

1. POS 系统是以（　　）为核心建立起来的销售交易系统。
   A. 计算机　　　B. 电子收款机　　　C. 条码阅读器　　　D. 热敏打印机
2. 高速公路不停车收费系统是（　　）技术最成功的应用之一。
   A. EAS　　　　B. RFID　　　　　　C. EDI　　　　　　　D. GPS
3. （　　）是实现 EDI 的前提条件。
   A. EDI 的标准化　　　　　　　　B. 通信网络
   C. 计算机应用系统　　　　　　　D. EDI 公共信息平台
4. POS 系统的（　　）是关系到整个 POS 系统能否高效、稳定运行的关键。
   A. 软件部分　　B. 硬件部分　　　　C. 数据库　　　　　D. 网络接入
5. 以下不属于商业 POS 系统的是（　　）。
   A. 小型便携式 POS 系统终端
   B. 可进行大量事物处理的 POS 系统
   C. 外卡 POS 系统
   D. 在 POS 基础上发展起来的 EDI 电子自动订货系统
6. （　　）是实现 EDI 的关键。
   A. EDI 的标准化　　　　　　　　B. 通信网络
   C. 计算机应用系统　　　　　　　D. EDI 公共信息平台
7. 早期 EDI 是（　　），靠计算机与计算机直接通信完成的。
   A. 点对点　　　B. 点对面　　　　　C. 面对点　　　　　D. 面对面
8. 我国 EDI 起步较晚，于 20 世纪（　　）年代初才开始，但因有了借鉴，故起点较高。
   A. 60　　　　　B. 70　　　　　　　C. 80　　　　　　　D. 90

二、多项选择题

1. 以下属于 EDI 的组成部分的是（　　）。
   A. 计算机应用系统　　　　　　　B. 通信网络
   C. 传输系统　　　　　　　　　　D. EDI 标准
2. 自动识别是指对字符、影像、条码、声音等记录数据的载体进行机器自动识别并转化为数据的技术，包括（　　）等。
   A. 条码技术　　B. RFID 技术　　　C. EDI 技术　　　　D. 磁卡技术
3. 电子数据交换根据功能分类可分为四类，以下属于该分类类别的是（　　）。
   A. 贸易数据互换系统　　　　　　B. 电子金融汇兑系统
   C. 交互式应答系统　　　　　　　D. 图形资料自动传输系统
4. EDI 的关键技术有（　　）。
   A. 计算机数据处理技术　　　　　B. 通信技术
   C. 标准化技术　　　　　　　　　D. 安全保密技术
5. 对企业而言，EDI 具体效益有（　　）。
   A. 提供正确完整的信息　　　　　B. 提高服务质量
   C. 提高业务效率　　　　　　　　D. 增进合作关系
6. EDI 网络的拓扑结构分为（　　）。
   A. 集中式　　　B. 分散式　　　　　C. 分布式　　　　　D. 分布集中式

7. EDI 的标准包括 EDI（　　　）等。
A. 网络通信标准　　B. 接口标准　　　　C. 处理标准　　　　D. 联系标准

三、简答题

1. 简述电子数据交换（EDI）的工作过程。
2. 什么是商业 POS 系统？它有哪些功能？
3. EDI 技术与其他通信手段的区别表现在哪些方面？
4. 简述 POS 系统的组成。
5. EDI 平台的数据接入方式有哪三种？

四、论述题

论述目前 EDI 技术在物流领域中的应用。

阅读建议

［1］中国 POS 机网［EB/OL］.http://www.pos580.com/club/
［2］宁波港口 EDI 中心［EB/OL］.https://www.npedi.com/ediportal-web/ediweb/index.jsp
［3］中国标准化委员会.GB/T 17628-2008 信息技术 开放式 edi 参考模型［M］.北京：中国质检出版社，2014.
［4］黄文钰.Visual Basic POS 系统实现：零售业构建实例［M］.北京：清华大学出版社，2003.

项目五

仓储管理信息系统

学习目标

1. 知识目标
（1）认知自动化仓储系统的作用及构成；
（2）描述自动化仓储系统的操作流程。

2. 技能目标
（1）能够分析仓储信息管理系统发展趋势；
（2）能够进行三维互动仿真仓储系统操作；
（3）能够完成关于物流企业仓储作业信息化管理实现的分析报告。

3. 素质目标
（1）培养学生具备运用仓储管理信息系统的基本素质；
（2）培养学生具备应用仓储管理信息系统进行物流仓储活动管理的职业要求。

任务一 仓储背景知识

仓储管理（Warehouse Management），"仓"也称为仓库，为存放物品的建筑物和场地，可以是房屋建筑、大型容器、洞穴或者特定的场地等，具有存放和保护物品的功能；"储"表示收存以备使用，具有收存、保管、交付使用的意思，当适用有形物品时也称为储存。"仓储"则为利用仓库存放、储存未即时使用的物品的行为。简言之，仓储就是在特定的场所储存物品的行为。

传统仓储是为了存，现代仓储（物流仓储）是为了不存或减少储存。仓储管理无论在传统的物品流通领域还是在现代物流活动过程中都占据着非常重要的位置。

仓储业务流程为入库管理→在库管理→出库管理，如图5-1-1所示。

一、入库管理

商品入库作业管理包括入库准备、接运卸货、物品检验、交接手续、入库信息处理等一系列环节。典型的入库作业流程如图5-1-2所示。

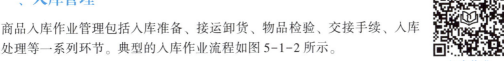
入库作业

（一）入库准备

1. 加强日常业务联系

仓库应按计划定期与货主、生产厂家以及运输部门进行联系，了解将要入库的商品情况，如商品的品种、类别、数量和到库时间，以便提前做好商品入库前的准备工作。

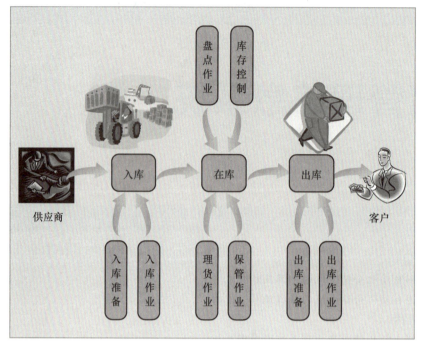

图 5-1-1　仓储业务流程

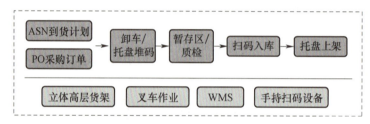

图 5-1-2　典型的入库作业流程

2. 安排仓容

根据入库商品的性能、数量、类别，按分区保管的要求，核算所需单位面积（仓容）的大小，确定存放的货位，留出必要的验收场地。

按仓库保管条件分类主要有普通仓库（见图 5-1-3），保温、冷藏、恒湿恒温库（见图 5-1-4），危险品仓库（见图 5-1-5）和气调仓库（见图 5-1-6）。

图 5-1-3　普通仓库

图 5-1-4　保温、冷藏、恒湿恒温库

图 5-1-5　危险品仓库

3. 合理组织人力

根据商品的数量和入库时间，安排好商品验收人员、搬运堆码人员以及商品入库工作流程，确定各个工作环节所需的人员和设备。

4. 准备验收器具

准备点验入库商品的数量、质量、包装以及堆码所需的点数、称重、测试等器具。如地磅是对货物的数量进行称重，称重时先是满载货物的物流车开到地磅上称出总重量，卸完货物后再次称重，两次重量之差就是该货物的重量，地磅如图 5-1-7 所示。

图 5-1-6　气调仓库

图 5-1-7　地磅

5. 准备苫垫及劳保用品

根据入库货物的性质、数量和储存场所的条件，核算并准备所需的苫垫数量及劳保用品，如图 5-1-8 所示。

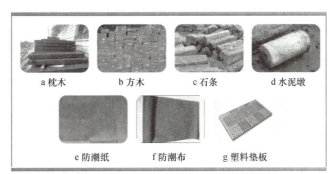

图 5-1-8　苫垫及劳保用品

（二）接运卸货

由于商品到达仓库的形式不同，除了一小部分由供货单位直接运到仓库交货外，大部分要经过铁路、公路、航运、空运和短途运输等运输方式转运。凡经过交通运输部门转运的商品，均需经过仓库接运后，才能进行入库验收。因此，商品的接运是商品入库业务流程的第一道作业环节，也是商品仓库直接与外部发生的经济联系。它的主要任务是及时而准确地向交通运输部门提取入库商品，要求手续清楚，责任分明，为仓库验收工作创造有利条件。因为接运工作是仓库业务活动的开始，是商品入库和保管的前提，所以接运工作的好坏直接影响商品的验收和入库后的保管保养。因此，在接运由交通运输部门（包括铁路）转运的商品时，必须认真检查，分清责任，取得必要的证件，避免将一些在运输过程中或运输前就已经损坏的商品带入仓库，造成验收中责任难分和在保管工作中的困难或损失。

（三）物品检验

先核对单据上的物品，入库商品即须具备下列凭证：货主提供的入库通知单和仓储合同；供货单位提供的验收凭证,包括材质证明书、装箱单、磅码单、发货明细表、说明书、保修卡及合格证等;承运单位提供的运输单证,包括提货通知单和登记货物残损情况的货运记录、普通记录以及公路运输交接单等;然后检验货物。

(1) 数量检验:按商品性质和包装情况,数量检验分为三种形式,即计件、检斤、检尺求积。计件是按件数供货或以件数为计量单位的商品,在做数量验收时的清点件数;检斤是对按重量供货或以重量为计量单位的商品,做数量验收时的称重;检尺求积是对以体积为计量单位的商品,如木材、竹材、沙石等,先检尺,后求体积所做的数量验收。凡是经过数量检验的商品,都应该填写磅码单。在做数量验收之前,还应根据商品来源、包装好坏或有关部门的规定,确定对到库商品是采取抽验方式还是全验方式。

(2) 质量检验:质量检验包括外观检验、尺寸检验、机械物理性能检验和化学成分检验四种形式。仓库一般只做外观检验和尺寸精度检验,后两种检验如果有必要,则由仓库技术管理职能机构取样,委托专门检验机构检验。

(3) 包装检验:凡是产品合同对包装有具体规定的,要严格按规定验收。对于包装的干潮程度,一般是用眼看、手摸的方法进行检查。

(四) 交接手续

入库物品经过点数、查验之后,可以安排卸货、入库堆码,表示仓库接收物品。在卸货、搬运、堆垛作业完毕,与送货人办理交接手续,并建立仓库台账。

1. 交接手续流程

接收物品;

接收文件;

签署单证。

2. 登账

物品入库,仓库应建立详细反映物品仓储的明细账,登账的主要内容有:物品名称、规格、数量、件数、累计数或结存数、存货人或提货人、批次、金额,注明货位号或运输工具、接(发)货经办人。

3. 立卡

物品入库或上架后,将物品名称、规格、数量或出入状态等内容填在料卡上,称为立卡。料卡又称为货卡、货牌,应插放在货架上的物品的下方货架支架上或摆放在货垛正面明显位置。

(五) 入库信息处理

入库管理子系统中如实填写入库信息。入库管理子系统的功能是记录采购订单、采购入库单等入库信息,还有开采购发票的功能,如图 5-1-9 所示。

图 5-1-9 入库管理子系统

二、在库管理

商品在库管理就是研究商品性质以及商品在储存期间的质量变化规律,积极采取各种有效的措施和科学的保管方法,创造一个适宜于商品储存的条件,维护商品在储存期间的安全,保护商品的质量和使用价值,最大限度地降低商品损耗的一系列活动。典型的在库管理作业流程如图 5-1-10 所示。

图 5-1-10　典型的在库管理作业流程

(一) 理货作业

1. 货物检查与核对

仓库理货作业是仓库理货人员在货物入库或出库现场的管理工作,理货人员根据入库单或出库单的信息对入库或出库的货物进行检查与核对工作。其主要工作如下。

(1) 清点货物件数。清点实际交货数量与送货单的数量是否相符。对于件装货物,包括有包装的货物、裸装货物、捆扎货物,根据合同要求约定的计算方法,点算完整货物的件数。如果合同没有约定清点运输包装件数,对于要拆装入库的货物清点,应按照最小独立包装清点。

(2) 检查货物单件尺寸。货物单重是指每一运输包装的货物重量。货物单重一般通过称重的方式核定。对于以长度或者面积、体积进行交易的商品,入库时必须要对货物的尺寸进行丈量。丈量的项目(长、宽、高、厚等)根据约定或者根据货物的特性确定,通过合法的标准量器,如卡尺、直尺、卷尺等进行丈量。

(3) 查验货物重量。查验货物重量就是对入库货物的整体重量进行查验。衡重方法可以采用:

衡重单件重量,则总重等于所有单件重量之和;

分批衡重重量,则总重等于每批重量之和;

入库车辆衡重,则总重=总重车重量-总空车重量;

抽样衡重重量,则总重=(抽样重量/抽样样品件数)×整批总件数;

抽样总量核定,误差在 1% 以内,则总重=货物单件标重×整批总件数。

(4) 检验货物表面状态。理货时应对每一件货物的外表进行感官检验,查验货物外表状态,接收货物外表状态良好的货物。

2. 制作残损报告单

在理货时发现货物外表状况不良,或者怀疑内容损坏,应将不良货物剔出,单独存放,避免与其他正常货物混淆。待理货工作结束后进行质量认定,确定内容有无受损以及受损程度。对不良货物采取退货、修理、重新包装等措施处理,或者制作残损报告,以便明确划分责任。

3. 确认存放方式

根据货物特性、包装方式和形状、保管的需要,确保货物质量,方便对货物进行整理、拣选,按照货物的流向、受理顺序、发运时间和到达地点,来合理安排货物储存堆码。仓库货物存放的方式主要有三种形式：一是利用地面存放方式；二是利用托盘存放方式；三是货架存放方式。

地面存放方式主要有散堆法、堆垛法：散堆法适用于没有包装的大宗货物，如煤炭、矿石、沙土等，在仓库内适合存放少量的谷物、碎料等散装货物；堆垛法则适用于有包装的货物或裸装计件的货物。

地面堆垛的主要方法如下：

①重叠式堆码。重叠式也称直堆式，逐件逐层向上重叠堆码，一件压一件的堆码方式。货物堆码的层数一定要考虑三个因素：一是保证货垛的稳定性；二是装卸作业的可操作性；三是盘点作业的便利性。

②纵横交错式。其是奇数和偶数层货物之间成90°交叉堆码的模型。这种堆码方式层间有一定的咬合效果，但咬合效果不强。

③仰俯相间式。对上下两面有大小差别或凹凸的货物，如槽钢、钢轨、箩筐等，将货物仰放一层，再反一面俯放一层，仰俯相间相扣。该垛极为稳定，但装卸搬运操作不便。

④压缝式。将底层并排摆放，上层放在下层的两件货物之间。因上下层件数的关系分为"2顶1""3顶2""4顶1"等，如图5-1-11所示。

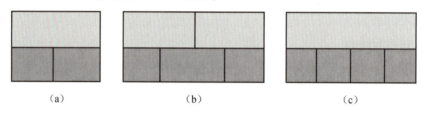

图 5-1-11　压缝式堆码示意图
(a) 2顶1；(b) 3顶2；(c) 4顶1

⑤通风式。货物在堆码时，每件相邻的货物之间都留有空隙，以便通风。

⑥衬垫式。堆码时，隔层或隔几层铺放衬垫物。确定衬垫物平整牢靠后，再往上堆码。

⑦直立式。直立式是货物保持垂直方向堆放的方法，适用于不能侧压的货物，如玻璃、油毡、油桶、塑料桶等。

小知识

仓库理货员

岗位名称：仓库理货员

岗位职责：

(1) 协助经理管理仓库运作团队，确保收货、包装、发货等流程正常进行；

(2) 执行和完善仓库的规章制度、规范作业标准及流程，提高效率，降低成本；

(3) 科学管理货品库位，提出改进方案，保证仓库最大化的使用率；

(4) 有效配合公司整体业务运作需求；

(5) 监督执行盘点工作和结果分析，并提出改进方案；

(6) 对承运商的协同管理。

任职要求：

(1) 中专及以上学历，物流、企业管理类相关专业；

(2) 3年以上同类岗位工作经验；

（3）熟悉物流仓储作业流程和规章制度，熟练掌握各类物资和产品台账记录和库存盘点的技能；

（4）较强的解决问题和沟通的能力，熟练使用基本的办公管理软件；

（5）具备较强的责任心和团队精神，品行端正，能吃苦耐劳，能承受一定工作压力。

(二) 保管作业

物品保管是指根据仓库的实际条件，对不同的物品进行保护和保存以及对其数量、质量进行管理控制的活动。在经营过程中对物品进行保管的主要目的是通过物品的保管，产生物品的时间效用。物品的保管不仅仅是技术问题，它还是一个综合管理问题，为此要做好人、物、温湿度养护等方面的工作。

1. 仓库保管员

仓库保管员要做到严格遵守各项操作规程和规章制度，为了保证在仓库储存保管的物品质量完好，数量准确，必须经常、定期和有针对性地对所保管的物品进行数量、质量、保管条件、安全等的动态进行检查，特别要注意检查和测试物品与仓储环境、温湿度的变化。检查中发现的问题，如积水、漏雨、阳光照射、虫鼠害、潮湿发霉、高低温、倒垛等，要及时处理。

小知识

仓库保管员

岗位名称：仓库保管员（福建某汽车修配厂）

岗位职责：

（1）按规定做好物资设备进出库的验收、记账和发放工作，做到账物相符；

（2）随时掌握库存状态，保证物资设备及时供应，充分发挥周转效率；

（3）定期对库房进行盘点和清理，保持库房的整齐美观，使物资设备分类排列，存放整齐，数量准确；

（4）熟悉相应物资设备的品种、规格、型号及性能，填写清楚；

（5）搞好库房的安全管理工作，检查库房的防火、防盗设施，及时堵塞漏洞。

任职要求：

（1）要求中专以上学历；

（2）诚实可靠，有吃苦的精神；

（3）熟悉计算机操作，有工作经验者优先；

（4）适用期三个月，表现突出可提前转正，转正后享受社保及公司各项福利；

（5）公司可提供食宿。

2. 物品特征

物品的品种繁多，特征各异，仓储有必要按照物品的特性，科学归纳为类、组、品目、品种，以便于保管物品。选择分类的方法是十分重要的工作，它必须既能达到分类的目的要求，又能明显地区分类别。

3. 物品的分类保管

（1）危险品的保管。

①危险品应存放于专用库场内并有明显标识，库场配备相应的安全设施和应急器材；

②库场管理人员，应经过专门训练，了解和掌握各类危险品保管知识，并经考试合格后方可上岗；

③危险品进入库场时，库场管理人员应严格把关，性质不明或包装不符合规定的物品，库场管理人员有权拒收；

④危险品应堆放牢固，标记朝外或朝上，一目了然；

⑤照明用灯，应选择专用防爆灯，避免生成电火花；

⑥危险品库场应建立、健全防火责任制，确保各项安全措施的落实。

（2）金属物品的保管。

①保管场所均应清洁干燥，避免与酸、碱、盐等化学品接触；

②堆码时要防止金属物品受潮；

③保护金属材料的防护层和包装，防止因防护层受损而生锈。

（3）其他物品的保管。其他物品的保管应根据商品的特性和形状，按有效的保管方法进行保管。

4. 温湿度控制

温度与湿度密切相关，在一定湿度下，随着温度的变化，空气中的水分可以变成水蒸气，也可以变成水滴。仓库温湿度与物品变质往往有密切关系，特别是危险品的储存，关系到物品储存的安全，易燃液体储藏室温度一般不应超过28℃，爆炸品储温不许超过30℃。因此控制仓库的温湿度是十分重要的。温湿度标志如图5-1-12所示。

图 5-1-12　温湿度标志

库外露天的湿度叫空气湿度，是指空气中水蒸气含量的程度。通常以绝对湿度、饱和湿度、相对湿度等指标来衡量。

（1）绝对湿度是指单位体积空气中，实际所含水蒸气的重量，即每立方米的空气中，含多少克的水汽量。

（2）饱和湿度是指在一定气压、气温的条件下，单位体积空气中所能含有的最大水蒸气重量。

（3）相对湿度是指空气中实际含有水蒸气量与当时温度下饱和蒸汽量的百分比，即绝对湿度与相对湿度的百分比，它表示在一定温度下，空气中的水蒸气距离该温度时的饱和水蒸气量的程度。相对湿度愈大，说明空气越潮湿；反之，则越干燥。在仓库温湿度管理中，检查仓库的湿度大小主要是观测相对湿度的大小。

绝对湿度、饱和湿度和相对湿度三者之间的关系为

$$相对湿度=(绝对湿度/饱和湿度)\times100\%$$

一般而言，温度越高，空气的绝对湿度就会越高；相对湿度越大，说明空气越潮湿；当温度下降，使原本未饱和空气达到饱和状态时，空气中的水汽会变成水珠附在冷的物品上，俗称"出汗"，出现这种现象会造成物品损坏。而此时的温度称为"露点"。

在温度不变的情况下，空气绝对湿度越大，相对湿度越高；绝对湿度越小，相对湿度越低。在空气中的水蒸气含量不变的情况下，温度越高，相对湿度越小；温度越低，相对湿度越高。

（三）盘点作业

盘点方式通常有两种：一种是定期盘点；另一种是临时盘点，见表5-1-1。

表 5-1-1　盘点方式和含义

盘点方式	含　义
定期盘点	一般是指每季、半年或年终财务结算前,由货主派人会同仓库保管员、会计人员一起进行全面的盘点对账
临时盘点	一般是当仓库发生物品损失事故,或保管员更换,或仓库与货主认为有必要进行盘点时,可根据具体情况,组织一次局部性或全面的盘点

盘点的内容主要包括数量盘点、重量盘点、账实核对、账卡核对、账账核对。在盘点对账中如发现问题,要做好记录,并应逐一进行分析,及时与货主联系,找出原因,协商对策,并纠正账目中的错误。

盘点盈亏的处理:对库存物品盘点中出现的盈亏,必须及时做出处理。凡是盘盈、盘亏的数额不超出国家主管部门规定或合同约定的保管损耗标准的,可由仓储保管企业核销;对超出损耗标准的,则必须查明原因,做出分析,写出报告,承担责任;凡同类货物在不同规格上发生数量此少彼多的,但总量相符,可与货主根据仓储合同的约定直接协商处理。根据处理结果,应及时调整账、卡数额,使账、实、卡数额保持一致。

三、出库管理

典型的出库作业流程如图 5-1-13 所示。

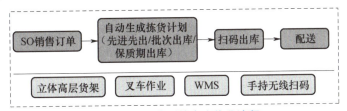

出库作业

图 5-1-13　典型的出库作业流程

(一) 出库前准备

为了安全、准确、及时、节约地搞好物品出库,提高工作效率,在物品出库前,应应存货人要求,保管人应做好出库准备。出库前准备作业如图 5-1-14 所示。

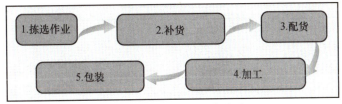

图 5-1-14　出库前准备作业

1. 拣选作业

拣选作业是根据出库信息或订单,将顾客订购的物品从保管区或拣货区取出,也可以直接在进货过程中取出,并运至配货区的作业过程。

计算机辅助拣选工具——电子标签拣选系统。一直以来,拣选作业都是仓库(配送中心)理货系统作业中最费时、占用人工最多的作业之一。近年来,随着仓库(配送中心)配送物品数量以及配送范围的不断扩大,拣选作业量也大大增加了。为

货物拣选作业

了提高拣选作业的效率，很多仓库（配送中心）通过引进自动拣选系统来提高拣选效率，电子标签拣选系统就是其中之一，如图 5-1-15 所示。

图 5-1-15 电子标签拣选系统

2. 补货

（1）补货作业。补货作业与拣选作业息息相关，补货作业要根据订单需求制订详细计划，不仅要确保库存，也不能补充过量，而且还要将其安置在方便存取的位置上。

当拣选区的存货水平下降到预先设定的标准以后，补货人员就将需要补充的存货种类由保管区搬运至拣选区，然后拣选人员再将物品拣出，放到出库输送设备上运走。补货作业流程如图 5-1-16 所示。

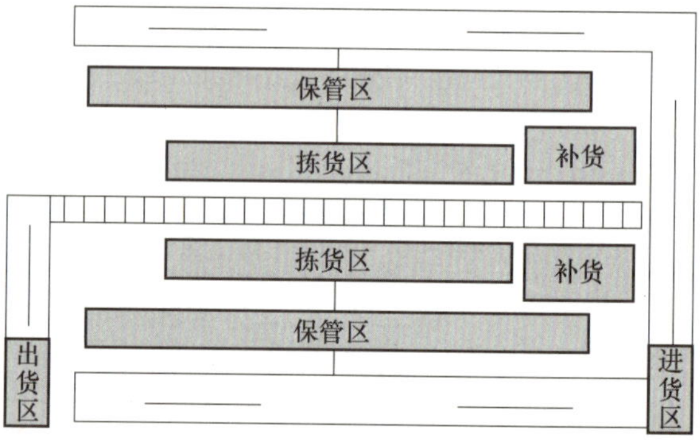

（2）补货时机。补货作业的发生与否取决于拣选区的物品数量能否满足要求，因此何时补货取决于拣选区的物品存量，同时还取决于临时补货对整个出货时间的影响。

补货时机一般有批量补货、定时补货和随机补货三种方式。

图 5-1-16 补货作业流程

3. 配货

配货作业的基本流程如图 5-1-17 所示。

图 5-1-17 配货作业的基本流程

配货作业的主要形式：

（1）单一配货作业。单一配货作业是指每次只为一个客户进行配货服务，因此配货作业的主要内容是对物品进行组配和包装。

（2）集中配货作业。集中配货作业是指同时为多个客户进行配货服务，所以其配货作业通常比单一配货多拆箱、分类的程序，其余与单一配货作业大致相同。

4. 加工

这里所说的"加工"实际上是指出库流通加工的概念，是在物品由生产领域向消费领域流动的运输过程中，为提高物流效率和运输实载率，而对物品进行的流通加工。

5. 包装标识

包装的种类可以从功能、形态、作用等不同角度划分，按功能划分可分为销售包装（也称为商业包装）和运输包装（也称为工业包装），这也是最常用的分类方式。物流主要研究的是运输包装。

运输包装是为了使物品在运输途中不受损坏，物品包装一般须符合以下要求：

（1）根据物品的外形特点，选择适宜的包装材料，包装尺寸要便于物品的装卸和搬运。

（2）要符合物品运输的要求：包装应牢固，怕潮的物品应垫一层防潮纸，如图5-1-18所示。易碎的物品应垫软质衬垫物。

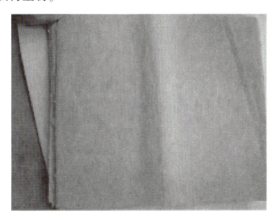

图 5-1-18　防潮纸

（3）包装的外部要有明显标志，如识别标志、运输标志等，标明对装卸搬运的要求及操作标志。危险品必须严格按规定进行包装，并在包装外部标明危险品有关标志。部分外包装标志如图5-1-19所示。

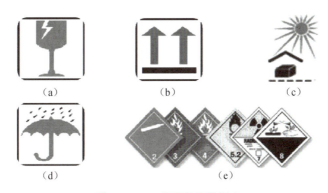

图 5-1-19　部分外包装标志

（a）小心轻放；（b）此面向上；（c）防热；（d）防潮；（e）部分危险品标志

（二）出库验收

物品的出库验收工作，实际上包括"品质的检验"和"数量的点收"双重任务。

1. 物品验收的标准

物品须达到客户满意程度才准许出库，因而验收要符合预定的标准。基本上验收物品时，可根据如图5-1-20所示的四项标准进行检验。

出库验收工作是一项细致复杂的工作，一定要仔细核对，才能做到准确无误。验收合格的物品就可以准备交付了。

2. 物品验收的内容

图5-1-21为主要验收的内容。

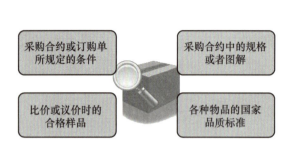

图 5-1-20　物品验收标准　　　　　图 5-1-21　主要验收的内容

（三）装载上车

装载上车是指车辆的配载。根据不同配送要求，在选择合适的车辆的基础上对车辆进行配载以达到提高车辆利用率的目的。

由于物品品种、特性各异，为提高配送效率，确保物品质量，首先必须对特性差异大的物品进行分类，并分别确定不同的运送方式和运输工具。

由于配送物品有轻重缓急之分，所以必须预先确定哪些物品可配于同一辆车，哪些物品不能配于同一辆车，以做好车辆的初步配载工作。在具体装车时，装车顺序或运送批次的先后，一般按用户的要求时间先后进行，但对同一车辆共送的物品装车则要将物品依"后送先装"的顺序。但有时在考虑有效利用车辆的空间的同时，还要根据物品的一些特性（怕震、怕压、怕撞、怕湿）、形状、体积及重量等，做出弹性调整。

（四）货物出库后续处理

1. 信息登录

登录仓储管理信息系统的出库管理子系统，填写相关信息，如图 5-1-22 所示。

图 5-1-22　出库管理子系统

2. 退货处理

退货处理是售后服务的一项任务。物品退还有各种原因：有的是发货人员在按订单发货时发生了错误;有的是运输途中物品受到损坏,负责赔偿的运输单位要求发货人确定所需修理费用;有的是顾客订货有误等。以上三种情况处理起来比较简单,最难办的是如何正确处理有缺陷物品的退货。能否处理好退货涉及方方面面的关系,如制造商与采购商,采购商与仓库经营者,仓库经营者与承运人,承运人与经销商,经销商与客户,客户与制造商等。妥善处理退货的方法就是每个环节都要检验,一环扣一环,环环都负责,环环都满意,这样才能使相关方面维持良好的关系。

任务二　IWMS 三维互动仓储仿真系统的使用

IWMS 三维互动仓储仿真教学管理平台是三维互动体验式教学平台的一部分,与虚拟仿真系统和信息管理系统无缝连接,是 IWMS 系统用户、任务数据、课程成绩等功能的支撑平台,可对任务开展、打分评价、上课、下课进行统一管理。

一、系统介绍

首先,用户登录以下界面,进入教学管理平台,如图 5-2-1 所示。

图 5-2-1　登录界面

进入教学管理平台,界面如图 5-2-2 所示。

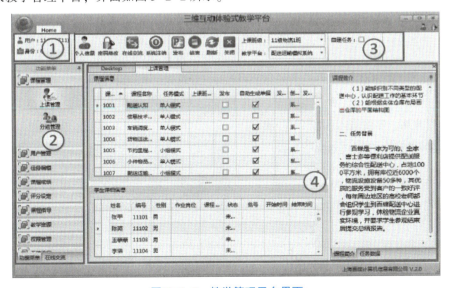

图 5-2-2　教学管理平台界面

(一) 系统功能模块

(1) 个人信息。个人信息栏显示了用户名、用户身份两项基本信息。

(2) 功能菜单。功能菜单栏是管理平台的核心部分，实验的组织过程都是通过该模块来进行管理，包括了上课管理、用户管理、任务编辑、课程成绩、评分设定等八项功能。除了显示各项功能菜单，该窗口还可以切换到在线交流功能。

(3) 工具菜单。工具菜单栏上方排列了界面中打开的页面菜单，排列了各项工具按钮，包括个人信息查看、密码修改、新增、删除、保存等。

(4) 主功能窗口。在执行某项功能操作的时候，对应的功能界面会在主功能窗口中平铺显示。

(二) 上课管理 (学生)

比如：T11 老师给"17 级物流 1 班"发布了课程，此处以该班级的 17101 学生账号为例登录平台，执行功能菜单中的【课程管理】→【上课管理】，如图 5-2-3 所示，主窗口显示了几条老师已发布的课程项目，此时学生状态为"未开始"，右侧窗口介绍了课程的相关信息。

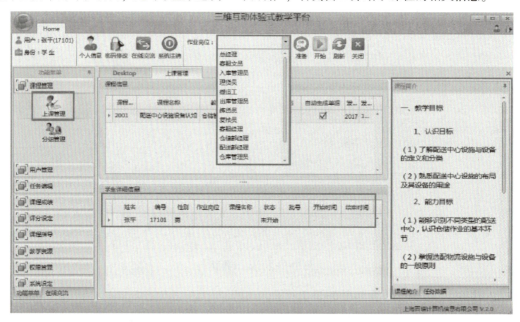

图 5-2-3 学生开始上课

学生选择一门课程，选择相应的作业岗位后，单击 按钮，界面提示如图 5-2-4 所示，选择"Yes"，学生状态切换为"已准备"。单击 按钮，界面提示如图 5-2-5 所示，选择"Yes"，课程开始，学生进入 3D 模拟环境。

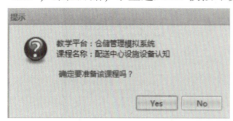

图 5-2-4 学生确认准备该课程对话框

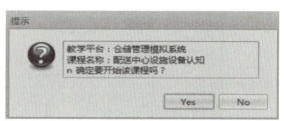

图 5-2-5 学生确认开始该课程对话框

二、实验指导

（一）入库作业管理

子任务 1　入库验收与上架作业

（1）实验任务：百蝶物流中心接到一个客户发来的货物入库请求，本次任务需要学生扮演不同岗位角色完成整个货物的入库作业，了解入库作业的基本流程，进入系统后开始进行卸货、理货验收、搬运上架到指定库位等作业环节完成货物的入库作业。完成单一客户单一品种的货物入库作业，数据见表5-2-1。

一文读懂：WMS 如何选型

表 5-2-1　农工商超市货物入库作业数据表

客户	货物名称	货物编码	计划数量
农工商超市	利乐包装冰红茶	03020013	240 个

（2）任务开展。

①学生打开"3D ITP"系统，使用自己的用户密码登录。选择课程管理、选择上课管理。进入主界面后选择课程2003，选择【入库管理员】角色，单击准备、开始进入三维仓储仿真环境。

②【入库管理员】走进仓储部办公室，在电脑前按 F 键操作电脑，如图 5-2-6 所示。

图 5-2-6　操作电脑

坐下后打开虚拟电脑桌面上的 ![图标]，执行【入库管理】——【入库预报】，如图 5-2-7 所示，若老师在教学平台设置的是 ![自动生成单据]，那么此处已存在订单列表，勾选订单后，单击 ![发送审核] 按钮。

图 5-2-7　发送审核

若"自动生成单据"没有打钩,则需要自己新增订单,步骤如下:

单击 新增 按钮,单击键盘上的 Tab 键,虚拟电脑界面显示【任务提示】,如图 5-2-8 所示。

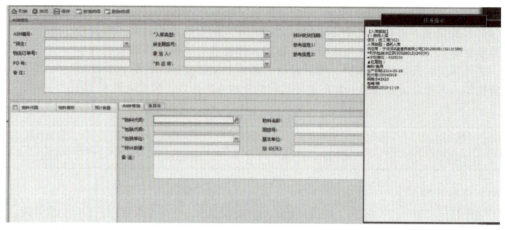

图 5-2-8　信息录入

将【任务提示】中的信息填入后,单击 保存 按钮(若有多种物料,单击 新增明细 按钮继续添加),添加完毕后单击 列表 按钮返回主界面,界面生成一条订单列表,按照前面的操作勾选订单后单击 发送审核 按钮。

③执行【入库管理】→【预报审核】,勾选订单后单击 审核 按钮。

④执行【入库管理】→【ASN 操作】,勾选订单后单击 计划 按钮(可自行决定放在哪个收货区),如图 5-2-9 所示。选择收货区并保存,依次单击 提交 、 入库单打印 按钮。打印入库单,如图 5-2-10 所示。

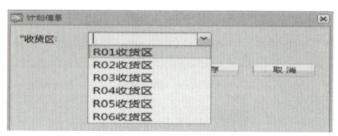

图 5-2-9　计划收货区

图 5-2-10　打印入库单

打印完成后，按 F 键站起，走至门口的打印机，按住鼠标右键，移动视角，使中心点对准单据，单据会出现红框，然后单击鼠标左键即可拿起入库单。

单击工具栏中的 ◆ 查看单据，如图 5-2-11 所示，双击入库单打开单据，如图 5-2-12 所示，按 Esc 键收起单据。

图 5-2-11 打开单据　　　　　　　　　　图 5-2-12 入库验收单

⑤单击下方功能键 👤 切换角色为【理货员】或在多人互动时理货员角色。递交单据提示如图 5-2-13 所示。双击即可递交给对方，如图 5-2-14 所示。

图 5-2-13 递交单据提示　　　　　　　　图 5-2-14 递交单据信息确认

【搬运工】走至设备堆放区，按 F 键驾驶一辆电动叉车，叉取一个带标签的塑料托盘，用键盘上的 ↑↓ 控制叉车升降，如图 5-2-15 所示。

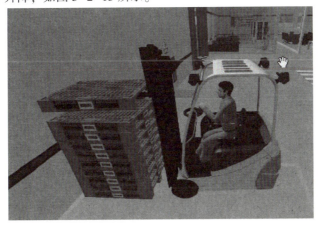

图 5-2-15 叉取托盘

将托盘放置在计划的理货区，托盘放到地面后叉车退出托盘区域等待，如图5-2-16所示。按F键下车，控制人物走至入库月台，走近交接人员后双击，签收送货单，如图5-2-17所示，然后车门自动打开。

图5-2-16　放置托盘

图5-2-17　签收送货单

车门打开后，走近理货区附近的一辆液压托盘叉车（即地牛），靠近出现黄框，有提示后按F键，推着液压叉车走进车厢，货叉对准托盘孔，然后往前推进去，叉整齐后按↑，液压抬升起来后，即可拉动托盘。将货物拉至指定入库理货区，建议紧靠塑料托盘，如有叉不整齐的情况可按R键进行复位。

⑥切换角色为【理货员】，进行理货作业，理货员靠近塑料托盘后，界面提示"按F键进行托盘码放作业"（走近后没有出现提示时，可围绕托盘走动至出现提示），如图5-2-18所示。

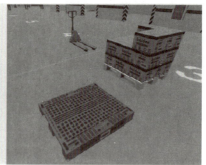
图5-2-18　准备码盘

按F键后开始作业，移动鼠标，直至十字光标对准货物，对准的箱子变成红色，光标变为手形，如图5-2-19所示，单击鼠标左键箱子拿起，移动鼠标箱子随之移动。

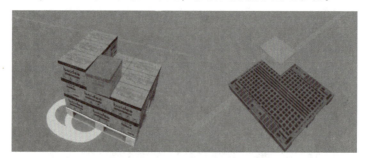
图5-2-19　码盘作业

将拿起的箱子拖曳至塑料托盘上，箱子变为绿色说明位置正确，单击鼠标左键箱子放下。按照上述步骤完成码盘作业，在码放过程中按A、D键可转换包装箱的方向。码盘建议按照从远至近、从右到左、由下至上的顺序进行。

码盘完成后，按 F 键结束码盘状态。按 Q 键取出 PDA，进入管理系统，进行收货作业，如图 5-2-20 所示，界面提示扫描送货单。

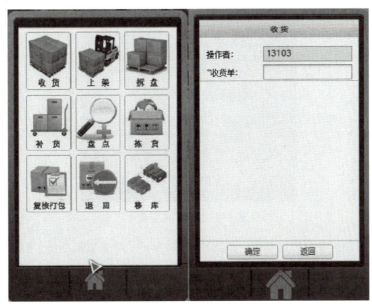

图 5-2-20　收货作业

取出入库验收单，扫描下方的条码。扫描方法：把鼠标移到条码上方，出来一个扫描状态，单击鼠标左键即可扫描，如图 5-2-21 所示。

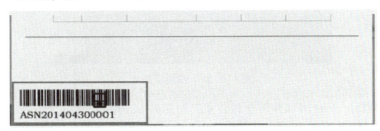

图 5-2-21　扫描入库单

入库单扫描后，PDA 界面自动跳转到下一步操作，提示扫描托盘条码，如图 5-2-22 所示。

图 5-2-22　提示信息

扫描托盘时，按 C 键蹲下，长按鼠标右键控制十字光标对准托盘条码处，光标变为眼睛形状，并显示托盘编号，如图 5-2-23 所示。

图 5-2-23　扫描托盘 1

按住 Shift 键，眼睛变为扫描状态，如图 5-2-24 所示，单击鼠标左键，扫描托盘条码。

图 5-2-24　扫描托盘 2

托盘条码扫描后，PDA 界面跳转至包装条码扫描界面，控制光标对准包装箱条码，扫描后读取到物料信息，如图 5-2-25 所示。然后计算实收箱数，倍数（箱）一栏中直接填写箱数，填写后单击【确定】按钮。

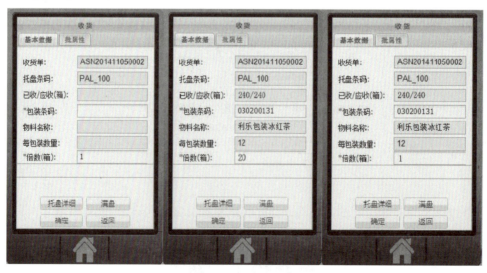

图 5-2-25　物料信息

确定后进行【满盘】操作，码盘完成，单击【详细信息】按钮可查看托盘信息，如图 5-2-26 所示。码盘完成后，走向送货员，打开送货单，按照提示将签好的送货单递交给送货员。

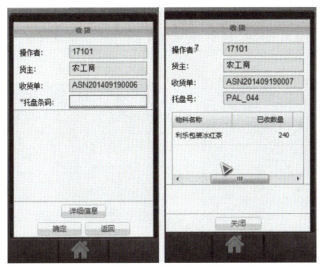

图 5-2-26 详细信息

⑦切换角色为【入库管理员】，走到立库控制柜旁的控制电脑前，走近后按照提示按 F 键，单击 打开控制系统，如图 5-2-27 所示。

图 5-2-27 操作电脑

进入系统后单击右下方 按钮，堆垛机即可按命令执行。

⑧切换角色为【搬运工】，进行上架操作，如图 5-2-28 所示，扫描托盘条码。

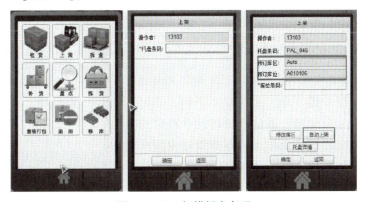

图 5-2-28 扫描托盘条码

托盘条码扫描后 PDA 界面跳转至库位条码输入界面,库区为立体仓库区,系统分配了一个 A010106 的库位,搬运托盘至立体仓库入库口,如图 5-2-29 所示。托盘放置后,单击图 5-2-28 中的【自动上架】按钮,后面立体仓库将自动完成上架作业,如图 5-2-30 所示。入库验收作业结束(托盘要放置在链式输送机的中间,如果偏离太多会导致无法作业,遇到此情况,重新叉起调整,调整到位后会自动入库)。

图 5-2-29 搬运托盘

图 5-2-30 上架完成

子任务 2 储位分配与存储策略

(1) 实验任务:百蝶物流中心接到一个客户的订单,有两种不同的货物需要入库,学生通过扮演角色完成储存分配作业,从而明确储位分配的工作要领。首先以仓库管理员角色查看储位使用情况,根据查看结果,制订储位调整计划,然后实施储位分配并完成入库作业。完成单一客户多品种的货物入库作业,数据见表 5-2-2。

表 5-2-2 华联超市货物入库作业数据表

客户	货物名称	货物编码	计划数量
华联超市	黑人牙膏	03020065	250 盒
	娃哈哈矿泉水	03020002	120 瓶

(2) 任务开展。

①学生使用自己的用户名密码进入系统,选择课程管理、选择上课管理,然后选择课程 2004:储位分配与存储策略,然后以【入库管理员】身份进入三维环境。

②与课程 2003 相同,进行入库作业操作,学生根据货物性质在上架环节进行储位分配,如图 5-2-31 所示。

若选择上架到立体仓库,在【库位条码】一栏中输入自己选定的库位(注意:库位必须是存在的),上架过程与课程 2003 相同。

若选择上架到普通货架区,"搬运工"驾驶叉车到上架目标库区,然后按 F 键下车,走近货架条码,使用鼠标右键控制中心点光标对准,确认库位信息后按住 Shift 键,单击左键即可完成扫描操作(因存储策略由同学们自己决定,因此指派原则不同,截图库位只作示意用),如图 5-2-32 所示。

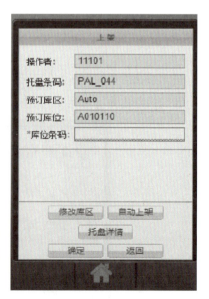

图 5-2-31 储位分配

图 5-2-32　条码信息

库位扫描后，相应库位显示蓝色提示框。用叉车将托盘搬运至该库位，如图 5-2-33 所示。

图 5-2-33　库位扫描

货物摆放正确后，蓝色提示框变为绿色，如图 5-2-34 所示。在 PDA 界面进行确认操作，提示框消失，上架完成。

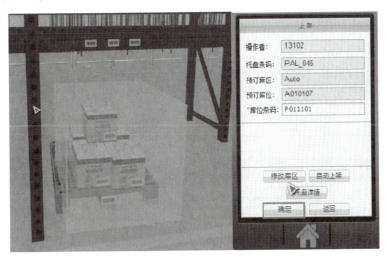

图 5-2-34　上架完成

（二）出库作业管理

子任务1　货物出库作业

（1）实验任务：百蝶物流中心接到家得利超市发来的货物需求信息，学生通过扮演不同角色共同完成出库作业。完成单一客户单一品种中批量货物的出库作业，数据见表5-2-3。

表5-2-3　家得利超市出库作业数据表

客户	货物名称	货物编码	计划数量/瓶	库位
家得利超市	飘柔洗发水	03060232	72	P020103

（2）任务开展。

①学生使用自己的用户名密码进入系统，选择课程管理、选择上课管理，然后选择2005：货物出库作业课程项目，然后以【出库管理员】身份进入三维环境。按 W/S/A/D 进行控制模拟岗位人员行走，进入办公室仓储部，走近办公椅前，显示提示　　　按 F 键。

②坐下后打开虚拟电脑桌面上的　，执行【出库管理】→【出库预报】，如图5-2-35所示。若老师在教学平台设置的是　　，那么此处已存在订单列表，勾选订单后，单击　　　按钮。

图 5-2-35　发送审核

若"自动生成单据"没有打钩，则需要自己新增订单，步骤如下：

单击　新增　按钮，单击键盘上的 Tab 键，虚拟电脑界面显示【任务提示】，如图5-2-36所示。

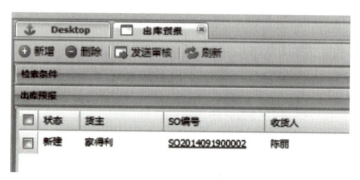

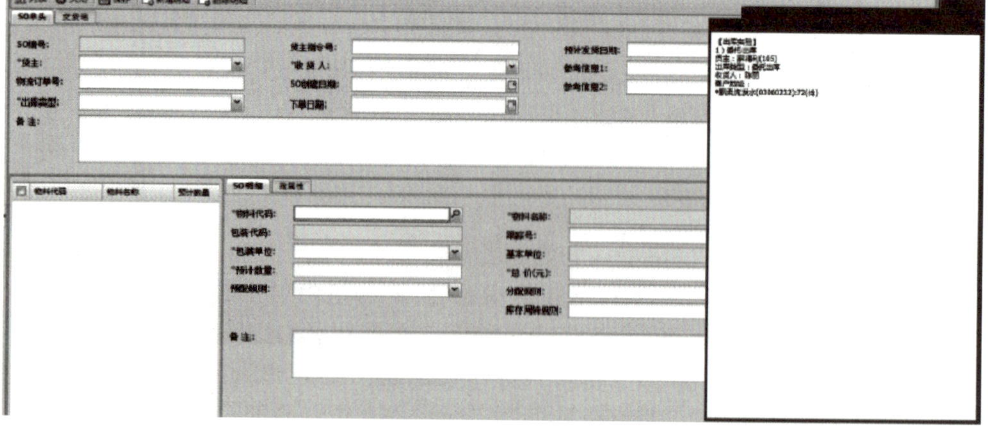

图 5-2-36　任务提示

将【任务提示】中的信息填入后，单击 保存 按钮（若有多种物料，单击 新增明细 按钮继续添加），添加完毕后单击 列表 按钮返回主界面，界面生成一条订单列表，按照前面的操作勾选订单 发送审核 即可。

③执行【出库管理】→【出库审核】，勾选订单后单击 审核 、 出库单打印 按钮。

④执行【出库管理】→【出库分配】，勾选订单后单击 预分配 按钮，预分配通过后，单击 分配 。

⑤执行【出库管理】→【拣货】，勾选拣货单。若某一货物占有多个库位可进行 拣货库位修改 操作，若有多个拣货单且需要调整拣货顺序，单击 拣货顺序调整 按钮进行操作，以拖曳方式进行顺序调整。提交并且打印拣货单，如图 5-2-37 所示。

图 5-2-37 打印拣货单

打印完成后，按 F 键站起，走至门口的打印机，按住右键移动鼠标，使中心点对准单据，单据会出现红框，然后单击鼠标左键即可拿起入库单，如图 5-2-38 所示。

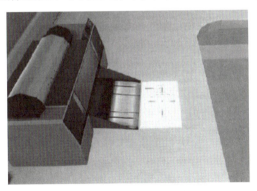

图 5-2-38 拿起入库单

单击工具栏中的 查看单据，双击入库单打开单据，按 Esc 键收起单据。

⑥单击下方功能键 切换角色为【拣货员】，角色转换后按 Q 键取出 PDA，如图 5-2-39 所示。

图 5-2-39 手持 PDA

双击 进入管理系统，选择拣货作业，如图5-2-40所示。

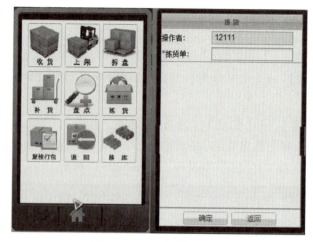

图5-2-40　手持终端界面

PDA提示扫描拣货单，取出拣货单并扫描，如图5-2-41所示。扫描方法：移动鼠标到左下角条码处，单击即可扫描。

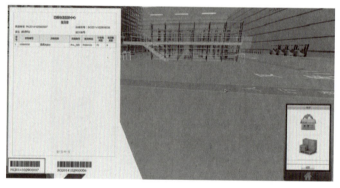

图5-2-41　单据与手持界面

界面跳至拣货类型选择，根据"预计拣货库位"判断拣货库区，选择"箱拣货"，界面跳至库位扫描界面，如图5-2-42所示。

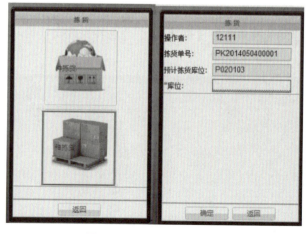

图5-2-42　扫描库位界面

找到预计拣货库位并扫描,如图 5-2-42 所示。扫描方法,靠近需要扫描的库位条码,按住右键移动鼠标使十字光标对准条码,此时光标变成 ▆▆,如图 5-2-43 所示。当显示的条码是"预计拣货库位"后按住 Shift 键,光标变成 ▆▆,单击左键扫描库位。扫描后对应库位出现绿色提示框,如图所示 5-2-44 所示。

图 5-2-43　查看库位

图 5-2-44　库位提示

⑦切换角色为【搬运工】,取叉车把预定库位的托盘 PAL-029 取下来,扫描货物包装条码,如图 5-2-45 所示。

图 5-2-45　扫描箱条码

库位扫描后 PDA 提示,输入倍数为 6 倍,然后单击确定,如图 5-2-46 所示。

图 5-2-46　输入倍数

根据选择的倍数,走到托盘面前,会出现搬取货物的提示,如图 5-2-47 所示。
从托盘上面搬取 6 箱货物放到输送线上,如图 5-2-48 至图 5-2-50 所示。

图 5-2-47　拿箱提示

图 5-2-48　拿起箱子

图 5-2-49　搬动箱子

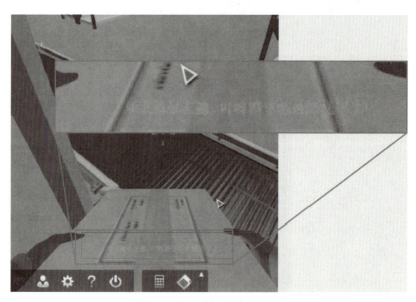

图 5-2-50　放置到输送线上

　　搬取所需的 6 箱货物后，用叉车把剩余的货物放回货架。当拣选的货物在下层时可直接搬取，不需要叉车搬运。

　　传送带将货物送达出库口，等待复核作业，如图 5-2-51 所示。出库复核作业将在任务 2 中详细介绍。

项目五 仓储管理信息系统 113

图 5-2-51 货物等待复核

子任务2 出库复核作业

（1）实验任务：百蝶物流中心接到迪亚天天超市发来的货物需求计划，其中有三种货品，并且有拆零品的出库环节，学生进入系统后开始进行整盘出库、拆盘出库和拣货复核等作业环节完成货物的出库作业。完成单一客户多品种的出库作业，数据见表5-2-4。

表 5-2-4 迪亚天天超市出库作业数据

客户	货物名称	货物编码	计划数量/件
迪亚天天超市	佳洁士牙膏	02020003	500
	欧莱雅洗面奶	02010002	180
	潘婷洗发水	02020006	30

（2）任务开展：①学生使用自己的用户名密码进入系统，选择课程管理、选择上课管理。后选择2006：货物出库作业课程项目，然后以【出库管理员】身份进入三维环境。按 W/S/A/D 键进行控制模拟岗位人员行走，进入办公室仓储部，走近办公椅前，显示提示 ，按 F 键。

②坐下后打开虚拟电脑桌面上的 ，执行【出库管理】→【出库预报】，如图5-2-52所示。勾选订单后，单击 发送审核 按钮。

图 5-2-52 发送审核

③执行【出库管理】→【出库审核】,勾选订单后单击 审核 按钮,执行【出库管理】→【出库分配】,勾选订单后单击 预分配 按钮,预分配通过后,单击 分配 按钮。

④执行【出库管理】→【拣货】选择拣货单并且打印拣货单,如图 5-2-53 所示。

图 5-2-53　打印拣货单

打印完成后,按 F 键站起,走至门口的打印机,按住右键移动鼠标,使十字光标对准单据,单据会出现红框,然后单击鼠标左键即可拿起入库单,如图 5-2-54 所示。

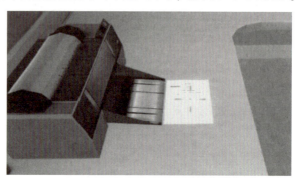

图 5-2-54　打印入库单

单击工具栏中的 ◆ 查看单据,双击拣货单打开单据,按 Esc 键收起单据。

⑤单击下方功能键 切换角色为【拣货员】,角色转换后按 Q 键取出 PDA,如图 5-2-55 所示。

图 5-2-55　按 Q 键取出 PDA

双击 进入管理系统,选择拣货作业,如图 5-2-56 所示。

PDA 提示扫描拣货单,取出拣货单并扫描,如图 5-2-56 所示。扫描方法:移动鼠标到左下角条码处,单击即可扫描,如图 5-2-57 所示。

进入拣货界面后,单击 按钮,如图 5-2-58 所示控制人物走到预定库位,扫描(按 Shift 键)库位,如图 5-2-59 所示。

项目五 仓储管理信息系统 115

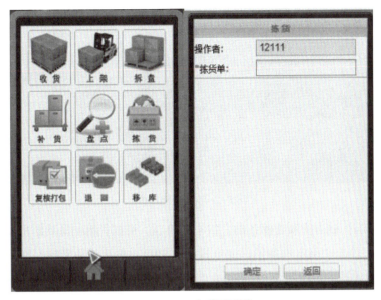

图 5-2-56 扫描拣货单

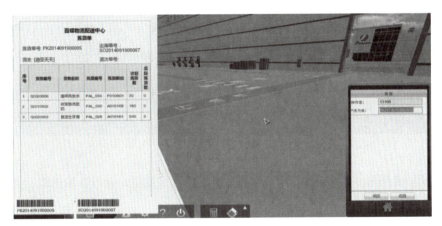

图 5-2-57 扫描单据条码

图 5-2-58 拣货界面

图 5-2-59　扫描库位

按照 PDA 提示，扫描待取货物条码，扫描完成后，根据货物信息判断出库 2 箱，【倍数】一栏填写数字 2，单击"确定"按钮。按 Q 键回收 PDA。然后移动光标到货物上，出现 ，单击后拿起箱子，如图 5-2-60 所示。

图 5-2-60　拿起箱子

拿起箱子后走到附件的输送线跟前，按住右键移动鼠标使得光标对准输送线，如图 5-2-61 所示。单击左键，货物放至输送线，如图 5-2-62 所示。

图 5-2-61　对准输送线　　　　　　　　　图 5-2-62　放箱子

⑥普通货架区拣货完成后，走到立体仓库入口，角落有一台电脑，如图 5-2-63 所示。

走近电脑，按 F 键控制电脑，打开管理系统，单击右下角的 开始作业 按钮，屏幕上显示立体仓库的出库任务，如图 5-2-64 所示。两个订单分别以整托出和拆盘出的模式进行出库。

⑦开启立体仓库后，行走到立体仓库出库端。立体仓库堆垛机自动把所需要货物运送到出库拣货输送线上，此时输送线上方的 LED 屏自动显示货物信息。

图 5-2-63 控制电脑

图 5-2-64 立库当前作业任务

两批货物的电子显示显示屏上分别显示了相应的信息，如图 5-2-65、图 5-2-66 所示。

图 5-2-65 拆盘口　　　　　　　　图 5-2-66 整托出口

接着做拆盘出库，取出 PDA，进入【拆盘】模块，扫描拆盘出库的【托盘条码】，如图 5-2-67、图 5-2-68 所示。

图 5-2-67 拆盘　　　　　　　　图 5-2-68 扫描托盘

长按鼠标右键移动中心点光标,让光标对准托盘条码,然后按 Shift 键进行扫描,后提示扫描【包装条码】,同样扫描箱包装条码,如图 5-2-69 所示,按要求进行操作。

图 5-2-69　扫描箱包装条码

根据条码扫出来的箱数,判断总共需要 10 箱,输入倍数 10 后,单击确定。此时手持 PDA 上提示托盘是否回库,不要单击确定,按 Q 键收起手持 PDA。之后拿起相应数量的货物放至传送带上,如图 5-2-70、图 5-2-71 所示。

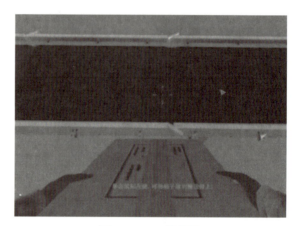

图 5-2-70　填写倍数　　　　　　　　　图 5-2-71　放箱子

拿完货物后,按 Q 键打开手持 PDA,单击"确定"按钮,剩下的货物自动回库,如图5-2-72 所示。

图 5-2-72　确定回库

拆盘做完后，进行另一批货物的整盘出库。

⑧整托盘出库作业。取出PDA，进入【拆盘】模块，界面提示扫描托盘条码。如图5-2-73所示扫描托盘后，界面提示移动到1号分拣口，如图5-2-74所示。

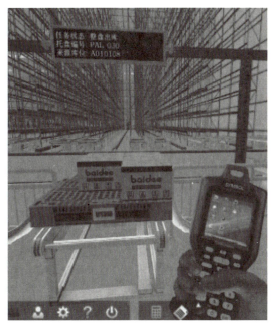

图5-2-73　整托出库口

图5-2-74　整托出界面

按照提示驾驶叉车将托盘移至1号分拣口，如图5-2-75所示。

拣货员驾驶一辆电动叉车到立体仓库出库口，需要出库的托盘已经运送到出库口。

图5-2-75　叉车取整托至1号分拣号

⑨切换角色为【复核员】，取出PDA，进入【复核打包】模块，如图5-2-76所示。

选择【打包】板块，界面提示扫描【出库单】，扫描单据左起第一个条码，如图5-2-77所示。扫描出库单后提示扫描【笼车号】，单击【生成新笼车】并单击【确定】按钮，如图5-2-78所示。

分拣口旁边生成一辆笼车，手持PDA提示笼车号，如图5-2-79所示。走到笼车的左边，长按右键对准纸张，对准后按住Shift键扫描笼车号，扫描完成，如图5-2-80所示。

120 物流信息技术（第3版）

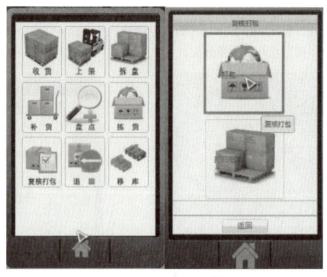

图 5-2-76　复核打包界面

图 5-2-77　出库单　　　　　　　　图 5-2-78　笼车号

图 5-2-79　扫描笼车

项目五　仓储管理信息系统

图 5-2-80　扫描完成

PDA 界面提示【箱条码】，对准包装箱进行扫描，如图 5-2-81 所示。

图 5-2-81　扫描箱条码

再次扫描包装条码，读取到物料信息，输入复核箱倍数后，单击【确定】按钮，如图 5-2-82 所示。

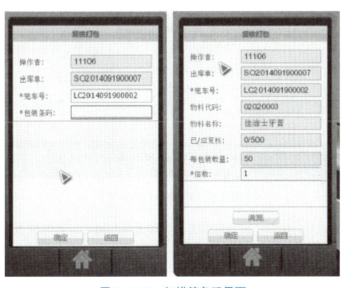

图 5-2-82　扫描箱条码界面

将相应数量的货物放入笼车中,如图 5-2-83 所示。放入方法:长按鼠标右键,使光标中心点对准笼车,单击左键放下。倍数栏中填写相应的数量,然后单击确定。

图 5-2-83 箱子放入到笼车

依次把所有货物扫描确定后放置到笼车中,笼车装满时或打包完成,单击满笼。依次把所有货物复核打包完毕,再次单击【扫描条码】按钮。

若有其他客户的货物需要复核,按 F 键抓住笼车,把笼车推至对应的出库理货区,然后再生成第二个笼车。相同方法把需要复核打包的货物全部打包好。

⑩打包。从 PDA 主菜单中进入【复核打包】模块,选择【打印笼车】按钮,如图 5-2-84 所示。

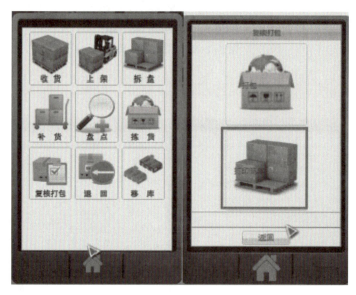

图 5-2-84 复核打包界面

按照提示扫描笼车号,笼车号扫描后单击【打印笼车】按钮,如图 5-2-85 所示。这时分拣口打印机打印出笼车装箱单,如图 5-2-86 所示。

走近打印机,长按右键把光标中心点对准纸张,单击左键拿起包装单,后走至笼车前方,控制光标对准笼车的标签粘贴处,取出包装单,双击鼠标左键贴标完成,如图 5-2-87 所示。

图 5-2-85　打印装箱单　　　　　　　图 5-2-86　打印笼车装箱单

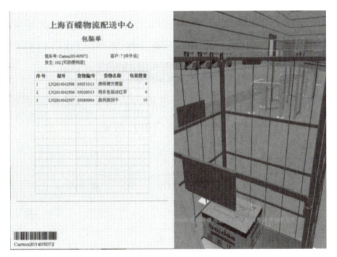

图 5-2-87　贴装箱单

粘贴好的装箱单效果，如图 5-2-88 所示。复核作业完成。

图 5-2-88　粘贴好的装箱单

按 F 键抓住笼车，将笼车推放至分拣口对应的出库理货区，如图 5-2-89 所示。

（三）库内管理

子任务 1　补货作业

（1）实验任务：由于不断地进行拣货出库作业，在电子标签货架中的农夫山泉矿泉水已经到了安全库存以下，再次拣货之前，需要将货物补足。本次任务中学生需要扮演不同角色完成补货作业，明确补货的工作要领。

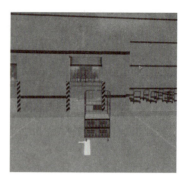

图 5-2-89　将笼车推放至出库理货区

完成单一货品的补货作业，数据见表 5-2-5。

表 5-2-5　农夫山泉矿泉水补货作业数据表

货物名称	货物编码	补货数量/瓶	源库位	目标库位
农夫山泉矿泉水	030200031	24	P020201	L010701

（2）任务开展：

①学生使用自己的用户名密码进入系统，选择课程管理、选择上课管理。后选择 RF 手持拣货作业，然后以【仓库管理员】身份进入三维环境。按 W/S/A/D 进行控制模拟岗位人员行走，进入办公室仓储部，走近办公椅前，显示提示　　　按 F 键。

②坐下后打开虚拟电脑桌面上的　，执行【库内管理】→【补货管理】，如图 5-2-90 所示。勾选订单后，依次单击【提交】和【生成补货单】按钮。

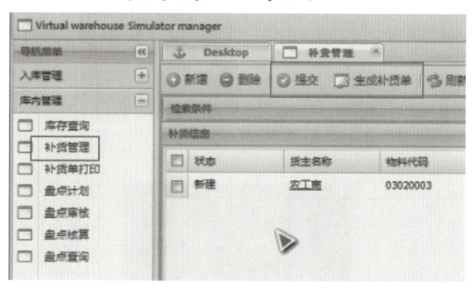

图 5-2-90　发送审核

③执行【库内管理】→【补货单打印】作业，如图 5-2-91 所示。勾选订单后，单击【打印补货单】按钮进行打印。

项目五 仓储管理信息系统 125

图 5-2-91　打印补货单

打印完成后，按 F 键站起，走至门口的打印机，长按鼠标右键，使中心点对准单据，单据会出现红框，然后单击鼠标左键即可拿起入库单，如图 5-2-92 所示。

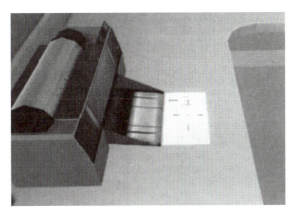

图 5-2-92　打印入库单

单击工具栏中的 ◆ 查看单据，双击入库单打开拣货单据，按 Esc 键收起单据。

④单击下方功能键 ⛹ 切换角色为【补货员】，按 Q 键取出 PDA，进入【补货】模块，界面提示扫描补货单，如图 5-2-93 所示，拿出补货单进行扫描。

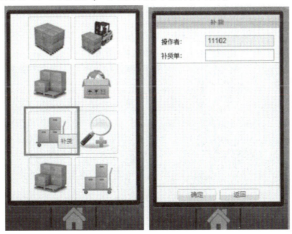

图 5-2-93　补货模块

选择【箱取货】，界面提示扫描库位或托盘，如图 5-2-94 所示。

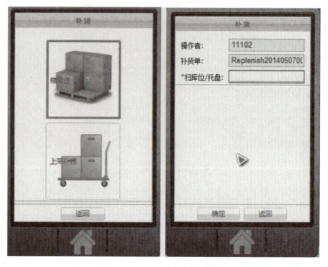

图 5-2-94　箱取货模块

走到设备堆放区取一辆手推车，如图 5-2-95 所示。出现黄框后，按 F 键握住手推车。将手推车推至手持引导的目标普通货架区放下，如图 5-2-96 所示。

　　图 5-2-95　手推车 1　　　　　　　　　　　图 5-2-96　手推车 2

此时可拿出补货单查看源库位，找到该库位后进行扫描，如图 5-2-97 所示。长按右键，使光标中心点对准目标库位条码，长按 Shift 键，单击扫描库位。

图 5-2-97　扫描库位

库位扫描后，相应托盘显示绿色提示框，如图 5-2-98 所示，界面提示扫描包装条码。

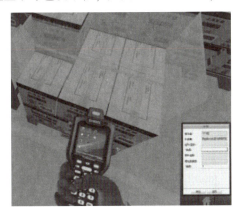

图 5-2-98　扫描包装条码

扫描包装条码后，填写相应的倍数，单击【确定】按钮，界面返回补货主界面，如图 5-2-99 所示，按 Q 键收起 PDA。

图 5-2-99　输入数量

长按右键使中心点光标对准货物，出现黄框后，按住 Shift 键单击左键，拿起箱子，然后转向手推车，靠近推车后，界面提示按 Shift 键同时单击左键把箱子放至手推车上，依次取完要求的箱子，如图 5-2-100 所示。

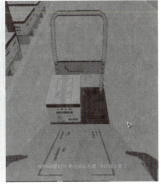

图 5-2-100　搬运货物

取出 PDA，进入【上架补货】板块，界面提示扫描【物料条码】，如图 5-2-101 所示。

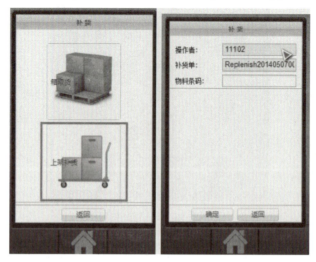

图 5-2-101　上架补货

按照提示扫描包装箱，如图 5-2-102 所示。

图 5-2-102　扫描包装箱

将搬好的货物移至电子标签拣货区指定的目标补货位置，如图 5-2-103 所示。

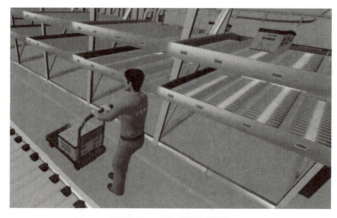

图 5-2-103　移动货物

计算机会显示补货信息，同时提示扫描库位，如图 5-2-104 所示。

图 5-2-104　提示信息

扫描后库位显示蓝色提示框，如图 5-2-105 所示。按 Q 键收起手持 PDA，走到手推车跟前，把箱子拿起走，然后走到蓝框正后方，长按鼠标右键使光标中心点对准蓝框中间位置，出现黄色提示边框后，单击左键即可补到货架上，依次把第二箱货物补完。

图 5-2-105　库位扫描

输入倍数后单击【确定】按钮，如图 5-2-106 所示。

图 5-2-106　输入数量

将手推车放回设备区，补货作业结束。

子任务 2　盘点作业

（1）实验任务：由于仓库长时间的出入库作业，仓库中货物的实际库存和记录库存之间可能存在着偏差，本次任务要求学生通过扮演不同角色共同完成盘点作业，从而明确盘点工作要领。对普通货架区和立体仓库货架区的货物进行盘点工作。

完成盘点作业，数据见表 5-2-6。

表 5-2-6　华联超市盘点数据表

客户	货物名称	货物编码	数量/件	库位
华联超市	华冠饼干	03010003	200	
	维维豆奶	03020015	60	
	大白兔奶糖	05030002	72	
	益达木糖醇	05030004	60	

（2）任务开展：①学生使用自己的用户名密码进入系统，选择课程管理、选择上课管理。后选择 RF 手持拣货作业，然后以【仓储部经理】身份进入三维环境。按 W/S/A/D 进行控制模拟岗位人员行走，进入办公室仓储部，走近办公椅前，显示提示 按 F 键。

坐下后打开虚拟电脑桌面上的 ，执行【库内管理】→【盘点计划】，如图 5-2-107 所示。勾选订单后，单击 按钮。

图 5-2-107　发送审核

执行【库内管理】→【盘点审核】，依次进行【审核】和【打印盘点单】操作，如图 5-2-108 所示。

图 5-2-108　审核与打印

在打印机桌上拿起盘点单，按 Q 键取出 PDA，如图 5-2-109 所示。

图 5-2-109　手持 PDA

单击 ![按钮] 按钮进入管理系统。进入【盘点】作业模块，界面提示扫描【盘点单】，如图 5-2-110 所示。

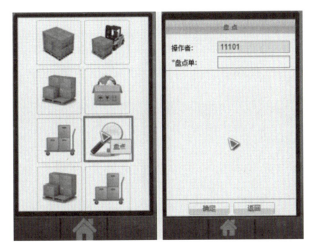

图 5-2-110　手持 PDA 界面

扫描盘点单后，界面提示扫描【库位】，如图 5-2-111 所示。找到相应的库位并扫描。走到相应的库位前，长按右键调整光标中心点对准库位条码，然后按住 Shift 键，单击左键扫描库位条码，如图 5-2-112 所示。

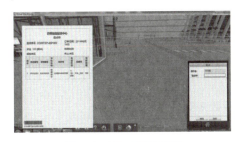

图 5-2-111　查看单据

图 5-2-112　手持 PDA 扫描库位

库位扫描后，托盘显示绿色提示框，PDA 提示扫描【物料条码】，按提示扫描包装条码。

开取一辆叉车将货物叉取下来清点货物箱数并填写在倍数一栏，倍数填写前就详细数托盘上的实际数量，如图 5-2-113 所示。当数量和库存有变化时会弹出对话框提示，确认无误后单击【确定】按钮,按照上述步骤完成其他货物的盘点作业,最后一个盘点结束后,单击 完成盘点 按钮,如图 5-2-114 所示。

图 5-2-113　清点货物

图 5-2-114　手持 PDA

子任务 3　移库作业

(1) 实验任务:进行盘点作业时发现货物损坏或质量下降,要求移库,对货物分类管理。盘点时发现货物放错地方,需要重新调整。货物大部分出库后,剩余的部分暂时存放在某处,有新货物入库后要进行重新调整。原先因为库存紧张,将货物放在别的仓库,现在仓库有充足的储位,将货物移到预想进入的仓库,以方便管理。本次任务中学生需要扮演不同角色完成移库作业,明确移库的工作要领。

完成单一货品的移库作业,数据见表 5-2-7。

表 5-2-7　移库作业数据表

客户	项目编号	源库位	目标库位
农工商	1	L010201	F010403
	2	F090303	L010402
	3	P020201	P010703

（2）任务开展：①学生使用自己的用户名密码进入系统，选择课程管理、选择上课管理。后选择移库作业，然后以【仓库管理员】身份进入三维环境。按 W/S/A/D 进行控制模拟岗位人员行走，进入办公室仓储部，走近办公椅前，显示提示 按 F 键操作电脑，按 F 键。

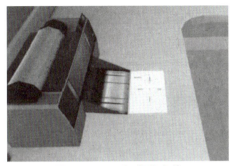

图 5-2-115　打印移库单

坐下后打开虚拟电脑桌面上的 ，执行【库内管理】→【库存移动】，如图 5-2-115 所示。勾选订单后，单击提交，并确认【Yes】，确认提交成功【OK】，单击打印移库单，并确认打印【Yes】，确认打印成功【OK】。

打印完成后，按 F 键站起，走至门口的打印机，长按鼠标右键，使中心点对准单据，单据会出现红框，然后单击鼠标左键即可拿起入库单，如图 5-2-115 所示。

单击工具栏中的 查看单据，双击入库单打开拣货单据，按 Esc 键收起单据。

②单人作业时由【仓库管理员】转换为【拣货员】进行下一步作业，多人互动协作作业时，【仓库管理员】把移库单移交给【拣货员】进行下一步作业，单击 转换角色，并点击【确定】。

③按 Q 键取出 PDA，进入【管理系统】，选择【移库】并单击进入，单击 调出【移库单】，查看移库单内容，进行扫描，如图 5-2-116、图 5-2-117 所示。

图 5-2-116　手持移库界面

图 5-2-117　扫描移库条码

选择【手推车】作为移库搬运工具，如图 5-2-118 所示，按 F 键取车并且移动到预定库位旁。扫描【源库位】条码,扫描对应库位后会出蓝色框提示,此时长按鼠标右键移动光标至货物中间点,成 后按 Shift,然后单击鼠标左键,把货物搬运到手推车上。把手推车推到指定【目标库位】旁,扫描【目标库位】条码,如图 5-2-119 所示。扫描后对应库位出现蓝框,接着走近推车,中心点对准货物,按住 Shift 键单击左键抱起箱货物,然后走到蓝框提示库位,使中心点对准蓝框,单击鼠标左键即可摆放至对应库位,放好后会出现绿框提示,如图 5-2-120 所示。依次把其他移库作业按相似方法作业。检查移库数量和预计数量是否匹配,核实后输入移库数量,单击【确认】按钮,如图 5-2-121 所示。

图 5-2-118　手推车

图 5-2-119　扫描库位

图 5-2-120　放好出现绿框提示

项目五　仓储管理信息系统　135

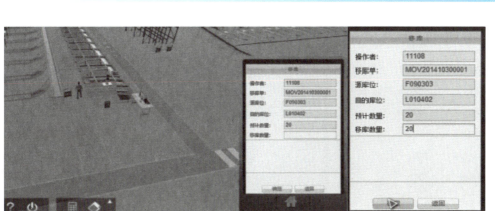

图 5-2-121　数量确认

依次把所需要移库的货物按此方法移至相应库位，全部完成后把手推车放回设备存放区。

④托盘库移库作业，按照提示信息，选择【平衡重式叉车】作为移库搬运工具，按 F 键取车并且移动到预定位置。找到目标库位，扫描【源库位】条码，如图 5-2-122 所示。

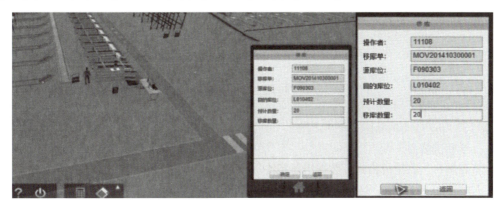

图 5-2-122　扫描库位条码

驾驶平衡重式叉车把托盘搬运到指定目标库位，扫描【目标库位】条码，如图 5-2-123 所示。检查移库数量和预计数量是否匹配，核实后输入移库数量，单击【确认】按钮，把平衡重式叉车托盘摆放到预定区域。最后把叉车放回指定位置，如图 5-2-124 所示。

图 5-2-123　扫描目标库位

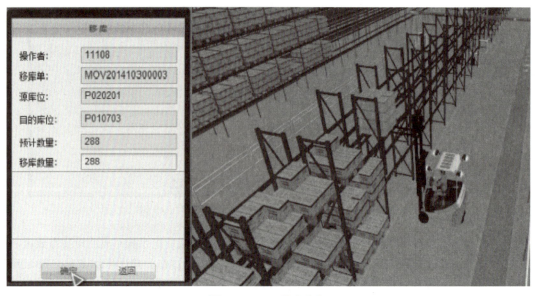

图 5-2-124　移库确定

思考与练习

一、单项选择题

1. 货到站台，收货员将到货数据用射频终端传到 WMS，WMS 随即生成相应的条码标签，粘贴在收货托盘上，经扫描，这批货物即被确认收到，这个过程称为（　　）。
   A. 订单处理　　　B. 储存　　　　C. 收货　　　　D. 发货
2. 在条码阅读设备的开发方面，无线阅读器是今后的发展趋势，扫描器的重点是（　　）品种。
   A. 光笔式扫描器　　　　　　　　B. 卡槽式扫描器
   C. 图像式和激光式扫描器　　　　D. 在线式光笔扫描器
3. 仓库管理系统 WMS 的核心功能包括（　　）。
   A. 入库管理　　B. 销售管理　　C. 采购管理　　D. 财务管理
4. （　　）是用来管理仓库内部的人员、库存、工作时间、订单和设备的软件实施工具。
   A. 仓库管理信息系统　　　　　　B. 供应链管理信息系统
   C. 配送中心信息系统　　　　　　D. 运输管理信息系统
5. （　　）是区域物流信息平台建设的核心部分，它为区域内各物流企业的业务运作提供最基本的信息支持。
   A. 政府管理部门信息平台　　　　B. 政府职能部门支撑信息平台
   C. 物流业务信息平台　　　　　　D. 共用信息平台
6. 下面的哪些流程软件是由物料需求计划（MRP）延伸而来的？（　　）
   A. DRP　　　　B. ERP　　　　C. SCM　　　　D. CRM
7. （　　）是仓储管理信息化的具体形式。
   A. 分区管理　　B. 储位管理　　C. 仓储管理系统　　D. 客户管理

8. 仓储管理信息系统简称为（   ）。
A. ERP   B. WMS   C. TMS   D. CMS

二、多项选择题

1. 以下存储器在计算机断电后数据不会消失的存储器是（   ）。
A. 只读存储器   B. 磁盘   C. U 盘   D. 光盘
2. 企业资源计划 ERP 的功能主要作用在企业管理的（   ）方面。
A. 物流管理   B. 生产控制   C. 财务管理   D. 人力资源管理
3. 信息资源的三要素是指（   ）。
A. 信息技术   B. 信息   C. 信息系统   D. 信息生产者
4. 仓库的日常保管作业包括（   ）。
A. 并垛   B. 移垛   C. 盘点   D. 验货
5. 仓库作业过程是仓库以入库、（   ）为中心的一系列作业阶段和作业环节的总称。
A. 分拣   B. 出库   C. 保管   D. 运输
6. "三不三核五检查"中的"五检查"，即对单据和实物要进行（   ）。
A. 品名检查   B. 规格检查   C. 包装检查   D. 质量检查

三、简答题

1. 简述仓储作业信息系统的功能结构。
2. 仓储信息的作用有哪些？
3. 什么是商品在库管理？其主要内容有哪些？
4. 请列举五种以上仓储合理化的基本途径。

四、论述题

新时代仓储行业发展有哪些新特点？

阅读建议

[1] 华讯软件. WMS 仓储管理系统[EB/OL].http://www.840600.com/
[2] 中国物流仓储网[EB/OL].http://wlcc.cnelc.com/
[3] 中国仓储与配送协会[EB/OL].http://www.cawd.org.cn/
[4] 阿里通云仓[EB/OL].http://www.dsccwl.com/

项目六

快递信息系统

学习目标

1. 知识目标
（1）认知快递信息系统的作用及构成；
（2）描述快递信息系统的操作流程。

2. 技能目标
（1）能够分析快递信息系统发展趋势；
（2）能够进行快递信息系统操作；
（2）能够根据案例完成关于快递作业信息化管理实现的分析报告。

3. 素质目标
（1）培养学生具备运用快递信息系统的基本素质；
（2）培养学生具备应用快递信息系统进行物流快递活动管理的职业要求。

任务一　快递背景知识

快递整体业务流程如图 6-1-1 所示。

图 6-1-1　快递整体业务流程

一、快件收寄

快件收寄是快件服务的一项重要工作,是快递从业人员日常工作之一。这项工作需要与顾客接触,必须能够指导顾客准确填写快递运单,同时也为后续的快件顺利收寄做好保障工作。

快递超市,终结"摆摊"时代

(一) 收寄指导

1. 快件业务流程

快件的精简业务流程如图 6-1-2 所示。

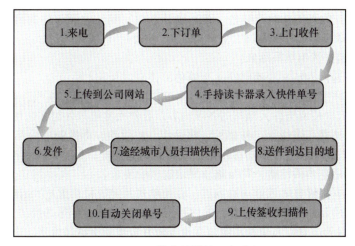

图 6-1-2 快件的精简业务流程

2. 运单填写

(1) 国内特快专递邮件详情的填写。

①国内特快专递邮件详情的填写。国内特快专递详情单填写样式如图 6-1-3 所示。

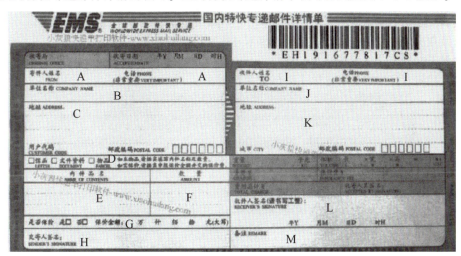

图 6-1-3 国内特快专递详情单填写样式

A. 寄件人姓名、电话:请详细填写寄件人姓名、有效的联系电话。

B. 寄件人单位名称:请详细填写寄件人的单位名称,如是个人地址,则无须填写。

C. 寄件人地址:请详细填写寄件人单位或个人地址、邮政编码,如有用户代码,请填写(为邮件安全及迅速传递,请详细、准确填写)。

D. 内件分类：请注明邮件的内件性质。

E. 内件品名：请注明内装物品的具体名称。

F. 数量：请注明内装物品的具体数量。

G. 保价栏：如需保价，请选择此项并注明需保价的金额，最高不应超过 10 万元人民币。

H. 交寄人签名：请交寄人确认所填写内容，认可详情单背面使用须知后签名。

I. 收件人姓名、电话：请详细填写收件人姓名、有效的联系电话。

J. 收件人单位名称：请详细填写收件人的单位名称，如寄往收件人个人地址，则无须填写。

K. 收件人地址：请详细填写收件人的单位或个人地址、邮政编码及相应的城市名（为邮件安全及迅速传递，请详细、准确填写）。

L. 收件人签名：收到邮件时请签名（章）确认并填写具体收到邮件的日期、时间。若是他人代签收，签名（章）后，还需注明有效证件名称、号码和代收关系。

②国内特快专递详情单填写须知：

A. 本单仅限寄递国内特快专递邮件（下简称邮件）时使用。

B. 为使本单各联字迹清晰可辨，请在填写本单时使用圆珠笔或打字机，以正楷详细、准确、用力地逐条填写单式中应由寄件人填写的各项内容。收件人签收邮件时亦应使用正楷签名。

C. 邮件内不得夹寄有爆炸性、易燃性、腐蚀性、放射性、毒性的危险品，麻醉药物，精神药品，现金以及邮政规章制度（下简称邮章）规定的其他禁寄品，违者将承担相关的法律责任。

D. 邮件封装须适应内件性质，符合邮政规章制度的要求。

E. 邮件资费根据邮件整体重量（含内件、相关单式及封装材料重量）计收。

F. 国内特快专递业务提供保价服务，邮件是否保价由寄件人自愿选择。保价最高限额为 10 万元人民币。如需保价、寄件人应据实申报保价金额并按规定交纳保价费。未按规定交纳保价费的邮件，不属于保价邮件。

G. 保价邮件如发生丢失、损毁或短少，按实际损失价值赔偿，但最高不超过相关邮件的保价金额；未保价邮件如发生丢失、损毁或短少，按实际损失赔偿，最高不超过所付邮费的两倍；邮件如发生延误，按邮政部门规定的标准予以补偿；对其他损失或间接损失，邮政部门不承担赔偿责任。

H. 本单第三联是交寄邮件的凭证，凭此联或收据可在自交寄邮件之日起四个月内在交寄邮局办理查询，逾期不再受理。

I. 涉及业务规定发生变化与本须知内容不一致时，以邮局公布的为准。

（2）国际特快专递邮件详情单的填写。

①国际特快专递详情单填写样式图 6-1-4 所示。

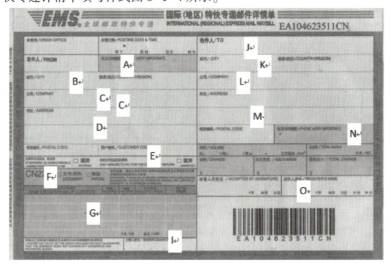

图 6-1-4　国际特快专递邮件详情单填写样式

A：寄件人姓名、电话：请详细填写寄件人姓名、有效的联系电话。

B：寄件人所在城市、国家：请详细填写寄件人所在城市与国家。

C：寄件人公司名称：请详细填写寄件人的公司名称，如是个人寄件，则无须填写。

D：寄件人地址：请详细填写寄件人公司或个人地址、邮政编码。

E：邮件异常情况处理：如邮件无法投送，选择"退回"或"放弃"。

F：邮件分类：请注明邮件的内件性质。

G：邮件信息：包括内件具体名称、件数、重量、价值等信息。

H：寄件人签名：请寄件人确认所填写内容，认可详情单背面使用须知后签名。

I：收件人姓名：请详细填写收件人姓名。

J：收件人所在城市、国家：请详细填写收件人所在城市与国家。

K：收件人公司名称：请详细填写收件人的公司名称，如收件人为个人，则无须填写。

L：收件人地址、邮编：请详细填写收件人的公司或个人地址、邮政编码。

M：收件人电话：请详细填写收件人有效的联系电话。

N：收件人签名：收到邮件时请签名（章）确认并填写具体收到邮件的日期、时间。若是他人代签收，签名（章）后，还需注明有效证件名称、号码和代收关系。

②国际特快专递邮件的填写须知。

A. 本单仅限于寄递国际及港澳特快专递邮件时使用。

B. 寄件人在交寄邮件时应使用英文或法文逐项详细、准确、如实地填写；填写时须使用打字机或圆珠笔，以使本单各联字迹清晰可辨。

C. 收、寄件人名址应详细准确，且应尽可能提供电话号码，以便在出现问题时能够及时联系；不可只将邮政信箱号码作为收件人地址；邮政部门对因邮件地址错误或不详所造成的投递延误不承担责任。

D. 邮件内不得夹寄现金、危险品等《邮政法》及其实施细则、寄达国（地区）法律所规定的禁寄物品以及航空公司禁止作为邮件交运的物品；对寄件人违反禁、限寄规定所造成的一切损失，邮政部门将保留追究其法律责任的权利。

E. 邮件应使用符合邮政规定的封装材料，按照内装物品性质妥为封装，以确保邮件安全。

F. 根据国际航空运输协会的相关规定，当邮件的体积重量大于实际重量时，邮件的运费标准按照其体积重量予以收取，具体计算公式为长（厘米）×宽（厘米）×高（厘米）÷6 000＝体积重量。

G. 为保证物品类邮件顺利通关，请用英文或法文详细、如实填写内件品名、件数、申报价值及原产地等项目，同时，任何物品类邮件都应随附以英文填写的邮政 CN23 报关单和形式发票一式两份，否则将可能导致通关延误。

H. 寄往中国香港地区的速递邮件，单件重量不能超过 40 千克，寄往其他国家和地区的速递邮件，单件重量不能超过 30 千克。

3. 快件查询

快件查询是快递物流公司向顾客反馈快件快递质量的一种服务方式，快递物流公司可提供电话或互联网等查询方式。

（1）网站查询。如打开顺丰速运的网站（http：//www.sf-express.com/），在服务支持—运单追踪中输入运单号，"运单追踪查询"窗口如图 6-1-5 所示。

点击查询，就可查询快件的监控记录。快件监控记录如图 6-1-6 所示。

图 6-1-5 "运单追踪查询"窗口

图 6-1-6 快件监控记录

（2）电话查询。顾客可以拨打客服热线告诉服务人员运单号码就可进行查询，如拨打顺丰全国统一的客服热线电话：95338，就可以进行人工查询。

（3）按手机号查询。例如，顺丰提供运单上寄方或收方留有的手机号码的运单号查询，如图 6-1-7 所示。

图 6-1-7 顺丰手机号运单号追踪

（4）微信查询。例如，顺丰微信查询方式，如图6-1-8所示。

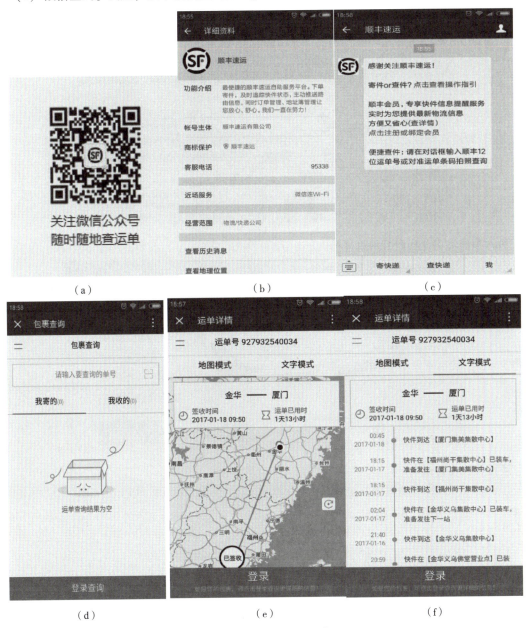

图 6-1-8 顺丰微信平台

(a) 扫描微信公众号；(b) 关注顺丰速运；(c) 点击查快递菜单；(d) 输入运单号；
(e) 地图模式下，显示运单地图详情；(f) 文字模式，显示运单物流信息

  小知识

邮政 EMS 查询

1. EMS 在线网站邮件查询

邮政 EMS 网上查询网址 http：//www.ems.com.cn/，点击查询按钮进入查询系统。

输入邮件运单号码和查询验证码。

查看邮件查询结果。

2. 电话查询

拨打全国统一客户服务电话11183查询邮件信息。

3. 营业窗口查询

在交寄邮件的营业厅办理查询手续。客户需提供邮件详情单寄件人存联或邮件收据。

4. EMS微信平台

EMS微信查询步骤如下。

(a) 扫描EMS微信自助平台二维码；(b) 点击关注；(c) 点击"我要查询"；
(d) 点击"点击查询邮件"；(e) 输入邮件号查询；(f) 显示邮件物流信息

(二) 快件收验

快件收验操作程序如图6-1-9所示。

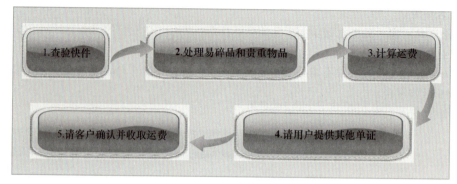

图 6-1-9　快件收验操作程序

1. 查验快件

《快递安全生产操作规范》提出，收寄快件时，快递业务员应按照相关法律法规和邮政管理部门的规定，提示寄件人如实申报所寄递的物品，并根据申报内容对交寄的物品、包装物、填充物等进行实物验视，确保所寄快件符合要求。同时明确，快递企业应按照法律法规和国家相关部门要求对快递运单信息进行核对，并对快递运单信息进行核对。接单时，应提前告知寄件人相关要求，寄件人拒不配合的，快递业务员应拒绝收寄。

 小知识

禁寄物品

禁寄物品的主要种类：

（1）武器/弹药：如枪支、子弹、炮弹、手榴弹、地雷、炸弹等。

（2）易爆炸性物品：如雷管、炸药、火药、鞭炮。

（3）易燃烧性物品：包括液体、气体和固体。如汽油、煤油、桐油、酒精、生漆、柴油、气雾剂、气体打火机、瓦斯气瓶、磷、硫黄、火柴等。

（4）易腐蚀性物品：如双氧水、硫酸、盐酸、硝酸、有机溶剂、农药等。

（5）放射性元素：如钚、钴、镭、铀等。

（6）烈性毒药：如铊、砒霜等。

（7）毒品系列：如冰毒、大麻、海洛因、可卡因、吗啡、鸦片、麻黄素、摇头丸等。

（8）生化制品/传染性物品：各类生化制品和传染性物品。如炭疽、危险性病菌、医药用废弃物等。

（9）危害性出版物：危害国家安全和政治稳定以及淫秽的出版物、宣传品、印刷品等。

（10）妨害公共卫生的物品：如尸骨、动物器官、肢体、未经硝制的兽皮等，可能危害人身安全、污染或者损毁其他寄递件、设备的物品等也属于禁忌物品范围。

（11）国家秘密文件/国家货币：国家法律、法规、行政规章明令禁止流通、寄递或进出境的物品，如国家秘密文件和资料、国家货币及伪造的货币和有价证券。

（12）珍贵文物/濒危野生动物：国家法律、法规、行政规章明令禁止流通、寄递或进出境的物品，如珍贵文物、濒危野生动物及其制品等。

（13）管制刀具/仿真武器：国家法律、法规、行政规章明令禁止流通、寄递或进出境的物品，如仿真武器、管制刀具等。

（14）各寄达国（地区）禁止寄递进口的物品等。

（15）其他禁止寄递的物品。

2. 处理易碎物品和贵重物品

为避免易碎物品在运送过程中受到挤压造成破损，应在外箱上粘贴"易碎"标贴，如图 6-1-10 所示。贵重物品在包装后粘贴封签，请客户在封签上签名。

3. 计算运费

可用弹簧秤或磅秤直接称取重量，比较材积重量和实际重量，材积重量大于实际重量的要取材积重量作为计费重量，按价格表计算价格，确认付款方式，重量和价格不能有任何涂改。计算运费的工具如图 6-1-11 所示。

弹簧秤　　磅秤　　电子磅秤　　电子秤

图 6-1-10　"易碎"标贴　　　　图 6-1-11　计算运费的工具

4. 请用户提供其他单证

如接收需要其他单证才能通关或清关、派送货物，务必请客户提供有效单证，以便顺利地申报、清关和派送。

5. 请客户确认并收取运费

上述操作完成请客户确认并在"寄件人签名"栏签名。

微信扫运单
实时付款

 小知识

快件的包装

（1）根据货物体积选择包装的尺寸。未装满的包裹容易坍陷；包裹装得过满容易胀裂。

（2）包装托运快件时必须使用优质包装材料。选择包装材料时要考虑其强度、防震性能及耐久性。

（3）选择瓦楞纸板包装盒，高质量的封箱带。珍贵物品使用耐磨损双层板包装盒。

（4）利用防震材料，特别要尽量避免包裹内物品的移动。

（5）必要时使用封箱胶带，这是密封并确保包裹完好的有效方法。如果没有封箱机，要使用强力胶带。

（6）将易碎品放在包裹的中间位置；确保其没有接触到包裹的任何一侧。货物各个侧面均要填满防震填料。

（7）确保液体包装在不会泄漏的容器里，用轻便、强力的内包装材料（如泡沫聚苯乙烯）包装，并用塑料袋进行密封。切记：包装不当会损坏周围的物品。

（8）将胶状、油脂或有强烈气味的物品用胶带密封，再用防油纸包裹。切记：包装不当会损坏周围的物品。

（9）将粉末和颗粒状物品放在强力塑料袋里密封，并使用坚硬的纤维板包装盒。

（10）非固体物品使用"向上箭头"标签。

（11）将您要发运的礼物进行重新包装。许多礼品的精美包装可能并不适于运输。

（12）运送盒装卷轴、地图和设计蓝纸等时，使用三角形筒包装，不要用圆形筒。切记：将小件物品装在合适的包装袋内。

（13）对于数据盘、磁带和录影带，每个都要用柔软的防震材料独立包装。

（14）完整清晰地填写地址，手写标签时使用大写字母，以便快件人员识别。

（15）托运锋利物品如刀子或剪子时，要确保所有刀刃和尖端都得到妥善防护。应采用坚实的厚纸板。防护材料应安全固定以免运输途中脱落。

（16）托运扁平的易碎物品（如聚乙烯唱片）时，必须使用厚纸板夹裹。

（17）重复使用包装物料时，要去除所有标签和贴纸，并确保包装完好无损。

快件包装注意事项：

（1）不要使用编织袋或布袋。

（2）包装不要过度密封。记住：海关当局有可能对任何货物进行开箱检查。

（3）不要使用玻璃纸的带子或绳子封箱托运货物。

（4）不要以为有了“易碎”和“轻拿轻放”标签就取消细致的包装。标签仅可作为提供信息之用。

二、快件接收

快件接收是快件处理的第一个作业环节。在到站快件接收作业过程中，场地接收人员对快件运输车辆的封志、快件交接单证的填写、总包快件的规格和质量等方面要认真执行交接验收规定，明确责任环节，确保快件的处理质量。

为防止在运输途中超小快件（航空运输，其长、宽、高之和不得小于40厘米；铁路运输，不得小于60厘米）发生遗失和信件型快件、快件运单被折叠、损坏，同时也为了便于快递服务过程中两环节的交接，缩短时间，提高效率，在快件运输环节中，往往采取将多个小快件汇成总包运输的方法。因此，办理交接主要是指办理总包的交接。

（一）到件验收

1. 总包交接

将寄往同一寄达地的多个快件集中装入的容器或包（袋）称为总包。交接进站总包是处理环节的总进口，快递服务组织对总包交接实行“交接单”交接。交接时应以“交接单”上登记的内容或网上的信息为准，并与总包实物进行对比。对于验收发现异常的总包，交接双方应当当场及时处理，明确责任。

2. 总包交接单

交接的工作内容以交接单内容为准，图6-1-12为EMS寄发人与接收人的交接单，图6-1-13为封发清单。

EMS®

邮特 2017机

发　日　　国内特快专递邮件收发路单　　收　日

编号	由			交		总页数			页号		
号码	原寄局	接收局	袋	重量(kg)	备注	号码	原寄局	接收局	袋	重量(kg)	备注
1						2					
3						4					
5						6					
7						8					
9						10					
11						12					
13						14					
15						16					
17						18					
19						20					
寄发人员签章			共计：			总重量(kg)					

图6-1-12　EMS寄发人与接收人的交接单

项目六 快递信息系统 149

图 6-1-13 封发清单

总包交接过程中，须认真填写以上交接单，并进行验视，验视总包发运路向是否正确；总包规格、重量是否符合要求；包牌或封条是否有脱落或字迹不清、无法辨别的现象；总包是否破损或有拆动的痕迹，是否有水湿、油污等现象。

小知识

车辆封条

车辆封条大体上分为两大类：一类是信息封条；另一类是实物封条。其中信息封条是全球卫星定位系统（GPS）与地理信息系统（GIS）相结合的信息记录。实物封条主要有纸质类封条、金属类封条、塑料类封条。

纸质封条　　　　　塑料封条　　　　　金属封条

（二）总包拆解

将进站总包从快件运输车辆上卸载到处理场地的作业过程，称为总包卸载。卸载总包时要注意快件的安全。各快递企业的实际操作往往是总包卸载和总包交接验收同时进行，目的是提高作业效率。

1. 总包卸载的作业要求

（1）按照要求卸载总包，不得有任何可能损坏快件的行为，如抛掷、拖曳、摔打、踩踏、踢扔、坐靠等。

（2）对于贴有易碎品标志的总包单件要轻拿轻放，放置时注意要在快件底部低于作业面30

厘米的时候才能放手。

（3）卸载破损总包时，应注意保护内件，避免二次损坏快件。

（4）使用机械或工具辅助卸载，应正确操作卸载机械或工具，禁止任何有可能损坏快件的操作，尤其禁止野蛮粗暴操作。

（5）遇到雨雪天气，应做好防水防潮及受潮物品处理工作。一旦遇有受潮快件，应妥当处理，严禁挤压，并烘干受潮物品。

（6）总包卸载后，应区分直达与中转路向，手工与机械分拣快件，并按堆位分别码放。码放时做到重不压轻，大不压小。码放的总包应有序、整齐、稳固，总包袋口一律向外。

（7）为防止码放时砸坏轻件、小件，偏大、偏重的总包单独码放或码放在底层，易碎物品、不耐压的快件应置放顶层或单独码放。此外，对标有不准倒置、怕晒、怕雨、禁止翻滚、堆码重量和层数受限的快件，应按操作标准进行作业。运输标志如图6-1-14所示。

图 6-1-14　运输标志

（8）码放在拖盘、拖车、拖板上的总包，其高度一般不超过把手。

（9）不规则快件、一票多件快件、需特殊处理以及当面交接的快件都应单独码放。

（10）水湿、油污、破损的总包应交专人进行处理。

（11）卸载结束后，接收人员应检查车厢和场地周围有无其他遗留快件。

三、快件分拣

快件分拣工作是快件处理过程中的重要环节，快件处理人员只有掌握了相关的地理知识、邮政编码、信息录入方法等才能避免错分，保证快件按预计的时限、合理的路线及有效的运输方式送达客户。

　课程思政

德邦快递受邀参加宝鸡市"请党放心，强国有我"主题团日活动

"未来属于青年，希望寄予青年。"建党百年大会指出，新时代的中国青年要以实现中华民族伟大复兴为己任，增强做中国人的志气、骨气、底气，不负时代，不负韶华，不负党和人民的殷切期望。

作为大件快递领域的领军企业,德邦快递一贯注重凝聚青春力量,锻造青年队伍。2021年7月23日下午,共青团宝鸡市委、宝鸡市青年联合会举办了"请党放心,强国有我"主题团日活动,引领广大团员青年深入学习建党百年大会上的重要讲话精神,用新时代中国特色社会主义思想构筑精神支柱。

在快递行业争当先锋

此次活动汇集了宝鸡市青联委员、全市各行业团员青年、团干部代表等200人。活动现场,团员青年们首先就"七一"重要讲话精神展开学习和交流。大家纷纷表示要立足岗位,担负起新时代青年的使命和责任。

德邦快递宝鸡市网点经理吴春玖代表宝鸡市快递行业进行发言:"实现中华民族伟大复兴,这是我们的初心和使命。作为邮政快递人,就是要以建设邮政强国为己任。在建设高质量邮政服务的新长征路上,我们快递人还要做出更多的努力,要齐心协力,遵守快递服务标准,想方设法共同克服困难,不断推进快递服务质量提升,真正解决人民群众所思所盼的身边事。"

随后,团员青年们参加了"我为青年做件事"实践活动,给奋战在高温一线的快递小哥、公交司机送去关怀慰问和消暑降温品。最后大家还集体观看了电影《中国医生》。

抓好团建凝聚"青力量"

积极参加和开展团建党建活动,一方面能有效教育德邦快递青年队伍坚定不移听党话、感党恩、跟党走,在服务社会的同时肩负起更多的社会责任;另一方面也能让更多的人了解到德邦快递等快递企业对社会做出的贡献。

事实上,德邦快递在快速发展的同时从没忘记推动团建党建与业务发展的深度融合。除了在服务质量、标准化网点、高素质人才等方面下功夫以外,还积极开展团建党建工作,如西安志成德邦快递子公司筹建了非公党建,成立了党支部。这些工作不仅推进了德邦快递高质量发展,也让企业得到了相关政府部门的认可。

下一步,德邦快递将继续坚持以团建党建引领企业发展,号召更多青年不忘初心、牢记使命,在各自的工作岗位上争当追赶超越先锋,为实现"传邮万里,国脉所系"的"邮政梦"贡献青春力量。

(资料来源:德邦快递受邀参加宝鸡市"请党放心,强国有我"主题团日活动_物通网资讯频道 http://news.chinawutong.com/wlzx/wlrd/202107/64593.html)

(一) 常规件分拣

1. 快件分拣作业

为保证邮件技术准确的传递，在速递出口分拣封发环节，相关工作人员必须严格按照，图6-1-15 所示的是快件分拣工作流程。

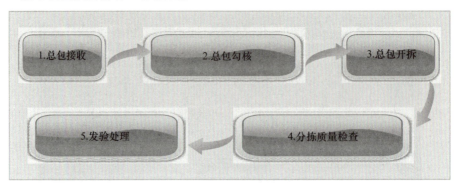

图6-1-15　快件分拣工作流程

（1）总包接收。分拣部门接收快递车和转运部门交来的邮件，点验总包数目、规格，与对方共同办理邮件及路单交接手续。速递系统与营业系统和中心局系统已实现互联互通的，同时接收网上路单信息。转运作业与分拣作业为流水线方式的，总包邮件由转运部门接收后，分拣部门直接进行开拆作业，不再进行点验接收处理。

（2）总包勾核。分拣部门接收转运部门交来的总包，点数正确则无须勾核，分拣部门直接接卸趟车和快班汽车邮件的，应利用中心局生产作业系统进行总包扫描勾核。

（3）总包开拆。开拆特快专递总包，点验内件数目、规格，扫描袋牌条形码，下载网络清单；逐件扫描散件条形码，与网上清单信息进行勾核。如果无网上清单，则逐件扫描补录开拆清单；开拆人员应根据机器分拣和人工分拣作业的要求整理快件。

（4）分拣质量检查。质检员随机抽查人工或机器的分拣质量。分拣作业完毕后，应对现场进行检查。现场检查工作应该由当天作业的负责人进行，检查应按顺序和步骤进行，以避免快件漏分拣或者各种作业工具遗失的情况发生。

（5）发验处理。对总包接收、开拆或内件勾核、分拣过程中发现的各类不符情况要进行发验处理。

2. 人工分拣

人工分拣也称为手工分拣，是县（市）及以下邮政企业进行邮件分拣的主要作业方式。

人工分拣是指依靠人力，使用简单的生产工具来完成整个分拣作业过程的一种分拣方式，需要分拣人员掌握一定的交通、地理知识，熟记大量的邮件直封、经转关系，具备熟练的操作技术以及书写能力等。人工分拣所需要的工具简单，作业流程简捷，经济节约，在未实行机械化分拣的单位，人工分拣仍然是一种十分重要的分拣手段。图6-1-16 为人工分拣。

（1）双手分拣。双手分拣是信函分拣的一种通用方式。双手分拣不局限左、右手的分工，取适当数量的待分信函正面顺向放在特制的分拣托板上，按照收件人地址或邮政编码，将信函分别分送到相应的格口内。双手分拣是在传统的右手分拣法（左手持信右手分拣）与左手分拣法（右手持信左手分拣）的基础上发展起来的，它借助分拣托板代替单手持信，使双手分拣更为灵活地"左右开弓"，上下并进，从而加快了分信的速度，提高了工作效率。

（2）按码分拣。按码分拣是按照邮件上收件人地址的邮政编码进行分拣的一种方式。实行邮政编码后，除投递前的落地邮件分拣必须按收件人详细地址分拣外，其他环节的进、出、转邮件都可按码分拣。采用手工分拣的，出、转口处理按照邮件上的收件人邮政编码前三位号码分拣；进口处理按照收件人邮政编码的后三位号码分拣。对于按码分拣尚不够熟练的，可采用按址

图 6-1-16 人工分拣

分拣和按码分拣两种方式并用的方法,来保证分拣准确,避免错分错发。

(3)专人专台分拣。专人专台分拣,是指对贵重或特殊邮件指定专人或设置专台进行专门处理,其目的在于确保相关邮件的安全与迅速传递。如保价信函和保价印刷品不得与其他邮件混合作业,应由专人或专台分妥后,逐件登入封发保价邮件清单,注明保价金额和总件数,然后交主管人员或指定人员检查封发规格,核对总件数,填写重量并加盖名章,会同封成保价专袋或专套。封好的专袋或专套必须装入邮件袋套或平挂邮件合封袋套内,再逐件登入相关清单内并发运。

3. 自动分拣

自动分拣系统是先进配送中心所必需的设施条件之一,具有很高的分拣效率,通常每小时可分拣商品 6 000~12 000 箱。可以说,自动分拣机是提高物流配送效率的一项关键因素。它是第二次世界大战后在美国、日本的物流中心中广泛采用的一种自动分拣系统,该系统目前已经成为发达国家大中型物流中心不可缺少的一部分。

自动分拣机是自动分拣系统的一个主要设备,如图 6-1-17 所示。它本身需要建设短则40~50米、长则 150~200 米的机械传输线,还有配套的机电一体化控制系统、计算机网络及通信系统等,这一系统不仅占地面积大(动辄 20 000 平方米以上),而且还要建 3~4 层楼高的立体仓库和各种自动化的搬运设施(如叉车)与之相匹配,这项巨额的先期投入通常需要花 10~20 年才能收回。

图 6-1-17 自动分拣机

该系统的作业过程可以简单描述为：物流中心每天接收成百上千家供应商或货主通过各种运输工具送来的成千上万种商品，在最短的时间内将这些商品卸下并按商品品种、货主、储位或发送地点进行快速准确的分类，将这些商品运送到指定地点（如指定的货架、加工区域、出货站台等）。同时，当供应商或货主通知物流中心按配送指示发货时，自动分拣系统在最短的时间内从庞大的高层货存架存储系统中准确找到要出库的商品所在位置，并按所需数量出库，将从不同储位上取出的不同数量的商品按配送地点的不同，运送到不同的理货区域或配送站台集中，以便装车配送。

（二）问题件处理

1. 禁限寄物品处理

（1）企业发现各类武器、弹药等物品，应立即通知公安部门处理，疏散人员，维护现场。同时通报国家安全机关。

（2）企业发现各类放射性物品、生化制品、麻醉药物、传染性物品和烈性毒药，应立即通知防化及公安部门按应急预案处理。同时通报国家安全机关。

（3）企业发现各类易燃、易爆等危险物品，收寄环节发现的，不予收寄；经转环节发现的，应停止转发；投递环节发现的，不予投递。对危险品要隔离存放。对其中易发生危害的危险品，应通知公安部门，同时通报国家安全机关，采取措施进行销毁。需要消除污染的，应报请卫生防疫部门处理。其他危险品，可通知寄件人限期领回。对内件中其他非危险品，应当整理重封，随附证明发寄或通知收件人到投递环节领取。

（4）企业发现各种危害国家安全和社会政治稳定以及淫秽的出版物、宣传品、印刷品，应及时通知公安、国家安全和新闻出版部门处理。

（5）企业发现妨害公共卫生的物品和容易腐烂的物品，应视情况通知寄件人限期领回，无法通知寄件人领回的可就地销毁。

（6）企业对包装不妥，可能危害人身安全，污染或损毁其他寄递物品和设备的，收寄环节发现后，应通知寄件人限期领回。经转或投递中发现的，应根据具体情况妥善处理。

（7）企业发现禁止进出境的物品，应移交海关处理。

（8）其他情形，可通知相关政府监管部门处理。

2. 收件人地址有误的快件及其处理办法

收件人地址有误的情况：

（1）运单脱落，无法知道收件人地址。

（2）外包装有两个地址，无法判断适用哪个地址。

（3）地址错误或邮编、电话区号等错误。

（4）填写的街路不清或只写街路而无门牌号。

（5）寄达地址用同音字代替或使用相似字。

（6）运单目的地栏填写与收件人地址不符。

收件人地址有误的处理方法：

（1）若运单脱落，可以联系收寄局，补充运单信息，重新制作运单后，正常分拣派送。

（2）在有两个地址或地址、电话填写错误或者模糊不清等情况下，需要与寄件人联系确定地址，请寄件人发一份确认地址的传真，修改运单地址后，正常分拣派送。

若上述方法都无法联系到收件人，应在详情单上粘贴"改退批条"，批明无法投递原因，加盖经手人员和主管人员名章，仍用特快方式退回原寄局。快件退回原寄局后，由原寄局填发"领取快件通知单"，按规定在营业窗口投交寄件人，免收退回费。无法投递的快件退回原寄局后，如无法退给寄件人，保管期满一个月寄件人仍不领取的按无着快件处理。无着快件一律由指定的无着快件处理部门集中开拆处理，其他各局不得自行处理。

四、快件派送

快件派送是快递服务中最重要的一个环节,快件派送不仅仅是把快件送到客户手中这么简单,快件派送必须有一个系统的流程,要求相关单位和人员密切的配合,快递业务员应尽心尽责。

邮宝智能
快递柜宣传

(一) 快件派送前的准备

在快件发送前,应核对交接快件的数量、重量、规格。在快件交接时不仅要做到准确,并且要核实快件的数量、重量,检查包装是否完好及快件派单信息是否完整等。

1. 快件接收

快递员领取按址投递的快件时,应与总台人员办理交接,注意检查以下事项:

(1) 应清点快件数量是否与投递总台合拢表登记的本派送区域快件数相符。

(2) 应验视快件的封装是否完好,有无破损、拆动痕迹。

(3) 对代封快件要复称其重量。若遇有破损或重量不符的异常状况,应交主管人员处理。

(4) 若有快件详情单第一联脱落的,应补做一份单据。

(5) 若遇有错分投送区域的快件,应交回指定人员,让其转交,并在相关派送单上批注签章,不得擅自处理。

2. 确认

(1) 粗分。将本投送区域的快件按照划分的投递路线进行粗分。

(2) 细排。粗分后,将快件按照投递路线的先后顺序进行细排。

(3) 复核。细排后的快件,要进行复核,核查有无错排和现场遗留的快件,防止错投、漏件。

(4) 填写投递清单,盖章戳。在投递清单上登列经细排复核无误的快件,以便投递签收。对信封封装的文件资料类快件,在封套右上角"投递日戳"处加盖投递日戳。对物品类快件可在相应处用日戳盖章。

3. 判断快件收件人地址

判断收件人信息是否准确主要有以下步骤:

首先,检查收件人地址是否在自己所在的派送区域内。

其次,查看收件人的地址是否正确、详细。若地址不详则与收件人联系,确认地址,正常派送;若联系不到收件人则与寄件人联系,确认地址,正确派送。若无法确认地址则视为无法派送的快件,退回。

最后,若地址准确则检查收件人的姓名是否具体。若不具体则与收件人联系,确认后派送。

4. 派送路线设计

快件的派送速度,受交通运输状况、气候状况、收件人状况等方面因素的制约。所以在设计派送路线时一定要考虑各种因素,做到"及时、准确、经济、安全"地将快件送到客户手中。

(二) 快件派送服务

1. 快件捆扎材料

(1) 钢片捆扎带。一般用于使非常重的载荷成一整体运输件或将载荷固定在火车车厢、拖车或远洋货轮内,很少用于经捆扎后下陷或移位的收缩型载荷,并经常用于刚性载荷的捆扎。金属捆扎带最适用于包装非常沉重的货物。图6-1-18为钢片捆扎带。

(2) 尼龙捆扎带。尼龙捆扎带也称为扎带、扎线、束线带、扎线带。尼龙捆扎带可分为自锁式尼龙扎带、标牌尼龙扎带、活扣尼龙扎带、防拆(铅封)尼龙扎带、固定头尼龙扎带、标牌尼龙扎带、插销(飞机头)尼龙扎带、珠孔尼龙扎带、鱼骨尼龙扎带、耐候尼龙扎带等。它广泛用于礼品、电子器件、线材、电线电缆、玩具、文具百货、生鲜超市、民居日用、电工电器、接插件等物品的捆扎。图6-1-19为尼龙捆扎带。

图 6-1-18　钢片捆扎带

（3）聚丙烯捆扎带。聚丙烯是常见塑料中较轻的一种，聚丙烯打包带的主要材料是聚丙烯拉丝级树脂，因其可塑性好，断裂拉力强，耐弯曲，比重轻，使用方便等优点，被加工成的捆扎带，已在各领域中广泛运用。聚丙烯打包带外观为半透明至不透明，质地为透明薄膜。

聚丙烯打包带的用途：用于纸箱打包，配合自动打包机使用。图 6-1-20 为聚丙烯捆扎带。

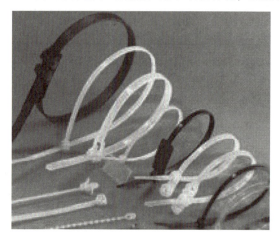

图 6-1-19　尼龙捆扎带

图 6-1-20　聚丙烯捆扎带

2. 快件捆扎方法

不同规格的快件有不同的捆扎方法，以下是可供参考的结的打法。

（1）单结，如图 6-1-21 所示。若想在绳子上打一个结，单结是最简单的结，当绳子穿过滑轮成洞穴时，单结可发挥绳栓的作用，除此之外，在拉握绳子时，单结可以用来防止滑动，而且它也可以用来作为当绳端绽线时，暂时地防止其继续脱线。然而单结的缺点是，当结打太紧或弄湿时就很难解开。

1.将绳端与绳子相交　　2.穿过绳环，打成一个结　　3.完成

图 6-1-21　单结的打法

（2）八字结。八字结的结目比单结大，适合作为固定收束或拉绳索的把手，八字结的打法十分简单、易记，它的特征在于即使两端拉得很紧，依然可以轻松解开，效果如图6-1-22所示。

1.将绳端先行交叉　　2.将一头的绳索绕过主绳　　3.将绳头穿过绳圈后拉紧完成

图6-1-22　八字结

十种常见结的打法，如图6-1-23所示。

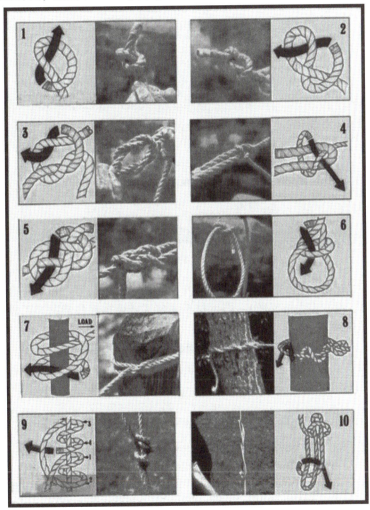

图6-1-23　十种常见结的打法

（三）快件派送后续处理

1. 快件信息的录入

快件信息的录入是指对快件所涉及的相关内容在计算机上进行登记，实际上是对快件运单相关内容的再描述，是对客户运单的信息维护。快件在每一站点接收、转发或派送等状态要记录，并要记录时间，这样方便客户查询其快件在途中的情况。

2. 快件信息录入操作

快件录入中包括快件的信息：快件单号、快件类型、发件人姓名、收件人姓名（公司或个人）、发件人联系方式（电话或邮件）、发件人传真、收件人联系方式（电话或邮件）、收件人传真、发件人地址、收件人地址、起始地址、目的地址、货件内容、重量、包装形式、下一站地址、备注信息等。

例如，在图 6-1-24 "快件揽件录入"中，单击界面中的"揽件录入"或在主窗口工具按钮（或双击表格界面），即可打开窗口录入快件的基本属性，包括收件人、发件人、揽件人等信息。

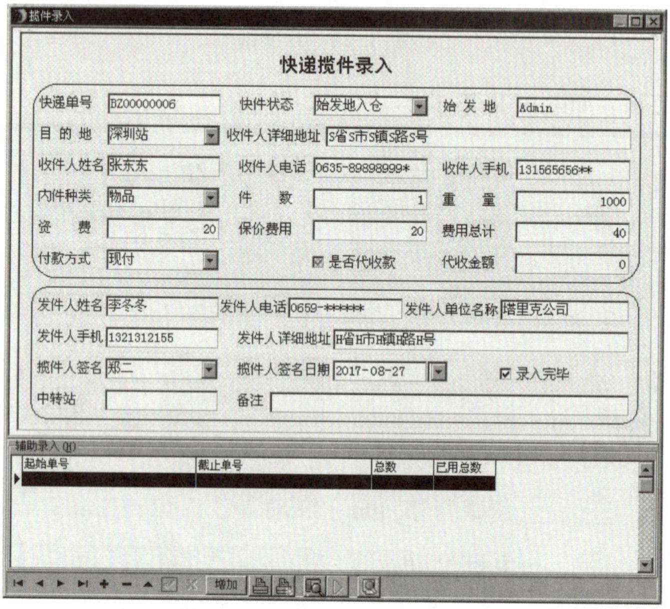

图 6-1-24 "快件揽件录入"界面

在图 6-1-25 "外部来件待审"中单击界面中的"外部来件待审"或在主窗口工具栏上单击"录入窗口"按钮（或双击表格界面），即可打开窗口选择调拨审核情况即可通过审核，快件就等待派送到收件人手中了。

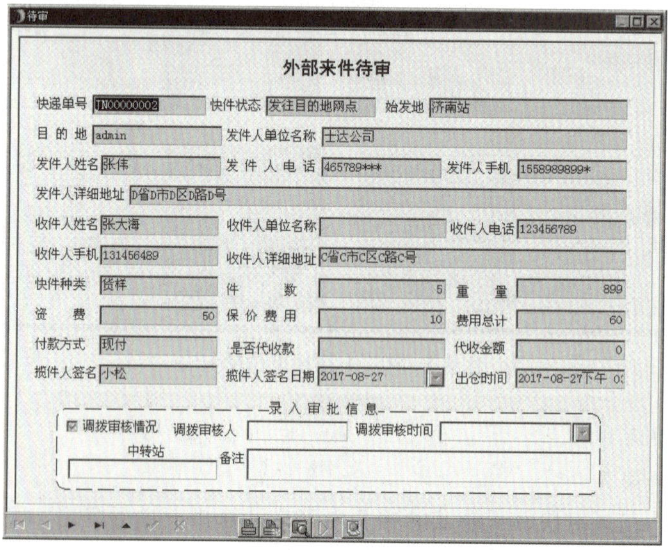

图 6-1-25 "外部来件待审"界面

"快递进村"比例
超八成

任务二　宏达快递信息管理系统的使用

一、快递岗位的设置

配送中心一般可以设置以下岗位：

(1) 采购或进货管理组，负责订货、采购、进货等作业环节的安排及相应的事务处理，同时负责对货物的验收工作。

(2) 储存管理组，负责货物的保管、拣取、养护等作业运作与管理。

(3) 加工管理组，负责按照要求对货物进行包装、加工。

(4) 配货组，负责对出库货物的拣选和组配（按客户要求或方便运输的要求）作业进行管理。

(5) 运输组，负责按客户要求制定合理的运输方案，将货物送交客户，同时对完成配送进行确认。

(6) 营业管理组或客户服务组，负责接收和传递客户的订货信息、送达货物的信息，处理客户投诉，受理客户退换货请求。

(7) 财务管理组，负责核对配送完成表单、出货表单、进货表单、库存管理表单，协调控制监督整个配送中心的货物流动，同时负责管理各种收费发票和快递收费统计、配送费用结算等工作。

(8) 退货与退货作业组。当营业管理组或客户服务组接收到退货信息后，将安排车辆回收退货商品，再集中到仓库的退货处理区，重新清点整理。

以上岗位设置是一般配送中心设置的主要岗位。由于快递配送中心的规模、设施设备、作业内容、服务对象不同，岗位设置也不尽相同。

（一）任务描述

通过对宏达快递信息管理系统软件的练习，掌握快递信息系统的基本功能和使用方法。

（二）学习目标

(1) 学会快件的收寄，并能够熟练地进行快件系统录入。

(2) 学会快件派送，掌握排序、派送路线设计等知识。

(3) 学会应用快件系统，为顾客提供查询服务。

（三）学习任务

(1) 学习快件的录入管理、快件出仓管理、快件派送管理。

(2) 对快件仓库的快件进行仓库管理。

（四）工作准备

(1) 查看本任务提供的资料，网上搜索相关资料，图书查找等；

(2) 相关实验在机房进行，且机房能连接到网络、安装有计算机广播系统；

(3) 理论授课可在多媒体教室进行，最好能连接网络、可观看视频。

二、系统介绍

快递信息管理系统主要有基本设置（员工信息、公司信息、单号分配、网点信息），快件录入［揽件录入（揽件录入）、外部来件（待审）］，快件出仓（待出、待审、按目的地批量出仓），快件派送［派送出仓（待出、派送中、派送中查询）、退单管理（退单）、问题件管理（问题件）］，仓库管理（各网点当前库存查询、各网点退单查询、各网点问题件查询），本地仓库管理（当前库存查询、退单查询、问题件查询)，快件查询（根据单号查询、根据目的地查询、根据发件人查询、根据收件人查询)，收入统计（期间各网点快件数目收入统计、期间公司全部快件数目统计）等方面的功能，系统围绕着快件状态实现快件的入仓、审核、发往目的地、目的地审核、目的地出仓、收件人审核等一系列快递流程。宏达快递信息管理系统界面如图 6-2-1 所示。

图 6-2-1　宏达快递信息管理系统界面

三、系统界面及功能介绍

（一）基本信息子系统

基本信息子系统的功能是记录公司员工、客户、网点的信息以及给各网点分配单号。图 6-2-2 为"基本信息"界面。

图 6-2-2　"基本信息"界面

1. 员工信息

单击界面中的"员工信息"或在主窗口工具栏上单击"录入窗口"按钮（或双击表格界面)，即可打开窗口录入员工信息，包括担保人。图 6-2-3 为"员工信息"界面。

2. 公司信息

单击界面中的"公司信息"或在主窗口工具栏上单击"录入窗口"按钮（或双击表格界

面），即可打开窗口录入快递公司的公司客户信息。图 6-2-4 为"公司信息"界面。

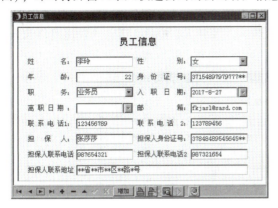

图 6-2-3 "员工信息"界面

图 6-2-4 "公司信息"界面

3. 单号分配

输入起始单号和截止单号计算出总数，各网点只能分配一种。单号规则有效数位有八位整数，否则会引起错误。图 6-2-5 为"单号分配"界面。

4. 网点信息

单击界面中的"网点信息"，打开如图 6-2-6 所示的"网点信息输入"界面，录入公司各网点信息。

图 6-2-5 "单号分配"界面

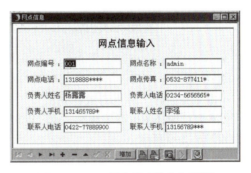

图 6-2-6 "网点信息输入"界面

（二）快件录入子系统

图 6-2-7 为"快件录入"子系统界面。

图 6-2-7 "快件录入"子系统界面

1. 揽件录入

单击界面中的"揽件录入"或在主窗口工具栏上单击"录入窗口"按钮（或双击表格界面），即可打开窗口录入快件的基本属性，包括收件人、发件人、揽件人等。"快递揽件录入"界面如图 6-2-8 所示。

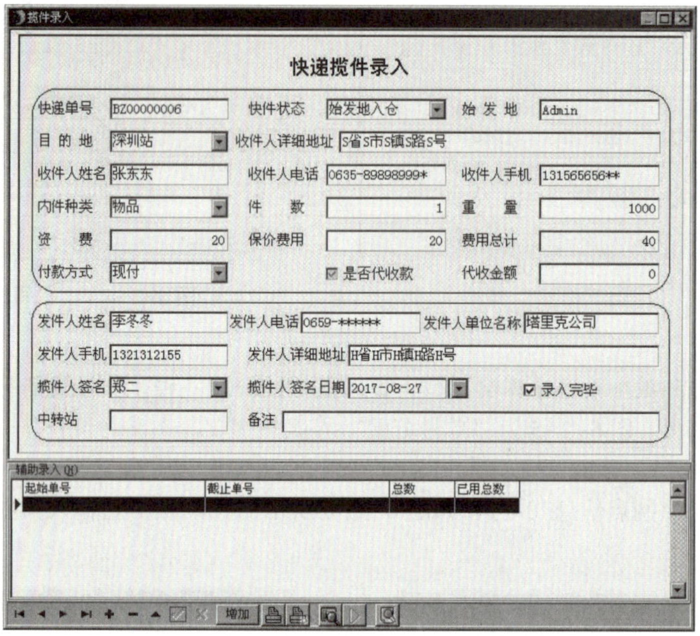

图 6-2-8 "快递揽件录入"界面

2. 待审

单击界面中的"待审"或在主窗口工具栏上单击"录入窗口"按钮（或双击表格界面），即可打开窗口选择调拨审核情况，通过审核，快件就可派送到收件人手中了。"外部来件待审"界面如图 6-2-9 所示。

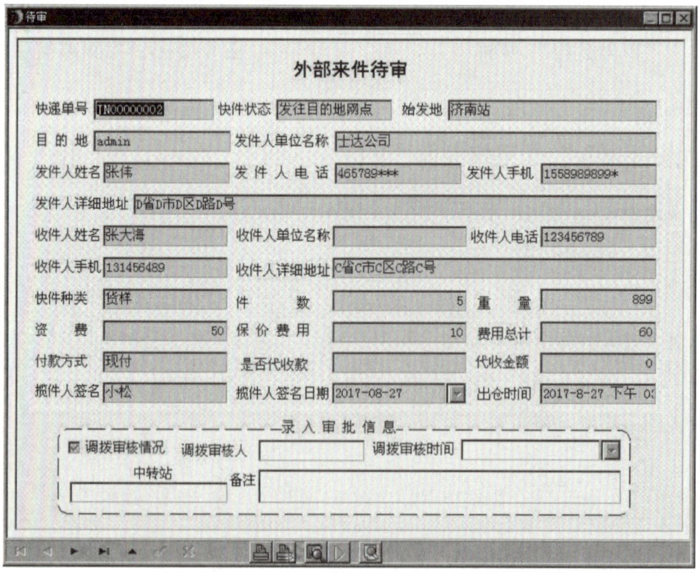

图 6-2-9 "外部来件待审"界面

(三) 快件出仓子系统

"快件出仓"子系统界面如图 6-2-10 所示。

图 6-2-10 "快件出仓"子系统界面

1. 待出

单击界面中的"待出"或在主窗口工具栏上单击"录入窗口"按钮（或双击表格界面），即可打开本地快件待出录入窗口，将"快件状态"更改为发往目的地即可，如图 6-2-11 所示。

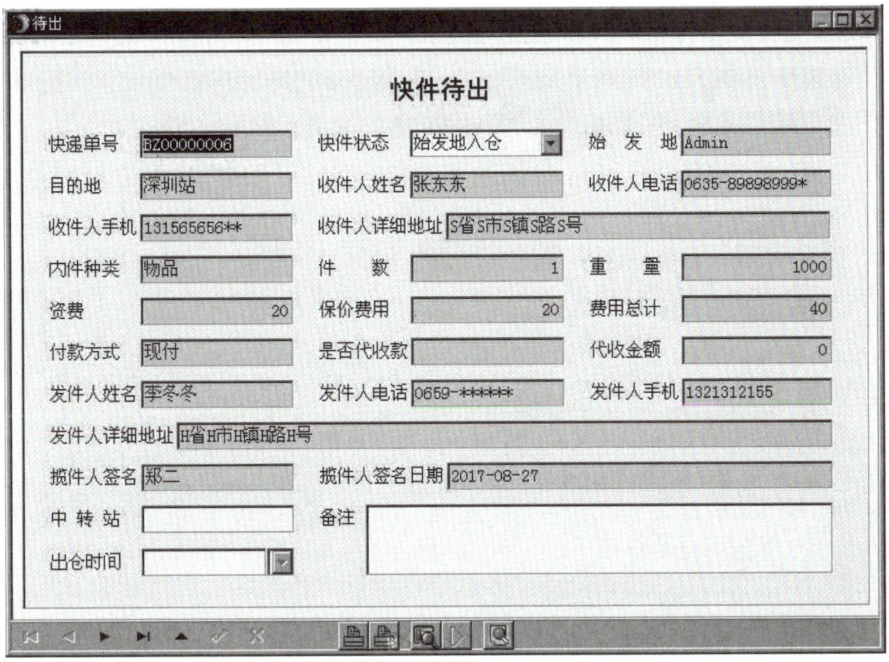

图 6-2-11 "快件待出"界面

2. 待审

单击界面中的"待审"或在主窗口工具栏上单击"录入窗口"按钮（或双击表格界面），即可打开窗口，此处是本地发往目的地的快件，目的地审核后这里就不会出现了，如图 6-2-12 所示。

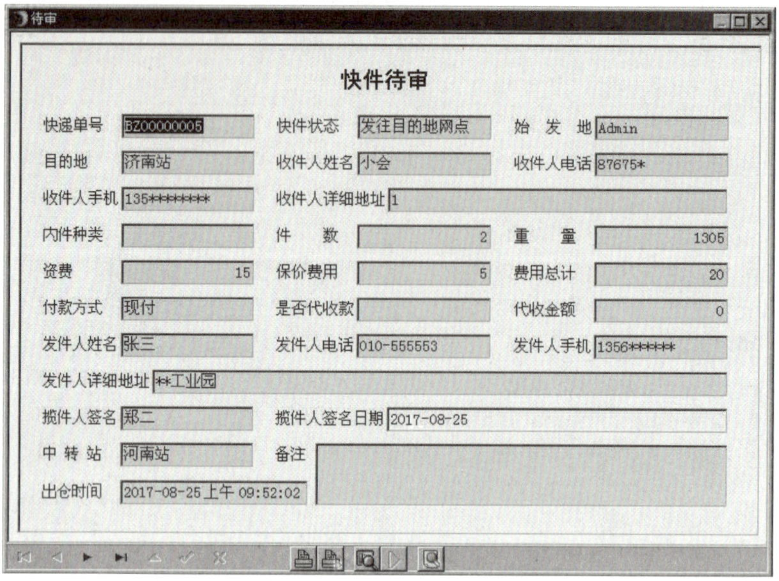

图 6-2-12 "快件待审"界面

3. 按目的地批量出仓

单击界面中的"按目的地批量出仓"，即可打开窗口，输入一个目的地，到此地的快件即可一次性出仓。

（四）快件派送子系统

快件派送就是把发往本地的快件派送给收件人。图 6-2-13 为"快件派送"子系统界面。

图 6-2-13 "快件派送"子系统界面

1. 待出

单击界面中的"待出"或在主窗口工具栏上单击"录入窗口"按钮（或双击表格界面），即可打开窗口，将快件状态改为派送。输入派件人名称，如图 6-2-14 所示。

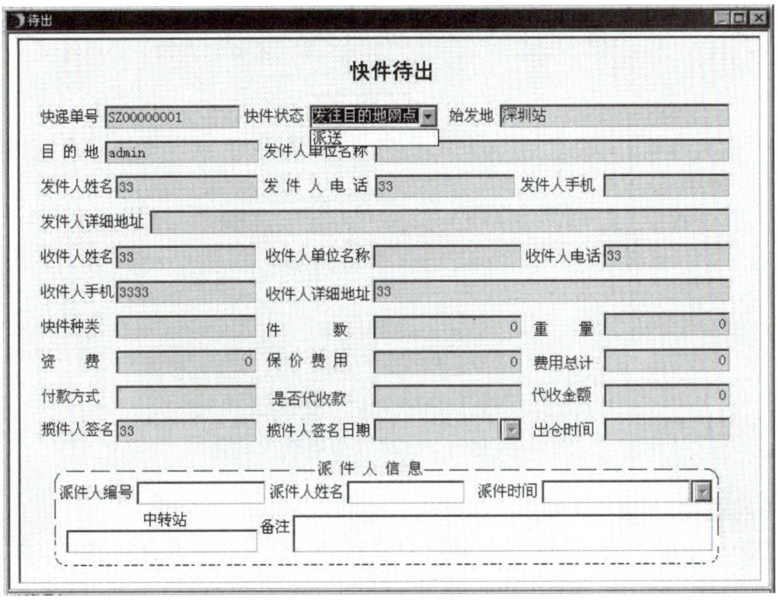

图 6-2-14 "快件待出"界面

2. 派送中

单击界面中的"派送中"或在主窗口工具栏上单击"录入窗口"按钮（或双击表格界面），即可打开窗口，可根据情况选择快件状态，如图 6-2-15 所示。

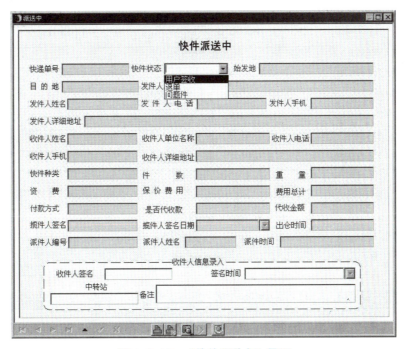

图 6-2-15 "快件派送中"界面

3. 派送中查询

单击界面中的"派送中查询"即可打开窗口，选择派件人名称，查询派件人正在派送的快件，如图 6-2-16 所示。

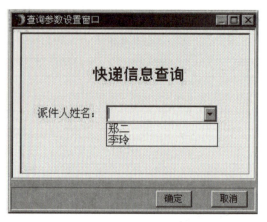

图 6-2-16 "快件信息查询"界面

4. 退单和问题件

单击界面中的"退单"或"问题件"即可打开窗口，显示退单或有问题的快件，如图 6-2-17 所示。

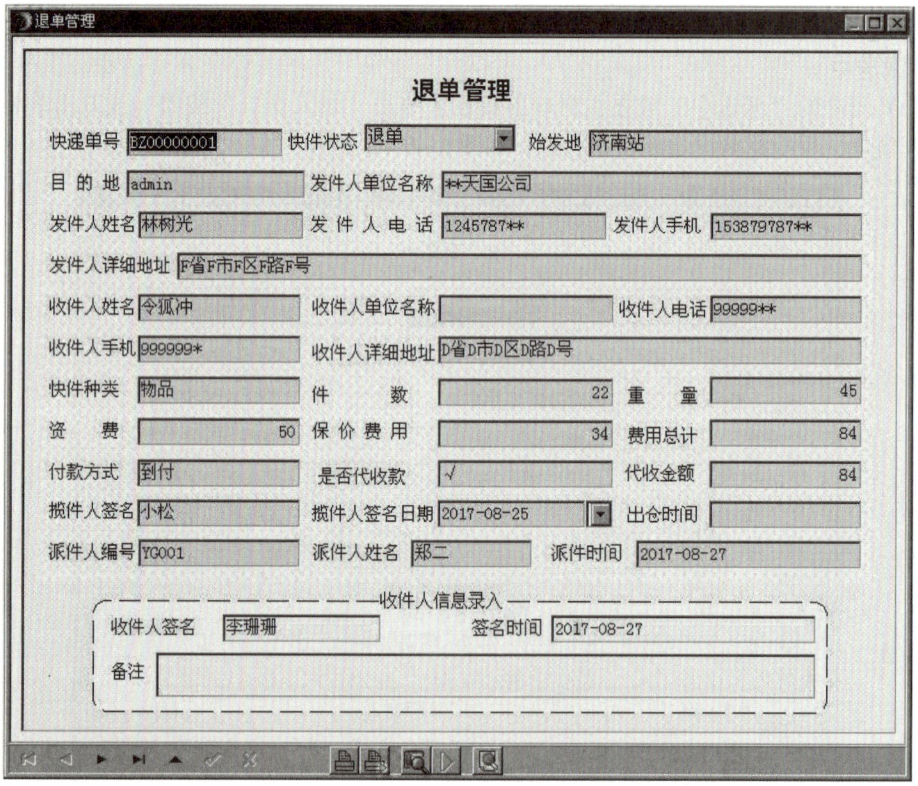

图 6-2-17 "退单管理"界面

（五）仓库管理子系统

仓库管理可查询各网点的仓库信息，如图 6-2-18 所示。

项目六 快递信息系统 167

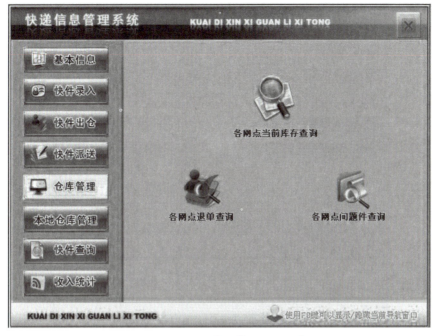

图 6-2-18 "仓库管理"子系统

1. 各网点当前库存查询

在界面上单击"各网点当前库存查询"即可打开窗口,选择一个网点,单击"确定"按钮,查询该网点当前库存,如图 6-2-19 所示。

2. 各网点退单查询

在界面上单击"各网点退单查询"即可打开窗口,选择一个网点,单击"确定"按钮,查询各网点退单情况,如图 6-2-20 所示。

图 6-2-19 "各地库存查询"界面

图 6-2-20 "退单查询"界面

(六)本地仓库管理子系统

"本地仓库管理"子系统可查看本地仓库的信息,其界面如图 6-2-21 所示。

在面板上单击"当前库存查询""退单查询"或"问题件查询"即可查询本地的当前库存、退单及问题件。

(七)快件查询子系统

"快件查询"子系统如图 6-2-22 所示。

图 6-2-21 "本地仓库管理"子系统

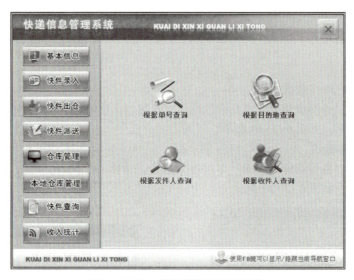

图 6-2-22 "快件查询"子系统

1. 根据单号查询

在界面上单击"根据单号查询",输入快件的单号,单击"确定"按钮,如图 6-2-23 所示。

2. 根据目的地查询

在界面上单击"根据目的地查询",输入快件的单号,单击"确定"按钮,如图 6-2-24 所示。

图 6-2-23 "根据单号查询"界面

图 6-2-24 "快件查询"界面

"根据发件人查询"和"根据收件人查询"的操作方法与"根据目的地查询"类似。

(八) 收入统计子系统

"收入统计"子系统可统计期间各网点及全部收入，如图6-2-25所示。

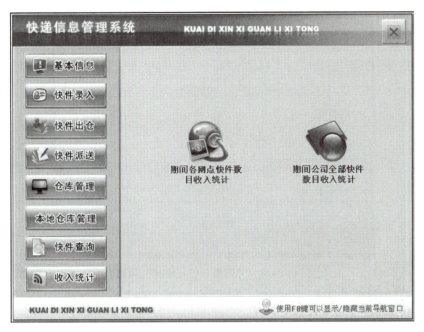

图6-2-25 "收入统计"子系统界面

1. 期间各网点快件数目收入统计

在界面上单击"期间各网点快件数目收入统计"即可打开窗口，选择要查询的网点，选择一个期间接口查询此期间此网点的收入，如图6-2-26所示。

2. 期间公司全部快件数目收入统计

在界面上单击"期间公司全部快件数目收入统计"即可打开窗口，选择一个期间接口查询此期间公司的全部收入，如图6-2-27所示。

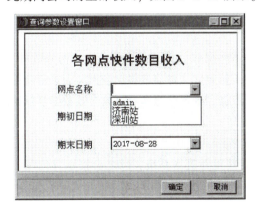

图6-2-26 "各网点快件数目收入"界面

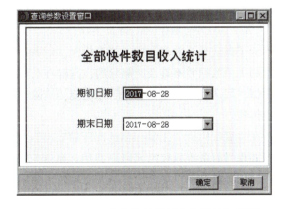

图6-2-27 "全部快件数目收入统计"界面

(九) 数据备份与恢复

数据备份和恢复功能用于单机系统的备份，备份内容包括系统设置信息和系统业务数据信息。如果用户对系统做了二次开发，所有的二次开发信息也会一起备份。

1. 进入数据备份和恢复窗口

在主窗口选择:"工具→数据备份和恢复"可以进入"数据备份和恢复"界面,如图 6-2-28 所示。

图 6-2-28 "数据备份和恢复"界面

2. 窗口功能说明

备份文件:显示在系统文件夹下的 backup 子文件夹中依据备份的列表。

备份当前数据:将当前系统数据备份,自动备份到 backup 文件夹,如果当天已经备份过,则弹出"保存"对话框请用户指定名字。

恢复选定备份:将备份列表中选定的备份文件恢复到当前系统中,如果当前系统中有备份后新增加的数据,将会丢失。

清除选定备份:将备份列表中选定的备份文件清除(删除)。

备份数据至……:将当前系统数据备份到一个指定的路径,如 U 盘、移动硬盘等。

从……恢复备份:从指定的路径恢复数据到系统,如果当前系统中有备份后新增加的数据,将会丢失。

(十) 信息库压缩

为了保证系统效率和实现共享机制,对系统数据的某些操作(如删除、信息表结构修改等)产生的无用数据并不是及时删除的,这样在长期操作后,信息库文件会变得比较大。为了清除这些数据,用户可以使用信息库压缩功能,清除这些无用数据,确保信息库只存放有效数据且保证较小体积。

在主窗口选择"工具→信息库压缩",可以执行该功能。

如果当前系统只有当前用户使用,系统会成功压缩并重新进入系统,反之会提示其他用户正在使用,建议用户在确定是单人使用时再使用该功能。

该功能只是针对单机系统或者文件共享方式使用的系统有效,不适用与 C/S 结构的系统。

(十一) 与 Excel 文件交换数据

系统支持和 Excel 文件进行数据交换,在主窗口,可以通过在当前节点(选中节点)单击鼠标右键,执行弹出菜单:"表格界面"→"与 Excel 文件交换数据"可以进入与 Excel 文件交换数据窗口,如图 6-2-29 所示。

项目六　快递信息系统　171

图 6-2-29 "与 Excel 文件交换数据"窗口

1. 选定表格

无论是导出数据到 Excel 还是从 Excel 表格中导入数据，都需要指定表格，表格一般是主表，如果是某个从表，请从该处指定。

2. 表格界面数据到 Excel 文件

工作表名：设置导出的 Excel 文件 SHEET 的名字，默认为"来自表格的数据"。

开始：自动创建 Excel 文件，并创建指定的工作表名称，然后将指定表格的数据导入到这个工资表中。

3. Excel 文件数据到表格界面

通过单击其右面的按钮，可打开文件对话框，供用户选择需要导入的 Excel 文件。

工作表：指定需要导入的工作区表名称，直接从下拉列表中选择即可。

字段对应：显示系统内表格界面和 Excel 文件的字段对应关系。因为 Excel 是非数据库格式的数据，因此在导入时，系统尝试将其转换为数据表格式进行导入，Excel 的数据格式越倾向于数据表，越容易导入。这里会将两种数据的字段对应关系自动匹配，如果字段名不同，需要用户从下拉列表中选择字段名称手工进行匹配。

开始：按照上面的设置进行导入操作。如果操作过程中出现格式转换问题，如字符类型导入到数值类型，系统会出现提示，并停止导入。

思考与练习

一、单项选择题

1. 快递服务是快速收寄、分发、运输、投递单独封装、具有名址的信件和包裹等物品，以及其他不需储存的物品，按照承诺时限递送到（　　）并获得签收的寄递服务。

　　A. 收件人　　　　　　　　　　B. 指定地点

　　C. 收件人或指定地点　　　　　D. 收件人和指定地点

2. 寄件人和收件人在国内同一城市的快递服务称为（　　）。
   A. 国际快递　　　　　　　　　B. 国内（异地）快递
   C. 国外快递　　　　　　　　　D. 同城快递
3. 快递信息网发挥作用的内在原因是快递具有（　　）与（　　）合一的特点。
   A. 实物流　资金流　　　　　　B. 实物流　信息流
   C. 资金流　信息流　　　　　　D. 包裹　信件
4. 物流单元标签的（　　）通常包含在装货时就已确定的信息，如到货地邮政编码、托运代码、承运商特定路线和装卸信息。
   A. 生产商区段　　B. 承运商区段　　C. 客户区段　　D. 供应商区段
5. 从本质上讲，物流信息系统是利用信息技术，通过（　　），将各种物流活动与某个一体化过程连接在一起的通道。
   A. 物流　　　　　B. 商流　　　　　C. 资金　　　　D. 信息流
6. 运输信息系统可以提供的信息是（　　）。
   A. 库存数量　　　B. 配送成本　　　C. 在途货物情况　　D. 货物重量
7. 表示运输管理信息系统的英文缩写是（　　）。
   A. WMS　　　　　B. TMS　　　　　C. MRP　　　　D. ERP

二、多项选择题

1. 航空运输出站快件的交接内容包括（　　）。
   A. 核对航空快件安全检查是否全部符合要求
   B. 核对交发的快件规格及快件总包袋牌或包签是否完好
   C. 交接结束双方签名盖章，在交接单上加注航班信息
   D. 核对航空结算单及货站发货单是否与所发的快件数量、重量、航班等相符
2. 快件装载陆运车辆要求描述正确的是（　　）。
   A. 快件装载陆运车辆应由两人或两人以上协同作业
   B. 总包袋口一律向内，做到有序、整齐、稳固
   C. 发生有渗漏、破损总包和快件不得装载，应交专人处理
   D. 装载结束，检查作业场地周围有无遗留总包和快件
3. 下列对建立车辆封志说法正确的是（　　）。
   A. 施封前要检查车辆封志是否符合要求，GPS定位系统是否正常
   B. 施封时，驾驶员与押车员必须同时在场
   C. 施封过程中要保证条形码完好无损
   D. 施封后的封志要牢固不能被抽出或捋下
4. 以下关于物流管理信息系统的叙述正确的是（　　）。
   A. 物流信息系统工作内容非常复杂
   B. 物流管理信息系统仅由软件构成
   C. 物流管理信息系统常分为供应物流子系统、生产物流子系统、库存和运输物流子系统、销售物流子系统
   D. 物流管理信息系统可以改善企业内部和企业间交流信息的方式，提高办公自动化水平
5. 运输管理系统功能主要有（　　）。
   A. 运输任务计划及调度管理　　　B. 运单业务接单
   C. 运输资源管理　　　　　　　　D. 运输过程查询
6. 从功能角度进行分析，物流信息系统的层次结构包含（　　）。
   A. 服务层　　　B. 作业层　　　C. 管理层　　　D. 决策层

三、简答题

1. 简述快件签收查验流程。
2. 简述常规快件分拣作业工作流程。
3. 简述收件人地址有误的处理方法。
4. 简述快件收寄业务流程。

四、论述题

论述总包卸载的作业要求。

阅读建议

[1] 中国快递网[EB/OL].http://www.eoroo.com/

[2] 快递新闻网[EB/OL].http://www.lcn2000.com/

[3] 中国报告大厅[EB/OL].http://www.chinabgao.com/

[4] 闫靖,陈丽.快递管理实务 [M].北京:北京航空航天大学出版社,2018.

[5] 中国邮政速递物流[EB/OL].http://www.ems.com.cn/

[6] 福建快递行业协会[EB/OL].http://www.fjkdxh.com/

项目七

第三方物流（3PL）

学习目标

1. 知识目标
（1）认知第三方物流、第四方物流基本内涵；
（2）描述第三方物流的主要类型。

2. 技能目标
（1）能够分析我国第三方物流发展现状及未来趋势；
（2）能够根据案例完成关于第三方物流信息化管理实现的分析报告。

3. 素质目标
（1）培养学生具备运用第三方物流信息系统的基本素质；
（2）培养学生具备应用第三方物流信息系统进行物流活动管理的职业要求。

任务一　第三方物流背景知识

一、第三方物流概念

第三方物流（3PL），是相对"第一方"发货人和"第二方"收货人而言的。所谓第三方物流是指生产经营企业为集中精力搞好主业，把原来属于自己处理的物流活动，以合同方式委托给专业物流服务企业，同时通过信息系统与物流企业保持密切联系，以达到对物流全程管理控制的一种物流运作与管理方式，是由第三方专业物流服务企业来承担企业物流活动的一种物流形态。它为顾客提供以合同为约束、以结盟为基础的，系列化、个性化、信息化的物流代理服务。

先进的大型物流中心货物分拣

小知识

第一方物流（1PL）是指生产企业自身承担仓储、货运功能。
第二方物流（2PL）是指生产企业聘请车队、仓库来承担仓储、货运功能，属于功能性的服务。
第三方物流（3PL）则是为整个供应链提供整体管理服务。
第四方物流（4PL）供应商是一个供应链的集成商，它对公司内部和具有互补性的服务供应商所拥有的不同资源、能力和技术进行整合和管理，以提供一整套供应链解决方案。

二、第三方物流服务的需求

最常见的第三方物流服务包括设计物流系统、EDI 能力、报表管理、货物集运、选择承运人、货代人、海关代理、信息管理、仓储、咨询、运费支付、运费谈判等。由于第三方物流的服务方式一般是与企业签订一定期限的物流服务合同,所以有人称第三方物流为"合同契约物流"。

1. 企业内部生产的需求

加强对整个供应链的管理可以大大降低企业的库存和运输成本,从而提高企业的长期竞争力。图 7-1-1 所示的是第三方物流促进"内部生产"程度降低的模式。

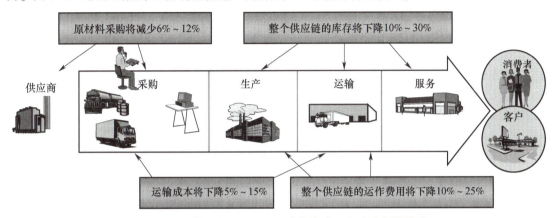

图 7-1-1　第三方物流促进"内部生产"程度降低的模式

2. 企业外包市场的需求

企业外包需求主要有:集中于核心竞争力,将非核心的部分外包;成本降低和运行效率的提高;为了减少运行资本;增加精益生产系统的压力,降低库存;仓储和管理费用降低。

三、第三方物流的特点及业务范围

(一)第三方物流的特点

1. 信息化

电子商务时代,物流信息化表现为物流信息的商品化、物流信息收集的数据库化和代码化、物流信息处理的电子化和计算机化、物流信息的传递的标准化和实时化、物流信息存储的数字化等。因此,条码技术、数据库技术、电子订货系统、电子数据交换、快速反应及有效的客户反应、公司资源计划等技术与观念在我国的物流中得到越来越普遍的应用。信息技术及计算机技术在物流中的应用正在改变我国物流的面貌。

2. 自动化

物流自动化的基础是信息化,自动化的核心是机电一体化。自动化的外在表现是无人化,自动化的效果还可以扩大物流作业能力、提高劳动生产率、减少物流作业的差错等。物流自动化的设施非常多,如条码、语音、射频自动识别系统、自动分拣系统、自动存取系统、货物自动跟踪系统等。这些设施在发达国家已普遍应用于物流作业流程中,而在我国由于物流业起步晚,发展水平低,自动化技术的普及还需要一定的时间。

电商仓储物流
全渠道解决方案

3. 网络化

物流网络化是物流信息化的必然,是电子商务下物流活动的主要特征,物流服务为了保证对产品促销提供快速、全方位的物流支持,现代物流需要有完善、健全的物流网络体系,网络上点与点之间的物流活动保持系统性、一致性，分散的物流单体只有形成网络才能满足现代化生产与流通的需要。同时，网络内部的所有成员要有统一的服务标准，只有网络成员的服务水平共同提高了，才有网络整体水平的提高。

4. 智能化

物流智能化是物流自动化、信息化的一种高层次应用。物流作业过程大量的运筹和决策，如库存水平的确定、运输路径的选择、自动跟踪控制、自动分拣运行、物流配送中心经营管理的决策支持等问题都需要借助大量的知识才能解决。在物流自动化的进程中，物流智能化是不可回避的技术难题。为了提高物流现代化水平，物流的智能化已成为电子商务下物流发展的一个新趋势。

5. 柔性化

物流柔性化生产本来是为实现"以顾客为中心"理念而在生产领域提出的，但要真正做到柔性化，即真正地能够根据消费者需求的变化来灵活调节生产工艺，没有配套的柔性化是不能达到目的。20 世纪 90 年代，国际生产领域纷纷推出弹性制造系统、计算机集成制造系统、制造资源系统、公司资源计划以及供应链管理的概念和技术，这些概念和技术的实质是要将生产、流通进行集成，根据需求端的需求组织生产，安排物流活动。因此，柔性化的物流正是适应生产、流通与消费的需求而发展起来的一种新型物流模式。这就要求物流配送中心要根据消费需求"多品种、小批量、多批次、周期短"的特色，灵活组织和实施物流作业。

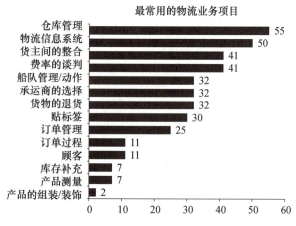

图 7-1-2　美国公司使用 3PL 服务的百分比/％

（二）第三方物流的业务范围

从图 7-1-2 所示的美国公司使用 3PL 服务的百分比中，可看出最常用的物流业务项目是仓库管理、物流信息系统、货主间的整合、费率的谈判等商业活动。

四、第三方物流的现状及发展趋势

第三方物流的演变过程是由过去简单的契约式物流向集成式供应链管理发展，如图 7-1-3 所示。

（1）加速化发展。随着我国加入 WTO，许多不同层次的物流活动正借助现代高新技术的支持，从微观物流到宏观物流领域进行着一场革命。在经济市场化、市场一体化、竞争国际化的大背景下，物流加速化发展已经成为现实，这是信息时代和知识经济影响下的物流业蓬勃发展的必然趋势。

（2）国际化、高级化发展。伴随着物流国际化、物流高级化发展以及现代高新技术的迅猛发展，中国现代化物流系统各环节的作业已经出现以机械化、自动化和智能化为主的发展趋势。电子数据交换系统、卫星导航与定位、移动通信等先进信息技术将得到更广泛的使用，使第三方物流管理更加方便、适应面更广、功能更加完善。

（3）一体化发展。所谓物流一体化，就是以物流系统为核心，从生产企业经由物流企业、销售企业直至消费者的供应链（见图 7-1-4）的整体化和系统化，是物流业发展的高级阶段和成熟阶段。物流业高度发达，物流系统完善，物流业就会成为社会生产链的领导者和协调者，能够为社会提供全方位的物流服务。随着市场竞争的不断加剧，企业建立竞争优势的关键已转向建立高效的物流系统的"第三利润源泉"。在这种情况下，第三方物流的一体化就成了一种必然的发展趋势。

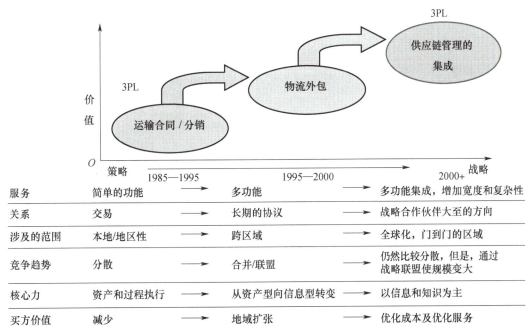

图 7-1-3　第三方物流的演变过程

（4）服务需求存在地区差异化趋势。不同地区的制造商对物流服务的需求存在差异。比如，北美大部分制造商偏向能够提供整体供应链管理服务的元器件分销商，而不是那些专业从事运输和仓储服务的物流公司。如今对供应链服务的许多咨询来自元器件供应商，它们希望整体供应链管理服务商能预测物料需求，平衡库存和保持合理的安全库存，并为世界各地的生产线提供准时的物料运送。这些服务是分销业务模式中的核心内容。没有物料管理和部分物流服务的分销业务并不多见。

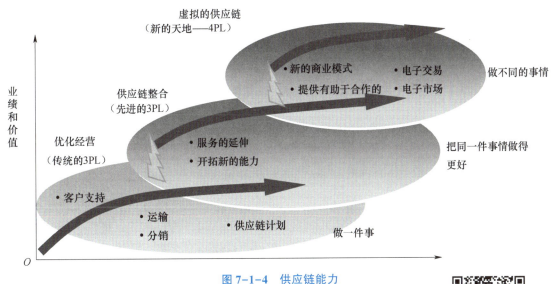

图 7-1-4　供应链能力

（5）第四方物流的兴起。第四方物流成功的关键，是以"行业最佳"的物流方案为客户提供服务与技术。而第三方物流要么独自提供服务，要么通过与自己有密切关系的转包商来为客户提供服务，它不大可能提供技术、仓储和运输服务结合的最佳组合。因此，第四方物流就成了第三方物流的"协助提高者"，也是货主的"物流方案集成商"。在整个物流供应

基于四大物联网技术
构建物流园区
供应链管理平台

链中，第三方物流和第四方物流在服务上更多的是互补和合作，只有这样，才能使物流成本最小化。于是，第四方物流以及更高形式的供应链管理和虚拟产业链管理正逐步兴起。

任务二　深圳华软第三方物流（国际物流）软件的使用

一、深圳华软第三方物流（国际物流）软件

深圳华软第三方物流（国际物流）软件参照国内外先进的第三方物流运作和管理模式，包括运输、仓储、货代、码头、报关等子系统，每个子系统在同一平台和同一数据库，完全实现业务数据流共享，同时也可以独立运行。学生首先对系统中的五个系统单独模拟练习，再结合实际业务进行货物国际物流模拟演练，从而使学生较好地掌握第三方国际物流业务操作。该软件登录界面如图 7-2-1 所示。第三方国际物流系统总流程示意图如图 7-2-2 所示。

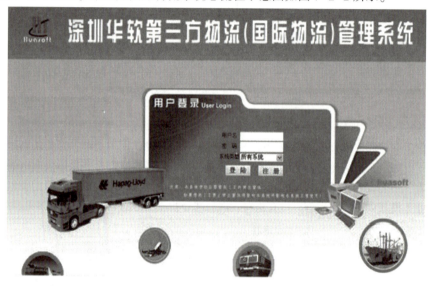

图 7-2-1　深圳华软第三方物流（国际物流）管理系统登录界面

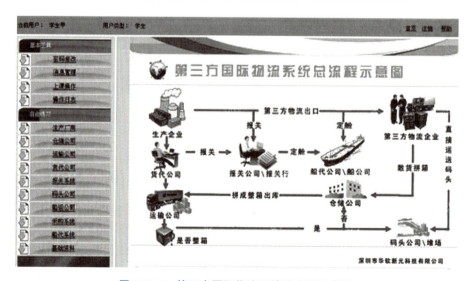

图 7-2-2　第三方国际物流系统总流程示意图

(一)货代公司

1. 整箱业务管理

(1) 整箱客户托运单。打开"整箱业务管理"模块中的"整箱客户托运单"项,进入客户托运单信息管理界面,单击"新增"按钮,弹出"客户托运详细信息"界面,如图7-2-3所示。将业务员、委托客户、发货人、收货人、报关方式、始发港、目的港、装货港等必填相关信息都录入完善后保存,系统会自动产生一条单业务号。

注:接到整箱客户托运单后,系统数据流向整箱订舱。

图7-2-3 "客户托运详细信息"界面

(2) 整箱订舱。打开"整箱业务管理"模块中的"整箱订舱"项,在订舱信息管理界面单击"新增"按钮,弹出"订舱详细信息"界面,如图7-2-4所示。首先选定之前录入的客户托运单号,系统自动提取该托运单记录。再单击表最下方的"增加订舱明细"明细,为该托运单进行订舱操作,录入所有定舱信息后保存订舱记录。

注:整箱订舱完成后,系统数据流向整箱派车。

(3) 整箱派车。打开"整箱业务管理"模块中的"整箱派车"项,进入"派车详细信息"界面,如图7-2-5所示。首先选定好客户托运单号、拖车、货物、提空港、返重港等相关必要信息后,单击"保存单据"按钮,保存此派车单。再单击表下方的"增加派车明细"按钮,在派车信息页面的订舱编号表中选定托运单的集装箱记录并确认;录入所有的派车单信息后,最后再单击"保存单据"按钮,确认此派车单派车成功。

注:整箱派车完成后,系统数据流向整箱报关单。

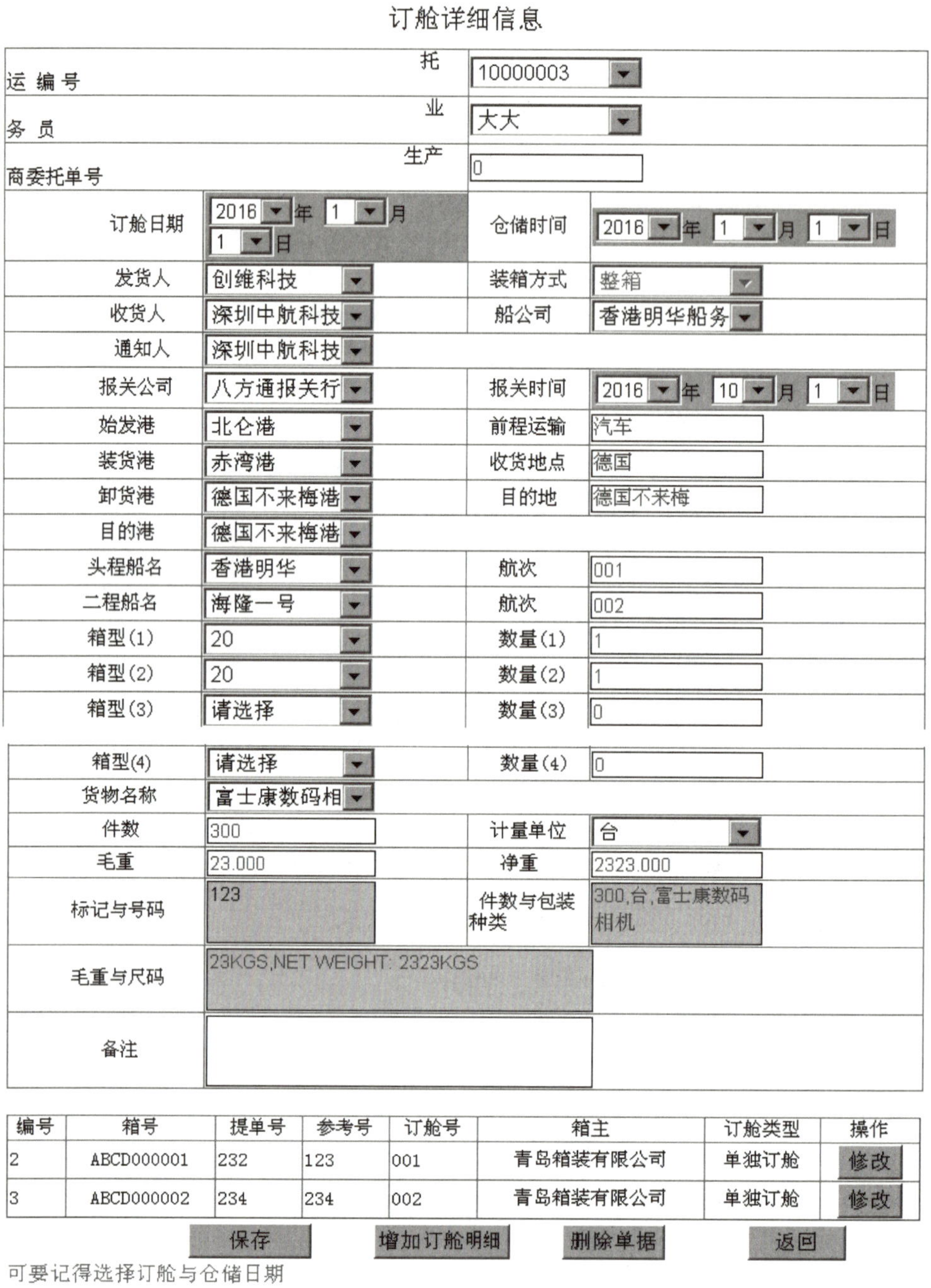

订舱详细信息

运 编 号		托业员	10000003
商委托单号		生产	大大
			0

订舱日期	2016年1月1日	仓储时间	2016年1月1日
发货人	创维科技	装箱方式	整箱
收货人	深圳中航科技	船公司	香港明华船务
通知人	深圳中航科技		
报关公司	八方通报关行	报关时间	2016年10月1日
始发港	北仑港	前程运输	汽车
装货港	赤湾港	收货地点	德国
卸货港	德国不来梅港	目的地	德国不来梅
目的港	德国不来梅港		
头程船名	香港明华	航次	001
二程船名	海隆一号	航次	002
箱型(1)	20	数量(1)	1
箱型(2)	20	数量(2)	1
箱型(3)	请选择	数量(3)	0
箱型(4)	请选择	数量(4)	0
货物名称	富士康数码相		
件数	300	计量单位	台
毛重	23.000	净重	2323.000
标记与号码	123	件数与包装种类	300,台,富士康数码相机
毛重与尺码	23KGS,NET WEIGHT: 2323KGS		
备注			

编号	箱号	提单号	参考号	订舱号	箱主	订舱类型	操作
2	ABCD000001	232	123	001	青岛箱装有限公司	单独订舱	修改
3	ABCD000002	234	234	002	青岛箱装有限公司	单独订舱	修改

保存　增加订舱明细　删除单据　返回

可要记得选择订舱与仓储日期

图 7-2-4 "订舱详细信息"界面

项目七　第三方物流（3PL）　181

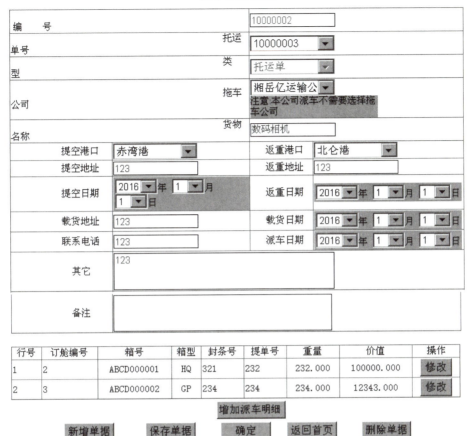

图 7-2-5　"派车详细信息"界面

（4）整箱报关单。打开"整箱业务管理"模块中的"整箱报关单"项，进入报关信息管理界面，单击"新增"按钮，弹出"报关详细信息"界面，如图 7-2-6 所示。首先选定托运编号系统自动提取以前的相关记录，再录入报关方式、经营单位、交单处、生产厂家等相关信息后，单击保存按钮即可。

注：整箱报关单录入完成后，系统数据流向整箱提单。

（5）整箱提单。打开"整箱业务管理"模块中的"整箱提单"项，进入提单信息管理界面，单击"新增"按钮，弹出"提单详细信息"界面，如图 7-2-7 所示。首先选定托运编号、提单类型、目的港代理、提单号等相关信息并保存，再单击表下方的"增加提单明细"。在集装箱提单信息页面的"订舱编号"表中选定托运单的集装箱记录并确认；录入完所有的集装箱提单信息后，最后再单击"保存"按钮，确认提单成功。

注：整箱提单录入完成后，系统数据流向整箱计费。

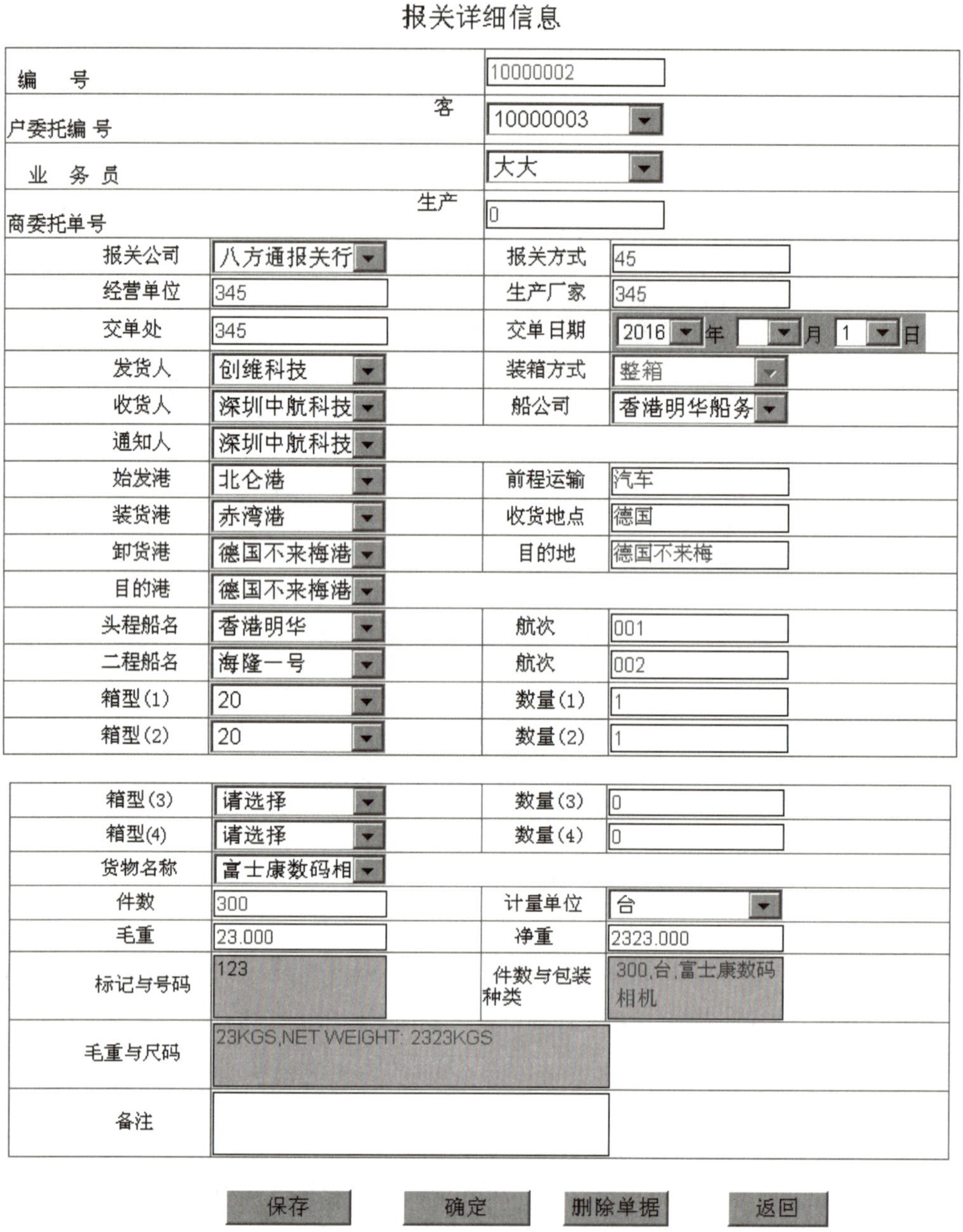

报关详细信息

编号	10000002
客户委托编号	10000003
业务员	大大
商委托单号	生产 0

报关公司	八方通报关行	报关方式	45
经营单位	345	生产厂家	345
交单处	345	交单日期	2016年 月1日
发货人	创维科技	装箱方式	整箱
收货人	深圳中航科技	船公司	香港明华船务
通知人	深圳中航科技		
始发港	北仑港	前程运输	汽车
装货港	赤湾港	收货地点	德国
卸货港	德国不来梅港	目的地	德国不来梅
目的港	德国不来梅港		
头程船名	香港明华	航次	001
二程船名	海隆一号	航次	002
箱型(1)	20	数量(1)	1
箱型(2)	20	数量(2)	1

箱型(3)	请选择	数量(3)	0
箱型(4)	请选择	数量(4)	0
货物名称	富士康数码相		
件数	300	计量单位	台
毛重	23.000	净重	2323.000
标记与号码	123	件数与包装种类	300,台,富士康数码相机
毛重与尺码	23KGS,NET WEIGHT: 2323KGS		
备注			

保存　　确定　　删除单据　　返回

图 7-2-6　"报关详细信息"界面

（6）整箱计费。打开"整箱业务管理"模块中的"整箱计费"项，进入计费信息管理界面，选定托运单编号进入计费信息详细界面，单击表下方的"增加计费明细"，在集装箱计费信息表里指定收费方式、收费类型、收费金额等相关信息并确认。

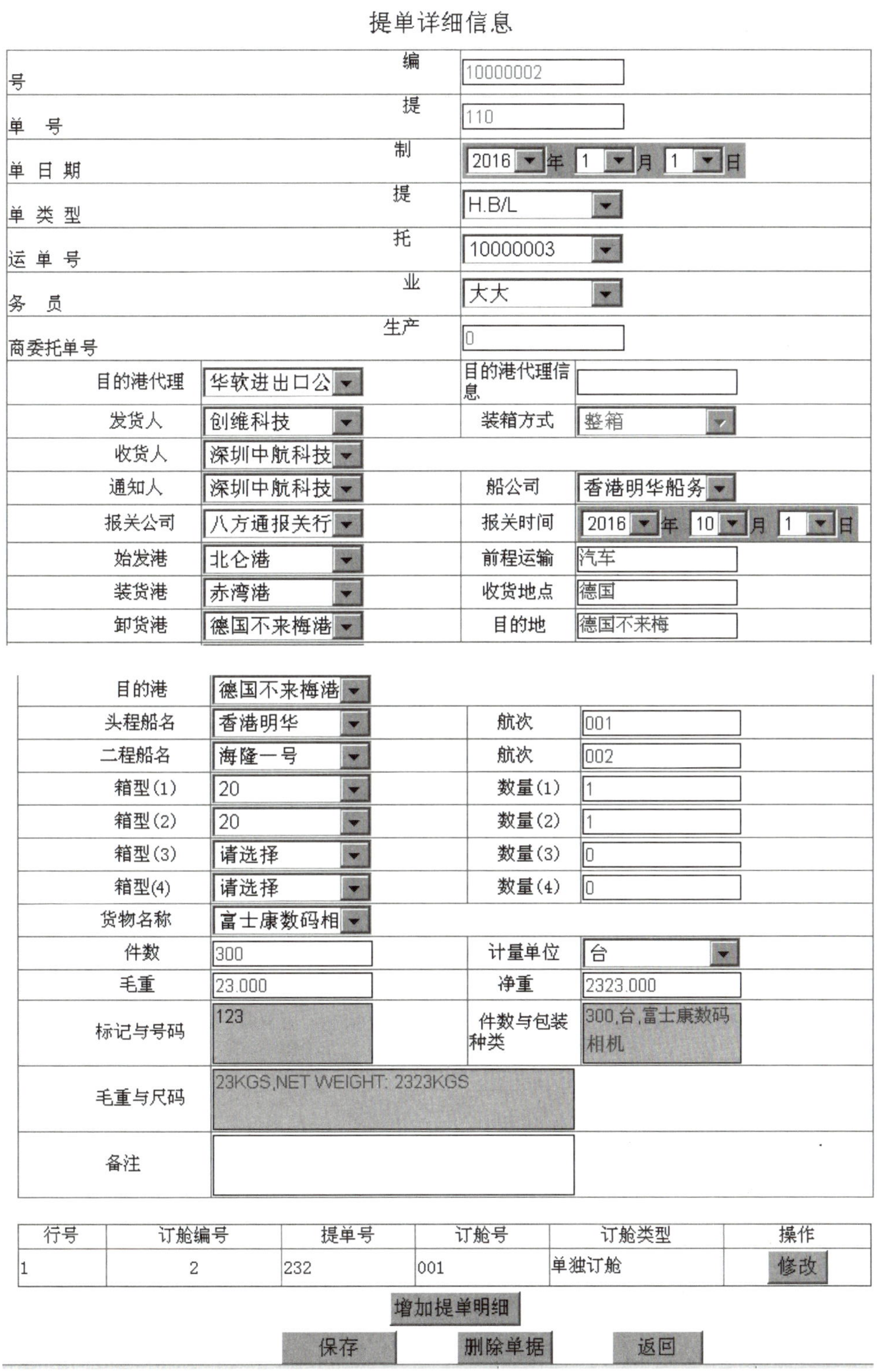

提单详细信息

编号	10000002		
提单号	110		
制单日期	2016 年 1 月 1 日		
单类型	H.B/L		
提运单号	10000003		
托业务员	大大		
生产商委托单号	0		
目的港代理	华软进出口公	目的港代理信息	
发货人	创维科技	装箱方式	整箱
收货人	深圳中航科技		
通知人	深圳中航科技	船公司	香港明华船务
报关公司	八方通报关行	报关时间	2016 年 10 月 1 日
始发港	北仑港	前程运输	汽车
装货港	赤湾港	收货地点	德国
卸货港	德国不来梅港	目的地	德国不来梅
目的港	德国不来梅港		
头程船名	香港明华	航次	001
二程船名	海隆一号	航次	002
箱型(1)	20	数量(1)	1
箱型(2)	20	数量(2)	1
箱型(3)	请选择	数量(3)	0
箱型(4)	请选择	数量(4)	0
货物名称	富士康数码相		
件数	300	计量单位	台
毛重	23.000	净重	2323.000
标记与号码	123	件数与包装种类	300,台,富士康数码相机
毛重与尺码	23KGS,NET WEIGHT: 2323KGS		
备注			

行号	订舱编号	提单号	订舱号	订舱类型	操作
1	2	232	001	单独订舱	修改

增加提单明细 保存 删除单据 返回

图 7-2-7 "提单详细信息" 界面

2. 拼箱业务管理

(1) 拼箱客户托运单。打开"拼箱业务管理"模块中的"拼箱客户托运单"项,进入客户托运单信息管理界面,单击"新增"按钮,弹出"客户托运详细信息"界面(详图参照整箱业务中的图7-2-3)。将业务员、委托客户、发货人、收货人、报关方式、始发港、目的港、装货港等必填相关信息都录入完善后保存,系统会自动产生一条单业务号。

注:接到拼箱客户托运单后,系统数据流向单独订舱与拼箱配载。

(2) 单独订舱。打开"拼箱业务管理"模块中的"单独订舱"项,在订舱信息管理界面单击"新增"按钮,弹出"订舱详细信息"界面(详图参照图7-2-4)。首先选定之前录入的客户托运单号,系统自动提取该托运单记录。再单击表最下方的"增加订舱明细"明显,为该托运单进行订舱操作,录入所有定舱信息后保存订舱记录。后续的流程参照整箱业务。

(3) 拼箱配载。打开"拼箱业务管理"模块中的"拼箱配载"项,进入"配载详细信息"界面,如图7-2-8所示。选定好发货人、收货人、通知人、装货港、卸货港等相关配载信息后单击"保存单据"按钮,保存此配载单。单击"增加配载明细"进配载信息界面,在"业务单"列表处选择各拼箱托运单据后并确认。最后再单击"保存单据"按钮确认此单据配载成功。

注:拼箱配载后,系统数据流向拼箱报关。

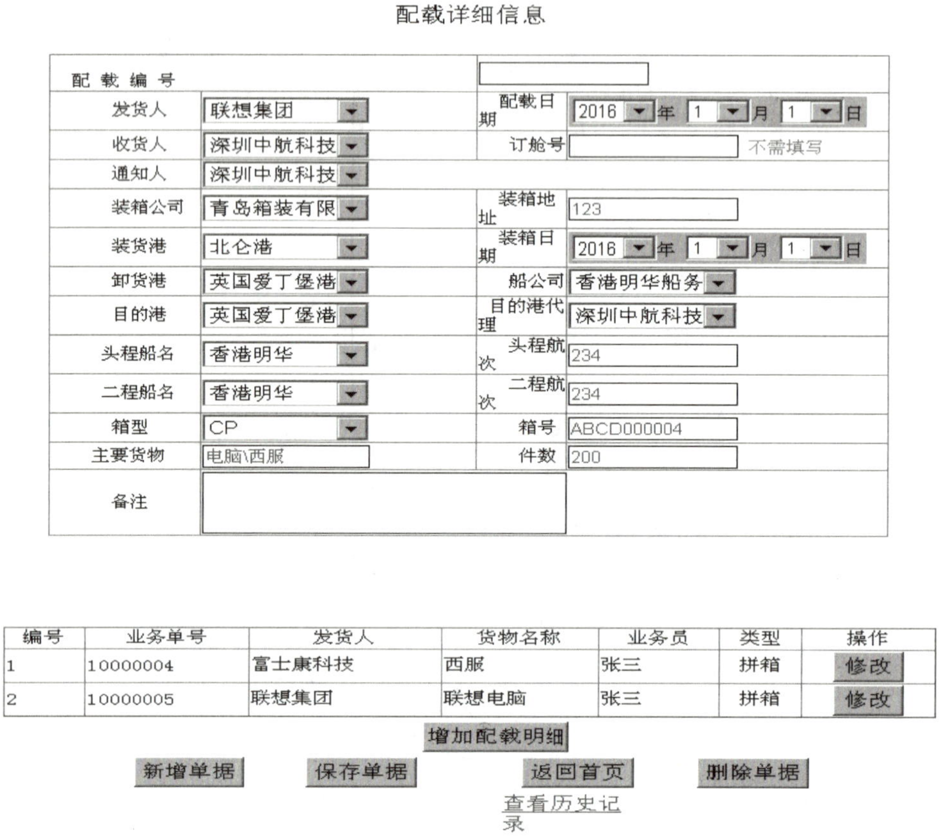

配载详细信息

编号	业务单号	发货人	货物名称	业务员	类型	操作
1	10000004	富士康科技	西服	张三	拼箱	修改
2	10000005	联想集团	联想电脑	张三	拼箱	修改

图7-2-8 "配载详细信息"界面

(4) 拼箱报关。打开"拼箱业务管理"模块中的"拼箱报关单"项,进入报关信息管理界面,单击"新增"按钮,弹出"报关详细信息"界面(详图参照图7-2-6)。首先选定托运编号系统自动提取以前的相关记录,再录入报关方式、经营单位、交单处、生产厂家等相关信息后,单击保存按钮便可。

注:拼箱报关单录入完成后,系统数据流向拼箱派车。

(5) 拼箱派车。打开"拼箱业务管理"模块中的"拼箱派车"项,进入"派车详细信息"界面(详图参照图7-2-5)。首先选定好客户托运单号、拖车、货物、提空港、返重港等相关必要信息后,单击"保存单据"按钮,保存此派车单。再单击表下方的"增加派车明细"按钮,在派车信息页面的订舱编号表中选定托运单的集装箱记录并确认；录入所有的派车单信息后，最后再单击"保存单据"按钮，确认此派车单派车成功。

注：拼箱派车完成后，系统数据流向拼箱提单。

（6）拼箱提单。打开"拼箱业务管理"模块中的"拼箱提单"项，进入"提单信息管理"界面，单击"新增"按钮，弹出"提单详细信息"界面（详图参照图7-2-7）。首先选定托运编号、提单类型、目的港代理、提单号等相关信息并保存，再单击表下方的"增加提单明细"，在集装箱提单信息页面的"订舱编号"表中选定托运单的集装箱记录并确认；录入完所有的集装箱提单信息后，最后再单击"保存"按钮，确认提单成功。

注：拼箱提单录入完成后，系统数据流向拼箱计费。

（7）拼箱计费。打开"拼箱业务管理"模块中的"拼箱计费"项，进入"计费信息管理"界面，选定托运单编号进入计费信息详细界面，单击表下方的"增加计费明细"，在集装箱计费信息表里指定收费方式、收费类型、收费金额等相关信息并确认。

（二）运输公司

1. 车辆调度管理

（1）车辆外挂单位。打开"车辆调度管理"模块中的"车辆外挂单位"项，进入"车辆外挂单位"界面，如图7-2-9所示。在列表中单击"新增"按钮，增加相关的车辆外挂单位信息。

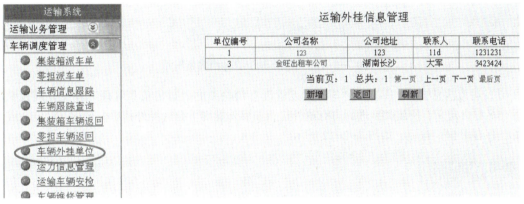

图7-2-9 "车辆外挂单位"界面

（2）运输车辆安检。打开"车辆调度管理"模块中的"运输车辆安检"项，在列表中选择"车牌号"（车牌号是在之前的基础资料中已经设定好的），如图7-2-10所示。进入"运输车辆安检"界面，单击表最下方的"安检"按钮，如图7-2-11所示。

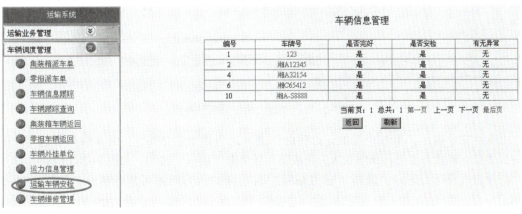

图7-2-10 "运输车辆安检"界面

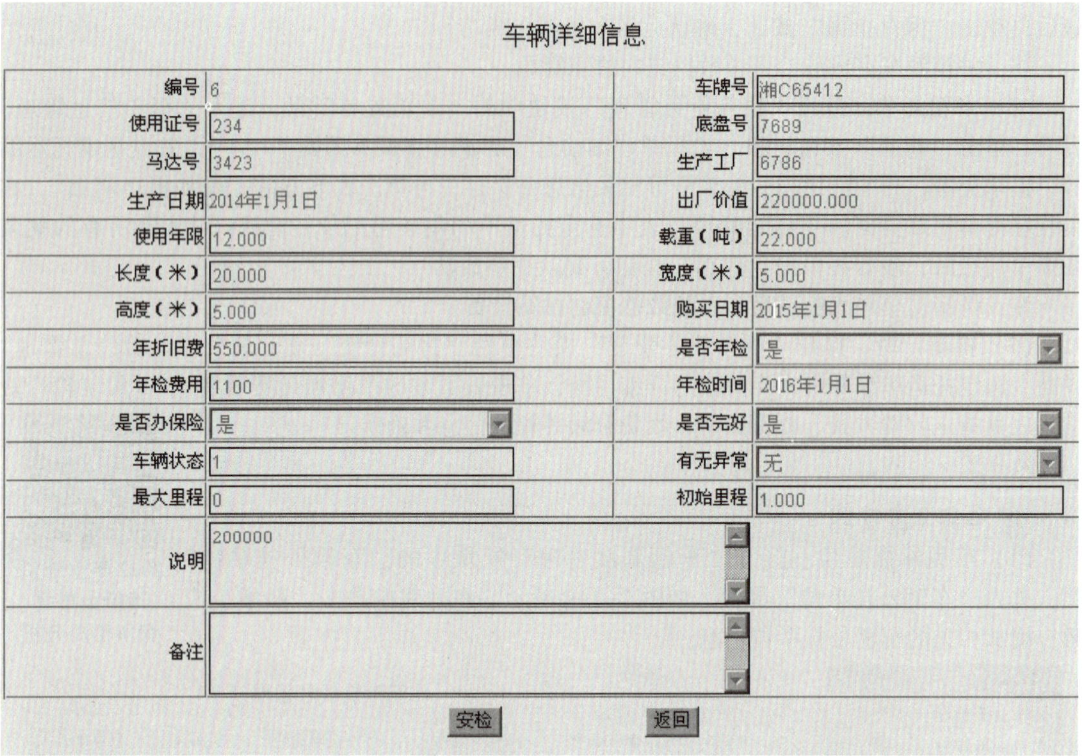

图 7-2-11 运输车辆安检详细信息界面

（3）运力信息管理。①打开"车辆调度管理"模块中的"运力信息管理"项，在列表中可对运力名称自定义、所属类型选择自有或外挂，如属外挂则下拉选择外挂单位名称，设定完成后单击"保存单据"按钮，如图 7-2-12 所示。

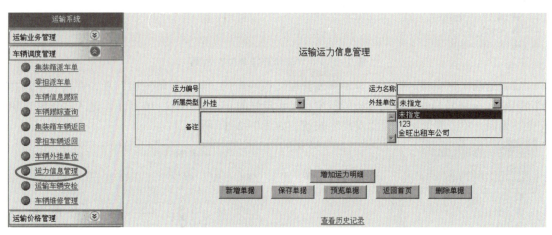

图 7-2-12 "运力信息管理"界面

②保存完单据后，单击"增加运力明细"进入运力详细信息界面，对车牌号、返回时间、所在位置及车辆状态等进行详细录入，完成录入后单击"确认"按钮，如图 7-2-13 所示。

③单击查看历史记录，选择"运力编号"对车辆的运力明细可进行修改，如图 7-2-14 所示。

项目七 第三方物流（3PL） 187

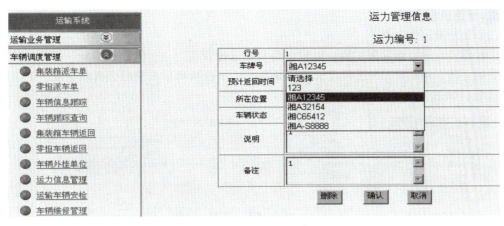

图 7-2-13 运力详细信息界面

图 7-2-14 "运力明细信息管理"界面

（4）车辆维修管理。打开"车辆调度管理"模块中的"车辆维修管理"项，在列表中选择"车牌号"，录入维修开始日期、结束日期等，单击"保存单据"按钮，如图 7-2-15 所示。

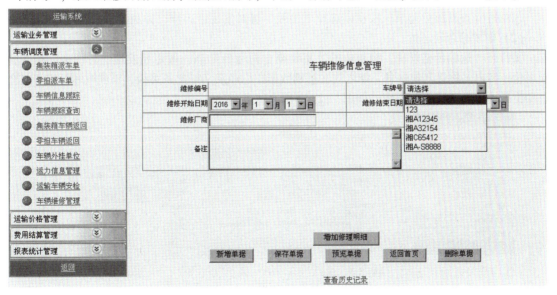

图 7-2-15 "车辆维修管理"界面

2. 运输价格管理

（1）集装箱运价管理。

①打开"运输价格管理"模块中的"集装箱运价管理"项，选定始发地、目的地等其他信息，如之前在基础数据中已经定义好此条路线，里程数和标准用时会自动生成，单击"保存"按钮，如图7-2-16所示。

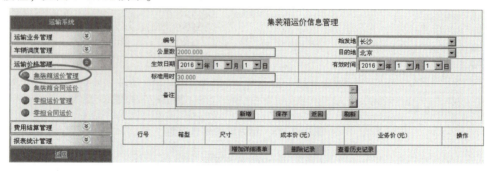

图7-2-16 "集装箱运价管理"界面

②单击"增加详细清单"按钮，可对集装箱箱型、尺寸、成本价、业务价进行设定并点击保存；继续单击"增加详细清单"按钮可增加多条不同箱型、尺寸、价格等信息，如图7-2-17所示。

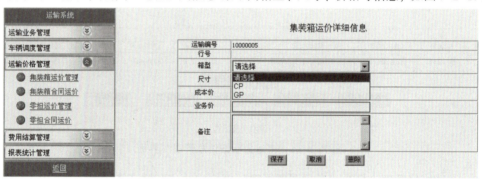

图7-2-17 集装箱运价详细信息界面

③单击"查看历史记录"按钮，选择"编号"可对集装箱运价"详细清单"进行修改。

（2）集装箱合同运价。

①打开"运输价格管理"模块中的"集装箱合同运价"项，选定始发地、目的地、是否合同用价、客户名称等其他信息，如之前在基础数据中已经定义好此条路线，里程数和标准用时会自动生成，单击"保存"按钮，如图7-2-18所示。

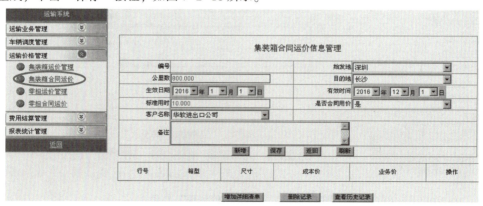

图7-2-18 "集装箱合同运价"界面

②单击"增加详细清单"按钮，可对集装箱箱型、尺寸、成本价、业务价进行设定并单击"保存"按钮；继续单击"增加详细清单"按钮可增加多条不同箱型、尺寸、价格等信息，如图 7-2-19 所示。

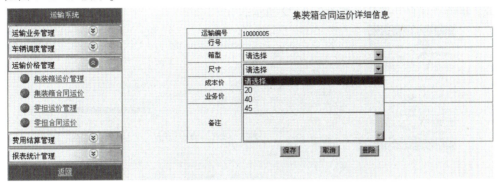

图 7-2-19　集装箱合同运价详细信息界面

③单击"查看历史记录"按钮，选择"编号"可对集装箱合同运价"详细清单"进行修改。

（3）零担运价管理。

①打开"运输价格管理"模块中的"零担运价管理"项，选定始发地、目的地等其他信息，如之前在基础数据中已经定义好此条路线，里程数和标准用时会自动生成，单击"保存"按钮，如图 7-2-20 所示。

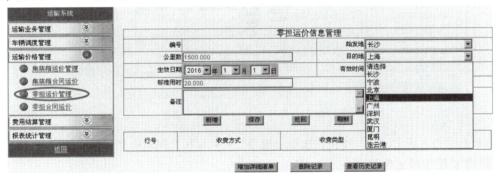

图 7-2-20　"零担运价管理"界面

②单击"增加详细清单"按钮，可对收费类型、收费方式、单位、价格进行设定并点击保存；继续单击"增加详细清单"按钮可增加多条不同收费类型、收费方式、价格等信息，如图 7-2-21 所示。

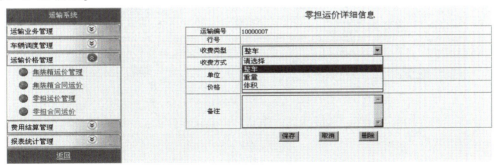

图 7-2-21　零担运价详细信息界面

③单击"查看历史记录"按钮，选择"编号"可对零担运价"详细清单"进行修改。

(4) 零担合同运价。

①打开"运输价格管理"模块中的"零担合同运价"项,选定始发地、目的地、客户名称、是否合同用价等其他信息,如之前在基础数据中已经定义好此条路线,里程数和标准用时会自动生成,单击"保存"按钮,如图 7-2-22 所示。

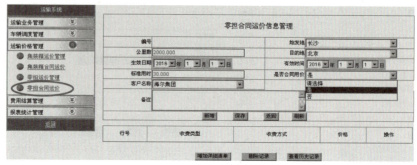

图 7-2-22 "零担合同运价"界面

②单击"增加详细清单"按钮,可对收费类型、收费方式、单位、价格进行设定,单击"保存"按钮;继续单击"增加详细清单"按钮可增加多条不同收费类型、收费方式、价格等信息,如图 7-2-23 所示。

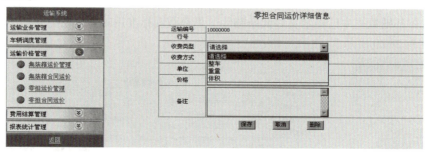

图 7-2-23 零担合同运价详细信息界面

③单击"查看历史记录"按钮,选择"编号"可对零担合同运价"详细清单"进行修改。

3. 集装箱运输业务管理

(1) 集装箱业务单。①打开"运输业务管理"模块中的"集装箱业务单"项,对集装箱业务信息进行详细录入并单击"保存单据"按钮,如图 7-2-24 所示。

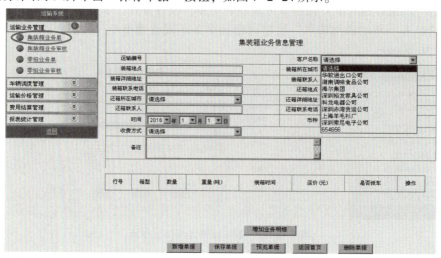

图 7-2-24 "集装箱业务单"界面

②单击"增加业务明细"按钮录入集装箱业务详细信息，再单击"相关运价"按钮，下拉框选择"合同运价"或"运价"，单击"确认"按钮，如图 7-2-25 所示。

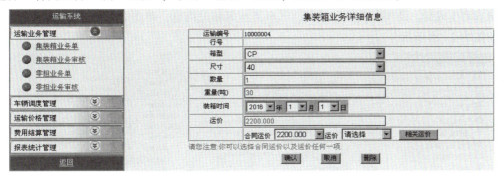

图 7-2-25　集装箱业务详细信息界面

③单击"查看历史记录"按钮，选择"编号"，可对集装箱业务明细进行修改。

（2）集装箱业务审核。打开"运输业务管理"模块中的"集装箱业务审核"项，单击"客户名称"按钮，如图 7-2-26 所示。进入集装箱审核信息界面，内容基本不需要修改，单击"确认"按钮表示审核完成，如图 7-2-27 所示。

图 7-2-26　"集装箱业务审核"界面

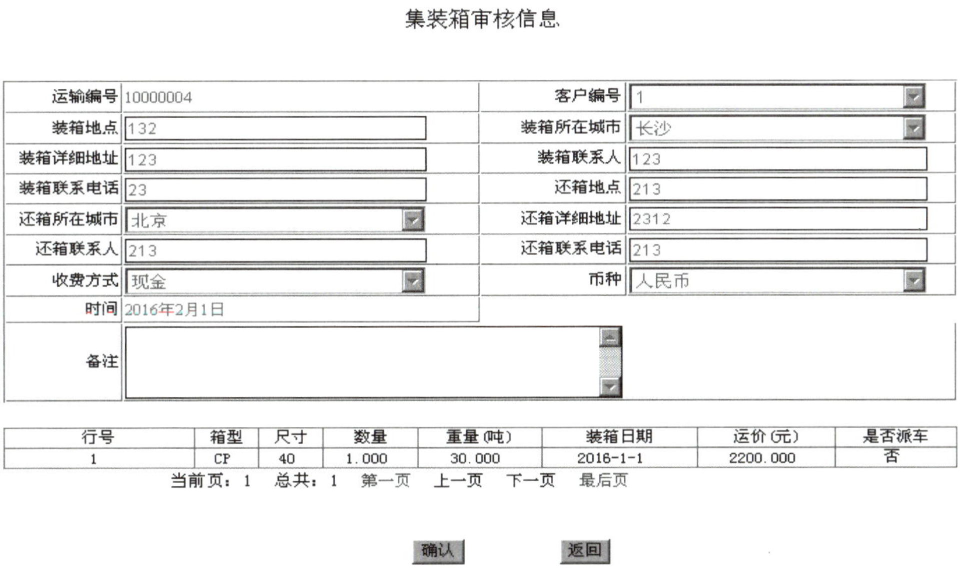

集装箱审核信息

图 7-2-27　集装箱审核信息界面

（3）集装箱派车单。

①打开"车辆调度管理"模块中的"集装箱派车单"项，选择"运输编号"，此单据的相关信息自动生成后，录入车牌号、司机、派车类型等相关信息，单击表下方的"保存单据"按钮，如图7-2-28所示。

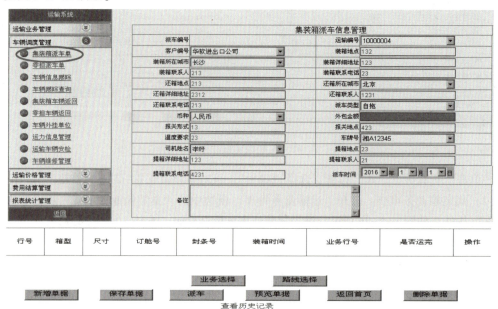

图7-2-28 "集装箱派车单"界面

②进入"业务选择"界面，单击"修改"按钮，录入派车订舱号等详细信息，如图7-2-29所示。

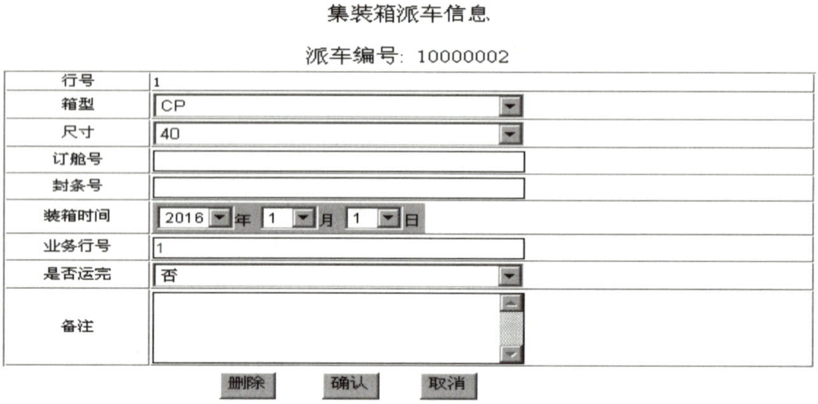

图7-2-29 集装箱派车信息界面

③单击"路线选择"按钮，选择"线路编号"，单击"派车"按钮，显示"派车成功"。

（4）车辆信息跟踪。打开"车辆调度管理"模块中的"车辆信息跟踪"项，单击"新增"按钮，录入派车类型、编号、跟踪时间、有无异常等相关信息后点击保存，如图7-2-30所示。

（5）车辆跟踪查询。打开"车辆调度管理"模块中的"车辆跟踪查询"项，可直接查看到跟踪车辆的相关信息。

（6）集装箱车辆返回。打开"车辆调度管理"模块中的"集装箱车辆返回"项，选择"派车编号"录入返回日期及其他费用，单击"保存单据"按钮，单击"修改"按钮，输入"箱

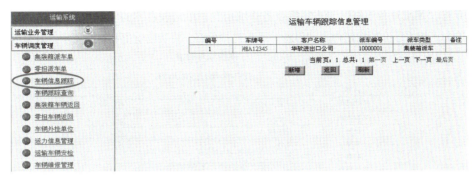

图 7-2-30 "车辆信息跟踪"界面

号"并确认,单击"确定"按钮,车辆返回信息成功,如图 7-2-31 所示。

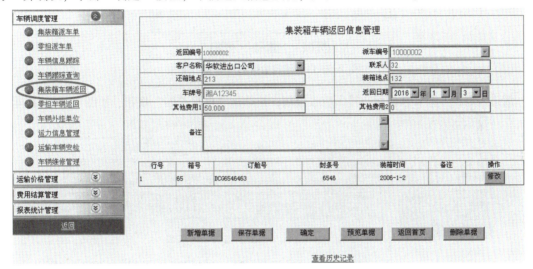

图 7-2-31 集装箱车辆返回信息管理界面

4. 零担运输业务管理

(1) 零担业务单。①打开"运输业务管理"模块中的"零担业务单"项,对零担业务信息进行详细录入并单击"保存单据"按钮,如图 7-2-32 所示。

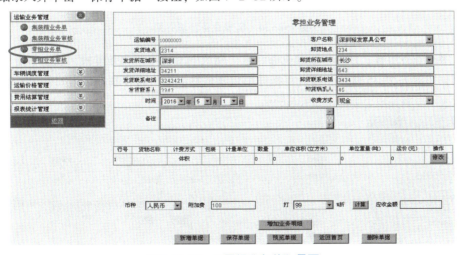

图 7-2-32 "零担业务单"界面

②单击"增加业务明细"录入零担业务详细信息,单击表右方的"获取"按钮,如图 7-2-33 所示。单击"相关运价"按钮弹出"运价"下拉选择价格,将货物价值和承运要求录入完成。

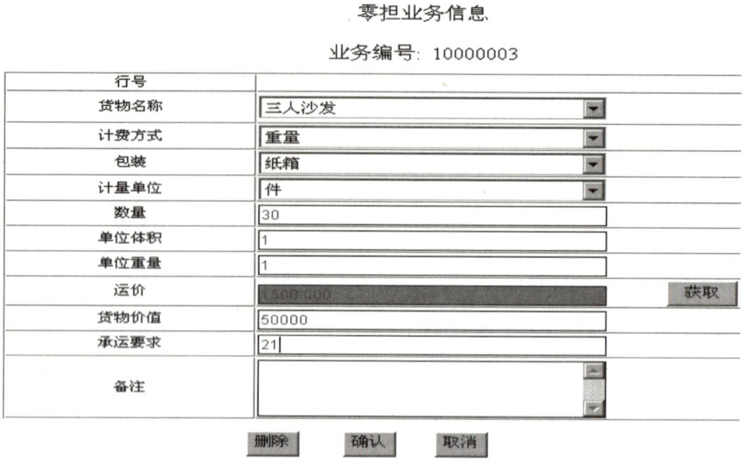

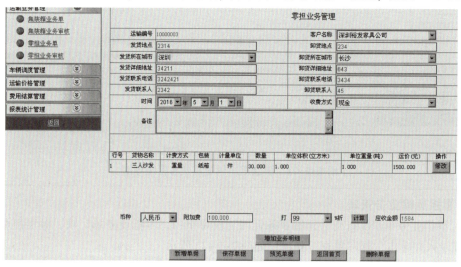

图 7-2-33　零担业务明细管理界面

③进入零担业务管理界面,得出应收金额,并单击"保存单据"按钮,如图 7-2-34 所示。

图 7-2-34　零担业务管理界面

(2)零担业务审核。打开"运输业务管理"模块中的"零担业务审核"项,单击"客户名称"按钮,如图 7-2-35 所示。进入零担详细审核信息界面,内容基本不需要修改,单击"确认"按钮表示审核完成,如图 7-2-36 所示。

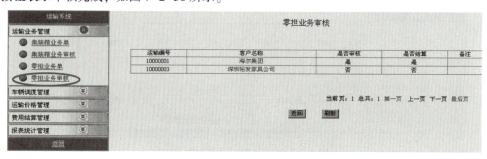

图 7-2-35　"零担业务审核"界面

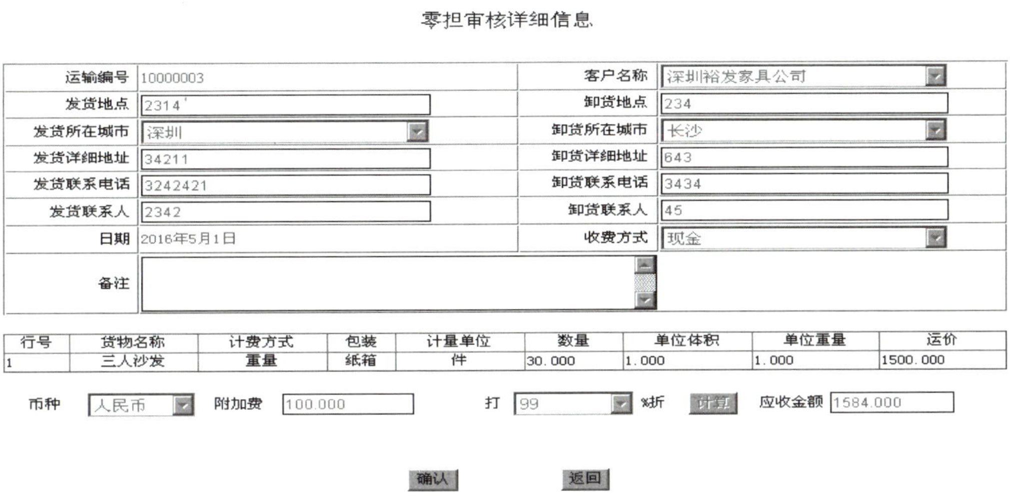

零担审核详细信息

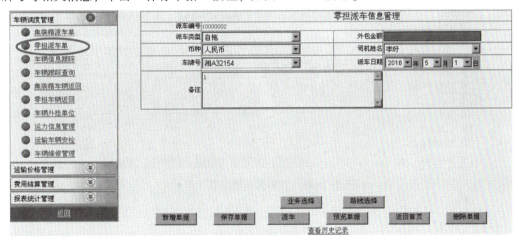

图 7-2-36　零担审核详细信息界面

（3）零担派车单。①打开"车辆调度管理"模块中的"零担派车单"项，录入派车类型、车牌号等相关信息，单击"保存单据"按钮，如图 7-2-37 所示。

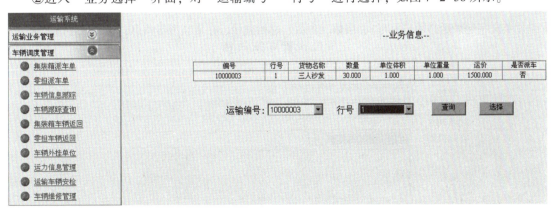

图 7-2-37　"零担派车单"界面

②进入"业务选择"界面，对"运输编号""行号"进行选择，如图 7-2-38 所示。

图 7-2-38　零担派车业务选择界面

③单击"路线选择"按钮,选择"线路编号",单击"派车"按钮,显示"派车成功",如图7-2-39所示。

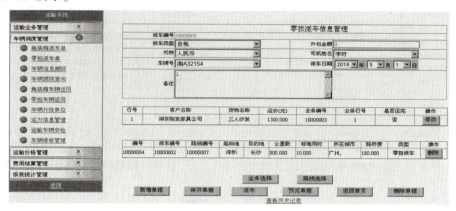

图7-2-39 零担派车信息管理界面

(4)零担车辆返回。打开"车辆调度管理"模块中的"零担车辆返回"项,选择"派车编号"录入返回日期及卸货地点,单击"保存单据"按钮,车辆返回信息成功,如图7-2-40所示。

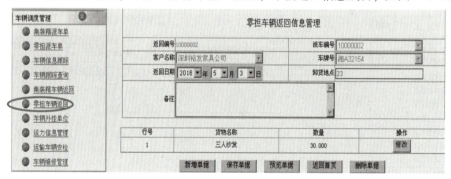

图7-2-40 "零担车辆返回"界面

(三)仓储公司

1. 基本设置与收费项目管理

(1)立体货位设置。打开"仓储基础设置"模块中的"立体货位设置"项,在列表中单击"新增"按钮。进入货位设置详细信息界面,如图7-2-41所示。在此列表指定库位的区号(区号如果用英文字每表示必须是大写)、层数、列数、起始列号、存货类型等信息,最后保存该记录。

图7-2-41 立体货位设置详细信息界面

(2) 手工货位设置。打开"仓储基础设置"模块中的"手工货位设置"项,在列表中单击"新增"按钮。进入货位设置详细信息界面,如图7-2-42所示。在此列表指定库位的区号(区号如果用英文字每表示必须是大写)、层数、列数、起始列号、存货类型等信息,最后保存该记录。

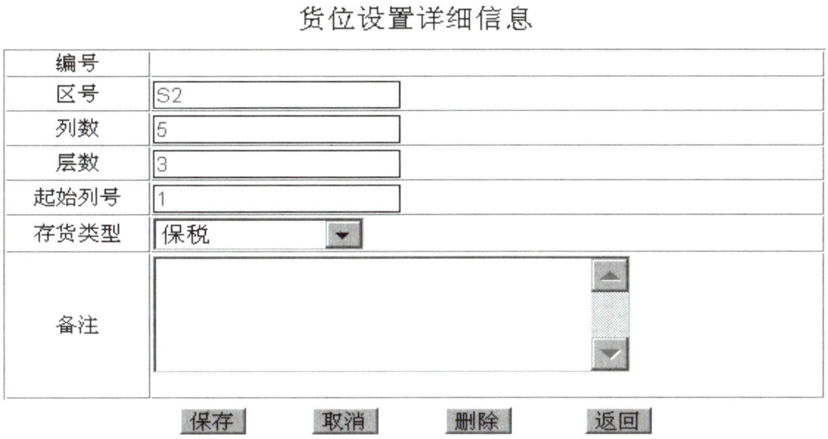

货位设置详细信息

编号	
区号	S2
列数	5
层数	3
起始列号	1
存货类型	保税
备注	

[保存] [取消] [删除] [返回]

图 7-2-42　手工货位设置详细信息界面

(3) 分拣区货位设置。打开"仓储基础设置"模块中的"分拣区货位设置"项,在列表中单击"新增"按钮。进入货位设置详细信息界面,如图7-2-43所示。在此列表指定库位的区号(区号如果用英文字每表示必须是大写)、层数、列数、起始列号,最后保存该记录。

分拣区货位设置详细信息

编号	
区号	F2
列数	5
层数	3
起始序号	1
备注	

[保存] [取消] [删除] [返回]

图 7-2-43　分拣区货位设置详细信息界面

(4) 立体货位信息。打开"仓储基础设置"模块中的"立体货位信息"项,进入立体货架货位列表界面,如图7-2-44所示。在此列表中指定各库位具体存放货物类型和货物种类。如:中国字画是工艺品的货物种类,属保税类型的货物。那存放此货物在设定存放库位时,存放类型为"保税",存放的货物种类为"工艺品"。

(5) 手工货位信息。打开"仓储基础设置"模块中的"手工货位信息"项,进入手工货架货位列表界面,如图7-2-45所示。在此列表中指定各库位具体存放货物类型和货物种类。

(6) 分拣区货位信息。打开"仓储基础设置"模块中的"分拣区货位信息"项,进入分拣区货位列表界面,如图7-2-46所示。

立体货架货位列表

编号	货位名称	货位类型	存放货物种类
16	A10304	保税	工艺品
17	A10305	保税	工艺品
18	A10306	保税	工艺品
19	A10401	保税	工艺品
20	A10402	保税	工艺品
21	A10403	保税	工艺品
22	A10404	保税	工艺品
23	A10405	保税	工艺品
24	A10406	普通	未指定
25	A10501	普通	未指定
26	A10502	普通	未指定
27	A10503	普通	未指定
28	A10504	普通	未指定
29	A10505	普通	未指定
30	A10506	普通	未指定

当前页：2 总共：5 第一页 上一页 下一页 最后页

返回　　刷新

图 7-2-44　立体货架货位列表界面

手工货架货位列表

编号	货位名称	货位类型	存放货物种类
1	S10101	普通	未指定
2	S10102	普通	未指定
3	S10103	普通	未指定
4	S10104	普通	未指定
5	S10105	普通	未指定
6	S10106	普通	未指定
7	S10201	普通	未指定
8	S10202	普通	未指定
9	S10203	普通	未指定
10	S10204	普通	未指定
11	S10205	普通	未指定
12	S10206	普通	未指定
13	S10301	普通	未指定
14	S10302	普通	未指定
15	S10303	普通	未指定

当前页：1 总共：3 第一页 上一页 下一页 最后页

返回　　刷新

图 7-2-45　手工货架货位列表界面

分拣区货位列表

编号	货位名称
2	F20101
3	F20102
4	F20103
5	F20201
6	F20202
7	F20203

当前页：1 总共：1 第一页 上一页 下一页 最后页

返回　　刷新

图 7-2-46　分拣区货位列表界面

（7）分拣货位分配。打开"仓储基础设置"模块中的"分拣货位分配"项，在列表中单击"新增"按钮。进入分拣货位分配详细列表界面，如图 7-2-47 所示。在此列表指定该库位，存放客户名称以及货物类型和货物名称。

分拣货位分配详细信息

图 7-2-47　分拣货位分配详细信息界面

（8）出库台信息。打开"仓储基础设置"模块中的"出库台信息"项，在列表中单击"新增"按钮。出库台详细信息界面，如图 7-2-48 所示。在此列表指定出库台区号，并保存。

出库台详细信息

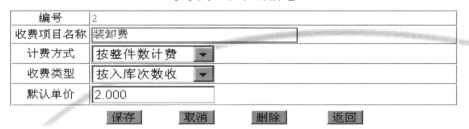

图 7-2-48　出库台详细信息界面

（9）收费项目管理。打开"费用结算管理"模块中的"收费项目管理"项，在收费管理界面中单击"新增"按钮，进入收费项目详细信息界面，如图 7-2-49 所示。设定所有收费项目名称，并指定各收费项目的计算方式与收费类型。

收费项目详细信息

编号	2
收费项目名称	装卸费
计费方式	按整件数计费
收费类型	按入库次数收
默认单价	2.000

图 7-2-49　收费项目详细信息界面

（10）客户合同管理。打开"仓储基础设置"模块中的"客户合同管理"项，进入客户合同管理界面，如图 7-2-50 所示。首先指定客户名称、签订日期、失效日期、币种等相关信息，单击表下方的保存按钮，保存此客户合同单据。之后再单击"增加收费项目"按钮为该合同指定相关的收费项目，并且做最后的保存，确认该合同开始生效。单击表最下方的"查看历史合同信息"可以查看到以前所定义的相关客户合同信息。

客户合同管理

合同编号	10001			客户名称	可口可乐有
生效日期	2016 年 10 月 13 日	失效日期	2016 年 11 月 1 日
签订日期	2016 年 10 月 13 日	币种名称	人民币

增加收费项目
新增　保存　删除　返回
查看历史合同信息

图 7-2-50　客户合同管理界面

2. 入库作业流程

（1）入库计划管理。打开"入库管理"模块中的"入库计划管理"项，进入入库计划管理界面，如图 7-2-51 所示。首先指定客户名称、客户合同、存仓编号、结算方式等相关信息，单击表下方的保存按钮，保存此入库计划单据。之后再单击"增加货物信息"按钮，如图 7-2-52 所示。在弹出的入库货物信息列表中指定货物名称、计划件数、包装方式、货物类别、存仓类型等相关信息后确认。将整个入库计划单的所有相关货物信息定义完善后，再单击确认按钮，确认此入库计划单据开始生效。单击表最下方的"查看历史出库信息"按钮可以查看到以前所定义的相关入库货物信息。

入库计划管理

编号：　8　状态：　未确认

存仓编号	1200			客户名称	可口可乐有
计划入库日期	2016 年 1 月 1 日	客户合同	10001
原收货单号	123			结算方式	合同结算

项号	货物名称	计划件数	包装	货物类别	货物价值	存仓类型	操作
1	可口可乐	5	纸箱	保税	2300.000	立体仓库	编辑

增加货物信息
新增　保存　确认　删除　返回
查看历史出库信息

图 7-2-51　入库计划管理界面

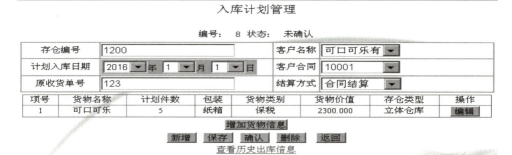

图 7-2-52　入库货物信息界面

（2）入库货物到达。打开"入库管理"模块中的"入库货物到达"项，进入在途入库计划列表界面，如图 7-2-53 所示。单击"查询"按钮便可查看到相关的入库计划单据。选定要做货物到达确认的单据编号，在弹出的界面单击“到达”按钮即可。

在途入库计划列表

存仓编号 ［　　］ 客户名称 ［　　］ 查询 返回

计划编号	计划入库日期	客户名称	存仓编号	计划状态

图 7-2-53　在途入库计划列表界面

（3）入库卸货。打开“入库管理”模块中的“入库卸货”项，进入待卸货入库计划列表界面，如图 7-2-54 所示。单击“查询”按钮便可查看到相关的入库计划单据。选定要做卸货确认的单据编号，弹出待卸货入库计划信息界面，如图 7-2-55 所示。首先设置好车牌号，之后再单击货物名称后面的“编辑”按钮指定货物的唛头、计量单位、报损数、生产日期等相关数据后，再确认此单据已经入库卸货。

待卸货入库计划列表

存仓编号 ［　　］ 客户名称 ［　　］ 查询 返回

计划编号	计划入库日期	客户名称	存仓编号	计划状态
8	2016年1月1日	可口可乐有限公司	1200	货物到达

图 7-2-54　待卸货入库计划列表界面

待卸货入库计划信息

编号：　8

存仓编号	1200	客户名称	可口可乐有限公司
卸货日期	2016 年 10 月 13 日	计划日期	2016/01/01
车牌号码	234	原单据号	123

项号	货物名称	计划件数	卸货件数	卸货零数	生产日期	报损数	操作
1	可口可乐	5	5	0	2016-1-1 0:00:00	0	编辑

确认　返回

图 7-2-55　待卸货入库计划信息界面

（4）入库作业分配。打开“入库管理”模块中的“入库作业分配”项，进入未分配入库计划列表界面，如图 7-2-56 所示。单击“查询”按钮便可查看到相关的入库计划单据。选定要做入库作业分配的单据编号，在弹出的界面单击“确认”按钮即可。

未分配入库计划列表

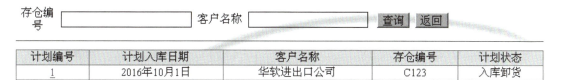

存仓编号 ［　　］ 客户名称 ［　　］ 查询 返回

计划编号	计划入库日期	客户名称	存仓编号	计划状态
1	2016年10月1日	华软进出口公司	C123	入库卸货

图 7-2-56　未分配入库计划列表界面

（5）入库作业确认。打开“入库管理”模块中的“入库作业确认”项，进入入库作业列表界面，如图 7-2-57 所示。单击要入库作业确认货物的"选择"按钮，在弹出的界面单击"确认"按钮。

入库作业列表

货物名称	条形码	数量	存放区域	取货地址	存货地址	实际入库数	生成时间	操作
海尔29高清	2000000000015	一整件	立体仓库	入库台	A10101	0	2016年10月7日	选择
海尔29高清	2000000000077	一整件	立体仓库	入库台	A10202	0	2016年10月8日	选择
可口可乐	2000000000374	一整件	立体仓库	入库台	A10501	0	2016年10月13日	选择

刷新　返回

图 7-2-57　入库作业列表界面

3. 出库作业流程

（1）出库计划管理。打开"出库管理"模块中的"出库计划管理"项，进入出库计划管理界面，如图 7-2-58 所示。首先指定收货地点、客户名称、客户合同、计划出库日期、结算方式等相关信息，单击表下方的"保存"按钮，保存此出库计划单据。之后再单击"增加货物信息"按钮，进入库存货物查询界面，单击"查询"按钮便可查看到所有货主的所存放的货物信息。选定要出库的客户的计划编号，在出库计划管理列表中输入要出库的数量，如图 7-2-59 所示，并且确认此出库计划单据开始生效。

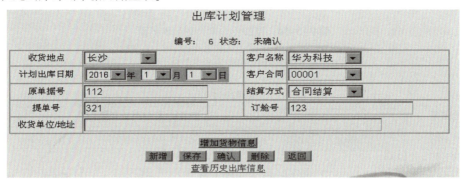

图 7-2-58　出库计划管理界面

图 7-2-59　出库计划管理确认界面

（2）出库作业分配。打开“出库管理”模块中的“出库作业分配”项，进入出库计划列表界面，如图 7-2-60 所示。单击“查询”按钮便可查看到相关的出库计划单据。选定要做出库作业分配的单据编号，在弹出的界面单击“确认”按钮。

出库计划列表

提单号 ＿＿＿ 客户名称 ＿＿＿ 查询 返回

计划编号	计划出库日期	客户名称	提单号	计划状态
1	2016年2月1日	华软进出口公司	2	已确认计划
6	2016年1月1日	华为科技	321	已确认计划

图 7-2-60　出库计划列表界面

（3）出库作业确认。打开“出库管理”模块中的“出库作业确认”项，进入出库作业列表界面，如图 7-2-61 所示。单击要出库作业确认货物的“选择”按钮，在弹出的界面单击“确认”按钮。

出库作业列表

货物名称	条形码	数量	存放区域	取货地址	存货地址	实际入库数	生成时间	操作
联想电脑	2000000000015	一整件	立体仓库	A20101	1号出库台	0	2016年10月16日	选择
联想电脑	2000000000039	一整件	立体仓库	A20102	1号出库台	0	2016年10月16日	选择

刷新 返回

图 7-2-61　出库作业列表界面

4. 配载配送管理

（1）配送路线管理。打开“配载配送管理”模块中的“配送路线管理”项，进入线路信息管理界面，如图 7-2-62 所示。在列表中录入路线名称、公里数、标准用时，并选定起始地、目的地，再单击“保存单据”按钮保存此配送路线单据。单据保存后单击“增加路线明细”按钮，增加此条路线所要经过的省市级地名，并录入相关的路桥费用。单击表最下方的“查看历史记录”按钮，可查看到系统里以前所定义的运输路线记录。

线路信息管理

线路编号	10000006	路线名称	广沙线
起始地	深圳	目的地	长沙
公里数	1000.000	标准用时	12.000
备注			

序号	所经地点	经过时间(小时)	路桥费(元)	备注	操作
1	长沙	2.000	50.000		修改
2	湘潭	2.000	30.000		修改
3	深圳	3.000	100.000		修改

增加路线明细

新增单据　保存单据　预览单据　删除单据　返回首页

查看历史记录

图 7-2-62　线路信息管理界面

(2）装车配载。打开"配载配送管理"模块中的"装车配载"项，进入出库装箱配载界面，如图7-2-63所示。选定好配送路线，配载日期与集装箱号等相关信息后保存此单据。再单击"增加货物信息"按钮，进入出库计划列表界面，单击查询系统便自动将符合此配送线路的所有货物信息显示出来，选定相应的出库配载货物单据。最后再单击"增加车辆信息"按钮指定车辆与司机等相关信息，再单击"确认"按钮确认此配载单生效。

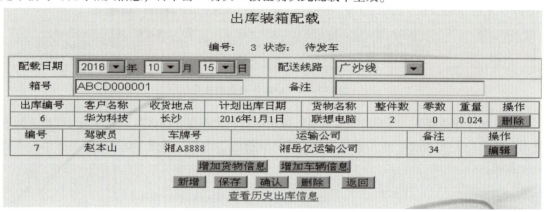

图 7-2-63　出库装箱配载界面

（3）出库发车。打开"配载配送管理"模块中的"出库发车"项，进入出库装箱配载界面，单击要查询按钮便可查看到装车配载信息。选定要发车的配载编号，在弹出的界面单击"发车"按钮，如图7-2-64所示。

出库装箱配载

编号：2　状态：待发车

配载日期	2016/10/13		配送线路	长潭线
箱号	123		备注	123
出库编号	客户名称	收货地点	计划出库日期	货物名称	整件数	零数	重量
4	华软进出口公司	湘潭	2016年1月1日	海尔29高清	0	6	0.138
编号	驾驶员	车牌号	运输公司				备注
6	无无无	湘A001	上海容易仓储有限公司				

发车　返回

图 7-2-64　出库装箱配载界面

5. 盘点管理

（1）生成盘点表。打开"盘点管理"模块中的"生成盘点表"项，进入生成盘点表界面，首先录入盘点名称并选定盘点的类型，再单击"开始盘点"按钮，系统自动根据所指定的盘点类型产生一张相关的盘点单据，如图7-2-65所示。

生成盘点表

状态：

盘点编号				盘点类型	指定货物
盘点名称	22				
项号	货物名称	所属客户	存货类型	存货区域	应存件数	应存零数
1	联想电脑	华为科技	保税	立体仓库	1	0

开始盘点

新增　确认　删除　返回

查看历史出库信息

图 7-2-65　生成盘点表界面

（2）盘点实存录入。打开"盘点管理"模块中的"生成盘点表"项，进入盘点列表界面，如图7-2-66所示。单击"查询"按钮便可查看到相关的盘点单据。选定要实存录入的单据编号，在弹出的界面根据实际的情况录入实存数。

盘点列表

盘点编号	盘点日期	盘点名称	盘点类型	报表状态
3	2016年10月16日	22	指定货物	生成盘点表

图7-2-66　盘点列表界面

（3）盘点审核。打开"盘点管理"模块中的"盘点审核"项，进入盘点列表界面，如图7-2-67所示。单击"查询"按钮便可查看到要审核的盘点单据。选定要审核的单据编号，在弹出的界面单击"审核"按钮。

盘点列表

盘点编号	盘点日期	盘点名称	盘点类型	报表状态
1	2016年10月14日	全1011	全盘	盘点审核
2	2016年10月14日	区1012	指定区域	盘点审核

图7-2-67　盘点列表界面

（4）盘点审溢报表。打开"盘点管理"模块中的"盘点审溢报表"项，进入盘点审溢报表界面，单击"查询"按钮便可查看到所有审核过的盘点表的审溢情况。

课程思政

洋山四期——全球规模最大、最先进的全自动化码头

隶属于上海国际港务（集团）股份有限公司的上海洋山四期自动化码头位于洋山深水港区最西侧，于2014年12月开工建设、2017年12月开港试生产，是全球规模最大的自动化集装箱码头。

洋山深水港区四期，采用国际上最新一代的自动化集装箱装卸设备和一流的自动化生产管理控制系统，整体实现无人化智能码头，是全球规模最大的自动化集装箱码头。总用地面积2.23平方千米，其中正在申请纳入保税港区扩区范围的有1.67平方千米。码头岸线2 350米，设计年吞吐量630万标准集装箱。目前已建成集装箱深水泊位7个，其中7万吨级2个、5万吨级5个；自动化箱区61个，非自动化箱区8个（危险品和超限箱区）。

洋山港四期开港拥有桥吊10台，轨道吊40台，自动引导车（AGV）50辆。桥吊主小车为人工干预的远程操控，副小车为全自动化作业模式；水平运输采用自动导引的运输车，无须司机操控；堆场装卸则采用自动轨道式龙门起重机。未来洋山港将拥有桥吊26台，轨道吊120台，自动引导车130辆。

该港口采用中国自主研发的自动化码头生产管控系统，高效地组织生产调度和自动化装卸设备作业，实现水平运输的无人化，改善劳动环境，解放生产力，并衔接上海港各大数据信息平

台，提高了港口物流效率。

（资料来源：洋山四期今日开港丨全球规模最大、最先进的全自动化码头就在嵊泗洋山 https://www.sohu.com/a/209599280_161334；洋山四期：全球规模最大的自动化集装箱码头-国际在线 http：//news.cri.cn/20201021/e113f52a-beb5-2cf2-d7be-69b0da1e38a3.html）

附件　模拟业务

一、仅通过货代出口业务

1. 实验例题（通过货代散货拼箱出口类型）

"深圳华为集团"与"北京联想集团"各有一批货物（交换机、数码相机）要出口到"英国爱丁堡港"，两家公司分别找到了"深圳联程通货代公司"代理出口。深圳联程通货代公司要求两家客户将各自要出口的（散货）货物送到"广州赤湾仓储公司"进行货物拼箱，因深圳联程通货代公司运力有限，该公司找到"广东安达运输公司"派车到"雄风集装箱公司"提个空箱送到"赤湾仓库"进行拼箱，待拼箱完成后由广州送到"深圳港"。同时深圳联程通货代公司还要进行订舱、报关、提单等相关操作。集装箱到达码头后，由码头公司装船到"中远号（头程）"船运抵"香港"。到达"香港"后再通过"香港明华（二程船）"中转直运抵目的港"英国爱丁堡港"，由目的港代理深圳联程通货代公司收货。

实验模拟例题中所涉及的相关港口、客户、船、地点、货物、路线、报价等信息，是之前就要在基础资料部分中定义完善的。只有满足了系统中所需的基础资料信息后才能顺利进行后面的操作。

2. 实验步骤

（1）制定生产业务单；
（2）货代公司拼箱业务？制定拼箱委托单；
（3）仓储公司将散货入库拼箱；
（4）货代公司进行拼箱配载、订舱、派车；
（5）仓储公司将拼好的货物出库；
（6）运输公司通过集装箱管理进行派车；
（7）码头公司收箱并装船出口。

二、仓储运输出口业务

1. 实验例题（通过仓储运输公司拼箱出口类型）

"北京联想集团"有一批货物（数码相机）要出口到"英国爱丁堡港"，北京联想集团找到"广东安达运输公司"零担业务派车将要出口的（散货）货物送到"广州赤湾仓储公司"进行货物装箱，待装箱完成并由仓储公司出库后，再由运输公司的集装箱业务员派车从广州将集装箱送到"深圳港"，集装箱达到码头后，由码头公司装船到"中远号"运抵"香港"。到达"香港"后再通过中转直运抵目的港"英国爱丁堡港"交由目的港收货人"国美电器"。

实验模拟例题中所涉及的相关港口、客户、船、地点、货物、路线、报价等信息，是之前就要在基础资料部分中定义完善的。只有满足了系统中所需的基础资料信息后才能顺利进行后面的操作。

2. 实验步骤

（1）制定生产业务单；
（2）运输公司进行零担派车；
（3）仓储公司将散货入库拼箱；
（4）仓储公司将整箱出库；
（5）运输公司进行集装箱派车；
（6）码头公司收箱并装船出口。

思考与练习

一、单项选择题

1. 若物流对企业成功的影响程度较低，同时企业处理物流的能力也低，则宜采用（　　）。
   A. 第三方物流服务　　　　　　B. 自营物流模式
   C. 物流联盟　　　　　　　　　D. 其他形式
2. 在电子商务下，物流业是介于供货方和购货方之间的第三方，是以（　　）作为第一宗旨。
   A. 服务　　　　B. 运输　　　　C. 技术　　　　D. 配送
3. （　　）又称共享第三方物流服务，是指由多个企业联合组织实施的配送活动。
   A. 即时配送　　B. 联合配送　　C. 区域配送　　D. 共同配送
4. 配送中心的信息系统一般不提供（　　）信息。
   A. 绩效管理　　B. 经营规划　　C. 配送资源计划　　D. 人力资源
5. 主要用于企业内部以及企业供应链上下游之间信息共享的物流信息平台是（　　）。
   A. 地区物流信息平台　　　　　B. 国家物流信息平台
   C. 企业物流信息平台　　　　　D. 行业物流信息平台
6. （　　）是指独立于供需双方为客户提供专项或全面的物流系统设计或系统运营物流服务模式。
   A. 第三方物流　　B. 第一方物流　　C. 第二方物流　　D. 第四方物流
7. 如运输公司、仓储公司、流通加工公司，单一功能、仅仅承担和完成某一项或几项物流功能的第三方物流是（　　）。
   A. 自己拥有资产　　　　　　　B. 物流自营公司
   C. 功能性物流公司　　　　　　D. 采用租赁方式

8. 不同的货主企业存在不同的物流服务需求，反映了第三方物流的（   ）。
A. 关系契约化　　　B. 功能专业化　　　C. 服务个性化　　　D. 信息网络化

二、多项选择题

1. 第三方物流的特征是（   ）。
A. 关系契约化　　　B. 功能专业化　　　C. 服务个性化　　　D. 信息网络化
2. 第三方物流的意义包括（   ）。
A. 提高企业竞争力　　　　　　　　B. 降低成本、提高效率
C. 减少库存　　　　　　　　　　　D. 提升企业形象
3. 物流中心信息系统包括（   ）。
A. 面向制造企业零配件采购供应物理中心信息系统
B. 面向制造企业产成品分销物流中心信息系统
C. 面向批发企业分销物流中心信息系统
D. 面向消费者的物理执行信息系统
4. 物流信息系统的基本内容包括物流信息（   ）。
A. 传递的标准实时化　　　　　　　B. 使用的全面化
C. 存储的数字化　　　　　　　　　D. 处理的计算机化
5. 以下属于比较典型的物流信息系统的是（   ）。
A. 财务管理系统　　　　　　　　　B. 仓储管理信息系统
C. 配送中心管理信息系统　　　　　D. 运输管理信息系统

三、简答题

1. 何谓物流信息化？对一个企业来说其物流信息化应包括哪些内容？
2. 第三方物流服务的内容有哪些？
3. 简述物流业务外包的作用。
4. 第三方物流的特点有哪些？
5. 什么是第四方物流？其与第三方物流的区别在哪里？

四、论述题

论述我国第三方物流发展现状及未来趋势。

阅读建议

［1］中国物流与采购联合会［EB/OL］.http://www.chinawuliu.com.cn/
［2］第1物流网［EB/OL］.http://www.cn156.com/
［3］中国第三方物流包装定制网［EB/OL］.http://www.eljpp.com.cn/
［4］物流天下［EB/OL］.http://www.56885.net/corp/?0.html
［5］中国物流学会［EB/OL］.http://csl.chinawuliu.com.cn/

项目八

ERP、物联网与区块链

学习目标

1. 知识目标
（1）认知物联网基本内涵；
（2）描述 ERP 实施需要事项及成功实施 ERP 的模式；
（3）认知区块链的核心技术。

2. 技能目标
（1）能够分析物联网在物流产业应用及未来发展趋势；
（2）能够根据案例完成企业 ERP 实施分析报告。

3. 素质目标
（1）培养学生具备运用 ERP 信息系统的基本素质；
（2）培养学生具备物联网、区块链思维的基本素质；
（3）培养学生具备应用 ERP 信息系统进行物流活动管理的职业要求。

任务一 企业资源计划 ERP

一、企业资源计划 ERP 内涵

1. ERP 基本涵义

企业资源计划或称企业资源规划，简称 ERP（Enterprise Resource Planning），由美国著名管理咨询公司 Gartner Group Inc. 于 1990 年提出，最初被定义为应用软件，但迅速为全世界商业企业所接受，现已经发展成为现代企业管理理论之一。

ERP 系统是指建立在信息技术基础上，集信息技术与先进管理思想于一身，以系统化的管理思想，为企业员工及决策层提供决策手段的管理平台。它是从 MRP（物料需求计划 Material Requirement Planning）发展而来的新一代集成化管理信息系统，它扩展了 MRP 的功能，其核心思想是供应链管理。它跳出了传统企业边界，从供应链范围去优化企业的资源，优化了现代企业的运行模式，反映了市场对企业合理调配资源的要求。它对于改善企业业务流程、提高企业核心竞争力具有显著作用。世界 500 强企业中有 80% 的企业都在用 ERP 软件作为其决策的工具和管理日常工作流程，其功效可见一斑。

ERP 是整合了企业管理理念、业务流程、基础数据、人力物力、计算机硬件和软件于一体的企业资源管理系统。ERP 是先进的企业管理模式，是提高企业经济效益的解决方案。其主要宗旨是对企业所拥有的人、财、物、客户、信息、时间和空间等综合资源进行综合平衡和优化管理，协调企业内外各管理部门，围绕市场导向开展业务活动，提高企业的核心竞争力，从而取得最好的经济效益。所以，ERP 首先是一个软件，同时是一个管理工具。它是 IT 技术与管理思想的融合体，也就是先进的管理思想借助电脑，来达成企业的管理目标。

2. ERP 发展历程

西方企业管理方法的发展经历了以下过程：

（1）订货点法。在 20 世纪 40 年代，计算机系统还没有出现，为解决库存控制问题，人们提出了订货点法。

（2）时段式 MRP。到 20 世纪 60 年代随着计算机系统的发展，使得短时间内对大量数据进行复杂运算成为可能，于是人们提出了 MRP 理论。

（3）闭环 MRP。随着人们认识的加深及计算机系统的进一步普及，MRP 的理论范畴也得到了发展，在 20 世纪 70 年代为解决采购、库存、生产、销售的管理，发展了生产能力需求计划、车间作业计划以及采购作业计划理论。

（4）MRP Ⅱ 理论。20 世纪 80 年代计算机网络技术发展，企业内部信息得到充分共享，MRP 的各子系统也得到了统一，形成了一个集采购、库存、生产、销售、财务、工程技术等为一体的子系统。于是发展了 MRP II 理论，即 Manufacturing Resource Planning。

（5）ERP 的产生。到了 20 世纪 90 年代，市场竞争进一步加剧，企业竞争的空间和范围进一步扩大，80 年代主要面向企业内部资源全面管理的思想随之逐步发展成为怎样有效利用和管理整体资源的管理思想。1991 年，美国加特纳公司首先提出了 ERP 的概念报告。

3. ERP 对企业的意义与作用

（1）ERP 强调对企业管理的事前控制能力，把设计、制造、销售、运输、仓储和人力资源、工作环境、决策支持等方面的作业，看作是一个动态的、可事前控制的有机整体。ERP 系统将上述各个环节整合在一起，它的核心是管理企业现有资源，合理调配和准确利用现有资源，为企业提供一套能够对产品质量、市场变化、客户满意度等关键问题进行实时分析、判断的决策支持系统。

（2）ERP 是先进的现代企业管理模式，主要实施对象是企业，目的是将企业的各个方面的资源（包括人、财、物、客、产、供、销等因素）合理配置，以使之充分发挥效能，使企业在激烈的市场竞争中全方位地发挥能量，从而取得最佳经济效益。ERP 系统在 MRP II 的基础上扩展了管理范围，提出了新的管理体系结构，把企业的内部和外部资源有机地结合在了一起。这里充分贯彻了供应链的管理思想，将用户的需求和企业内部的制造活动以及外部供应商的制造资源一同包括了进来，体现了完全按客户需求制造的思想。

（3）ERP 集中反映出现代企业管理的理论与方法，同时也强调因地制宜的原则。但是现今的 ERP 软件还不完善，远没有达到客户对之的要求，甚至也没有达到软件供应商们自己所做出的承诺。用户需要的是更周密的供应链计划、更灵活地实施，希望 ERP 不仅能适合今天的业务流程，而且要能够迅速改革，适应将来的新模式。如今的 ERP 系统主要弱点在计划功能方面，即主生产调动模块和制造资源计划（MRP）模块没能适时地以现有的资源响应客户的需求，因而难以对现实世界的供应链提供支持。

（4）企业通过实施 ERP，配套的工作是在帮助企业建流程、建制度、建规范、建标准，确保企业的 TQC（交期、质量、成本）的控制与保证能力，从而提高企业管理水平，提升企业竞争力，提升企业经济效益，实现企业利润最大化。也就是说，如果 ERP 的导入，没有配套的把流程、制度、规范、标准建立起来，ERP 实施失败的风险就很大。反之，通过实施 ERP，企业建立了合理的流程、规范、标准、制度，并且不断地持续地固化和优化，从而达到提升企业竞争力、实现企业利润最大化的目标。

二、ERP 的主要功能模块简介

由于各个 ERP 厂商的产品风格与侧重点不尽相同,因而其 ERP 产品的模块结构也相差较大。对于初次了解 ERP 的读者来说,有时可能会觉得弄不清到底哪个才是真正的 ERP 系统。所以,在这里,我们撇开实际的产品,从企业的角度来简单描述一下 ERP 系统的功能结构,即 ERP 能够为企业做什么、它的模块功能到底包含哪些内容。

ERP 是将企业所有资源进行整合集成管理,简单地说是将企业的三大流:物流、资金流、信息流,进行全面一体化管理的管理信息系统。它的功能模块以不同于以往的 MRP 或 MRP II 的模块,它不仅可用于生产企业的管理,而且在许多其他类型的企业如一些非生产、公益事业的企业也可导入 ERP 系统进行资源计划和管理。这里我们将仍然以典型的生产企业为例子来介绍 ERP 的功能模块。

在企业中,一般的管理主要包括三方面的内容:生产控制(计划、制造)、物流管理(分销、采购、库存管理)和财务管理(会计核算、财务管理)。这三大系统本身就是集成体,它们互相之间有相应的接口,能够很好地整合在一起来对企业进行管理。另外,要特别一提的是,随着企业对人力资源管理重视的加强,已经有越来越多的 ERP 厂商将人力资源管理纳入了 ERP 系统。

(一) 财务管理模块

企业中,清晰分明的财务管理是极其重要的。所以,在 ERP 整个方案中它是不可或缺的一部分。ERP 中的财务模块与一般的财务软件不同,作为 ERP 系统中的一部分,它和系统的其他模块有相应的接口,能够相互集成,比如:它可将由生产活动、采购活动输入的信息自动计入财务模块生成总账、会计报表,取消了输入凭证烦琐的过程,几乎完全替代以往传统的手工操作。一般的 ERP 软件的财务部分分为会计核算与财务管理两大块。

1. 会计核算

会计核算主要是记录、核算、反映和分析资金在企业经济活动中的变动过程及其结果。它由总账、应收账、应付账、现金管理、固定资产核算、多币制等部分构成。

(1) 总账模块。它的功能是处理记账凭证输入、登记,输出日记账、一般明细账及总分类账,编制主要会计报表。它是整个会计核算的核心,应收账、应付账、固定资产核算、现金管理、工资核算、多币制等各模块都以其为中心来互相信息传递。

(2) 应收账模块。是指企业应收的由于商品赊欠而产生的正常客户欠款账。它包括发票管理、客户管理、付款管理、账龄分析等功能。它和客户订单、发票处理业务相联系,同时将各项事件自动生成记账凭证,导入总账。

(3) 应付账模块。会计里的应付账是企业应付购货款等账,它包括发票管理、供应商管理、支票管理、账龄分析等。它能够和采购模块、库存模块完全集成以替代过去烦琐的手工操作。

(4) 现金管理模块。它主要是对现金流入流出的控制以及零用现金及银行存款的核算。它包括了对硬币、纸币、支票、汇票和银行存款的管理。在 ERP 中提供了票据维护、票据打印、付款维护、银行清单打印、付款查询、银行查询和支票查询等和现金有关的功能。此外,它还和应收账、应付账、总账等模块集成,自动产生凭证,过入总账。

(5) 固定资产核算模块。即完成对固定资产的增减变动以及折旧有关基金计提和分配的核算工作。它能够帮助管理者对目前固定资产的现状有所了解,并能通过该模块提供的各种方法来管理资产,以及进行相应的会计处理。它的具体功能有:登录固定资产卡片和明细账,计算折旧,编制报表,以及自动编制转账凭证,并转入总账。它和应付账、成本、总账模块集成。

(6) 多币制模块。这是为了适应当今企业的国际化经营,对外币结算业务的要求增多而产生的。多币制将企业整个财务系统的各项功能以各种币制来表示和结算,且客户订单、库存管理及采购管理等也能使用多币制进行交易管理。多币制和应收账、应付账、总账、客户订单、采购等各模块都有接口，可自动生成所需数据。

(7) 工资核算模块。自动进行企业员工的工资结算、分配、核算以及各项相关经费的计提。它能够登录工资、打印工资清单及各类汇总报表，计算计提各项与工资有关的费用，自动做出凭证，导入总账。这一模块是和总账、成本模块集成的。

(8) 成本模块。它将依据产品结构、工作中心、工序、采购等信息进行产品的各种成本的计算，以便进行成本分析和规划。还能用标准成本或平均成本法按地点维护成本。

2. 财务管理

财务管理的功能主要是基于会计核算的数据，再加以分析，从而进行相应的预测、管理和控制活动。它侧重于财务计划、控制、分析和预测。

(二) 生产控制管理模块

这一部分是 ERP 系统的核心所在，它将企业的整个生产过程有机地结合在一起，使得企业能够有效地降低库存、提高效率。同时各个原本分散的生产流程的自动连接，也使得生产流程能够前后连贯地进行，而不会出现生产脱节，耽误生产交货时间。

生产控制管理是一个以计划为导向的先进的生产、管理方法。首先，企业确定它的一个总生产计划，再经过系统层层细分后，下达到各部门去执行，即生产部门以此生产，采购部门按此采购等。

1. 主生产计划

它是根据生产计划、预测和客户订单的输入来安排将来的各周期中提供的产品种类和数量，它将生产计划转为产品计划，在平衡了物料和能力的需要后，精确到时间、数量的详细的进度计划，是企业在一段时期内的总活动的安排，是一个稳定的计划，是以生产计划、实际订单和对历史销售分析得来的预测产生的。

2. 物料需求计划

在主生产计划决定生产多少最终产品后，再根据物料清单，把整个企业要生产的产品的数量转变为所需生产的零部件的数量，并对照现有的库存量，可得到还需加工多少、采购多少的最终数量。这才是整个部门真正依照的计划。

3. 能力需求计划

它是在得出初步的物料需求计划之后，将所有工作中心的总工作负荷，在与工作中心的能力平衡后产生的详细工作计划，用以确定生成的物料需求计划是否是企业生产能力上可行的需求计划。能力需求计划是一种短期的、当前实际应用的计划。

4. 车间控制

这是随时间变化的动态作业计划，是将作业分配到具体各个车间，再进行作业排序、作业管理、作业监控。

5. 制造标准

在编制计划中需要许多生产基本信息，这些基本信息就是制造标准，包括零件、产品结构、工序和工作中心，都用唯一的代码在计算机中识别。

(三) 物流管理模块

1. 分销管理

销售的管理是从产品的销售计划开始，对其销售产品、销售地区、销售客户各种信息的管理和统计，并可对销售数量、金额、利润、绩效、客户服务做出全面的分析，这样在分销管理模块中大致有三方面的功能。

(1) 对于客户信息的管理和服务。它能建立一个客户信息档案，对其进行分类管理，进而对其进行针对性的客户服务，以达到最高效率地保留老客户、争取新客户。在这里，要特别提到的就是最近新出现的 CRM 软件，即客户关系管理，ERP 与它的结合必将大大增加企业的效益。

（2）对于销售订单的管理。销售订单是 ERP 的入口，所有的生产计划都是根据它下达并进行排产的。而销售订单的管理是贯穿了产品生产的整个流程。它包括：

①客户信用审核及查询（客户信用分级，来审核订单交易）。
②产品库存查询（决定是否要延期交货、分批发货或用代用品发货等）。
③产品报价（为客户作不同产品的报价）。
④订单输入、变更及跟踪（订单输入后，变更的修正及订单的跟踪分析）。
⑤交货期的确认及交货处理（决定交货期和发货事物安排）。

（3）对于销售的统计与分析。这时系统根据销售订单的完成情况，依据各种指标做出统计，比如客户分类统计、销售代理分类统计等，再就这些统计结果来对企业实际销售效果进行评价。

2. 库存控制

用来控制存储物料的数量，以保证稳定的物流支持正常的生产，但又最小限度地占用资本。它是一种相关的、动态的、真实的库存控制系统。它能够结合、满足相关部门的需求，随时间变化动态地调整库存，精确地反映库存现状。这一系统的功能又涉及：

（1）为所有的物料建立库存，决定何时订货采购，同时作为交与采购部门采购、生产部门作生产计划的依据。
（2）收到订购物料，经过质量检验入库，生产的产品也同样要经过检验入库。
（3）收发料的日常业务处理工作。

3. 采购管理

确定合理的定货量、优秀的供应商和保持最佳的安全储备。能够随时提供定购、验收的信息，跟踪和催促对外购或委外加工的物料，保证货物及时到达。建立供应商的档案，用最新的成本信息来调整库存的成本。

4. 批次跟踪管理

许多行业都要求物资在流转的过程当中，需要进行产品批次的跟踪管理，一旦产品出现质量问题时，可以通过产品批次追溯。

（四）人力资源管理模块

以往的 ERP 系统基本上都是以生产制造及销售过程（供应链）为中心的。因此，长期以来一直把与制造资源有关的资源作为企业的核心资源来进行管理。但近年来，企业内部的人力资源，开始越来越受到企业的关注，被视为企业的资源之本。在这种情况下，人力资源管理，作为一个独立的模块，被加入到了 ERP 的系统中来，和 ERP 中的财务、生产系统组成了一个高效的、具有高度集成性的企业资源系统。它与传统方式下的人事管理有着根本的不同。

1. 人力资源规划的辅助决策

对于企业人员、组织结构编制的多种方案，进行模拟比较和运行分析，并辅之以图形的直观评估，辅助管理者做出最终决策。

制定职务模型，包括职位要求、升迁路径和培训计划，根据担任该职位员工的资格和条件，系统会提出针对本员工的一系列培训建议，一旦机构改组或职位变动，系统会提出一系列的职位变动或升迁建议。

进行人员成本分析，可以对过去、现在、将来的人员成本作出分析及预测，并通过 ERP 集成环境，为企业成本分析提供依据。

2. 招聘管理

人才是企业最重要的资源。优秀的人才才能保证企业持久的竞争力。招聘系统一般从以下几个方面提供支持：

(1) 进行招聘过程的管理，优化招聘过程，减少业务工作量。
(2) 对招聘的成本进行科学管理，从而降低招聘成本。
(3) 为选择聘用人员的岗位提供辅助信息，并有效地帮助企业进行人才资源的挖掘。

3. 工资核算

(1) 能根据公司跨地区、跨部门、跨工种的不同薪资结构及处理流程制定与之相适应的薪资核算方法。
(2) 与时间管理直接集成，能够及时更新，对员工的薪资核算动态化。
(3) 回算功能。通过和其他模块的集成，自动根据要求调整薪资结构及数据。

4. 工时管理

(1) 根据本国或当地的日历，安排企业的运作时间以及劳动力的作息时间表。
(2) 运用远端考勤系统，可以将员工的实际出勤状况记录到主系统中，并把与员工薪资、奖金有关的时间数据导入薪资系统和成本核算中。

5. 差旅核算

系统能够自动控制从差旅申请、差旅批准到差旅报销整个流程，并且通过集成环境将核算数据导进财务成本核算模块中去。

三、ERP 同 MRP Ⅱ 的区别

世界经济形势、管理思想和信息技术都是在不断发展的。随着全球化经济的形成，以面向企业内部信息集成为主的 MRP Ⅱ 系统已不能满足企业多元化（多行业）、跨地区、多供应和销售渠道的全球化经营管理模式的要求。进入 20 世纪 90 年代，随着网络通信技术迅速发展和广泛应用，一些跨国经营的制造企业开始朝着更高的管理信息系统层次——ERP 迈进。需要再次指出的是 MRP Ⅱ 不是"过时了"，而是"不够了"，不能满足新形势的需求了。

ERP 是由美国加特纳公司在 20 世纪 90 年代初首先提出的，那时的 ERP 概念，还只是根据计算机技术的发展和供需链管理，推论各类制造业在信息时代管理信息系统的发展趋势和变革；当时，Internet 的应用还没有广泛普及。

(1) ERP 是一个面向供需链管理的管理信息集成。事实上，当前一些 ERP 软件的功能已经远远超出了制造业的应用范围，成为一种适应性强、具有广泛应用意义的企业管理信息系统。但是，制造业仍然是 ERP 系统的基本应用对象。

(2) 网络通信技术的应用是 ERP 同 MRP Ⅱ 的又一个主要区别。ERP 系统除了已经普遍采用的诸如图形用户界面技术（GUI）、SQL 结构化查询语言、关系数据库管理系统（RDBMS）、面向对象技术（OOT）、第四代语言/计算机辅助软件工程、客户机/服务器和分布式数据处理系统等技术之外，还要实现更为开放的不同平台互操作，采用适用于网络技术的编程软件，加强了用户自定义的灵活性和可配置性功能，以适应不同行业用户的需要。网络通信技术的应用，使 ERP 系统得以实现供需链管理的信息集成。

(3) ERP 侧重于各种管理信息的集成，而 CIMS（计算机集成制造系统）侧重于技术信息的集成，它们之间在内容上有重叠但又是互补的关系。制造业是否实现 ERP 系统、什么时候实现，取决于企业的性质、规模以及发展和经营战略的需要。但是不论如何，都应从 ERP 的高度来进行企业信息化建设的长远规划。作为制造业信息化建设的第一步，从实施 MRP Ⅱ 入手，仍然是绝大多数企业必要和可行的方案。

四、ERP 实施需要事项

1. ERP 实施中一般性注意事项

ERP 项目是一个庞大的系统工程，不是有钱买来软件就可以的。ERP 更多的是一种先进的

管理思想，它涉及面广，投入大，实施周期长，难度大，存在一定的风险，需要采取科学的方法来保证项目实施的成功。

一般在实施中需要注意以下问题：
(1) 最高决策者和全体员工的参与。
(2) 知识更新。
(3) 规范化的数据。
(4) 业务流程重组和机构重组。

2. 决定 ERP 实施成败的影响因素
(1) 人员对 ERP 实施效果的影响。
(2) 组织因素对 ERP 实施效果的影响。
(3) 文化对 ERP 实施效果的影响。

五、成功实施 ERP 的模式

ERP 系统实施成功有两个基本条件：一个是合适的软件，另一个是有效的实施方法。其中有效的实施方法大致上可归纳为十个方面的内容：一是高级管理层的支持和承诺；二是有一支既懂管理又精通软件的实施和咨询队伍；三是管理信息系统项目范围的重申和监督；四是管理信息系统项目小组的组成；五是管理信息系统项目工作的深入程度；六是详细可行的项目计划；七是详细可行的项目持续性计划；八是项目必须有适当的资源；九是"经验总结"，所有有关部门的质量管理评估；十是项目从建模、测试、试运行到正式投入运行的转换管理。

1. 要知己知彼，选好软件

选择 ERP 软件必须遵循以下四个步骤：理解 ERP 原理、分析企业需求、选择软件以及选择硬件平台、操作系统和数据库。前两项是为了做到"知己"，后两项是为了做到"知彼"，只有知己知彼，才能选好软件，做到百战不殆。

2. 选择好的管理咨询公司

前面的详细分析，说明选择一家富有经验的管理咨询公司的重要性。企业聘请管理咨询公司，可负责完成总体规划的设计、对企业领导和全体员工进行 ERP 理念的培训、项目的详细实施计划等。

3. 制定具体的量化目标

谈成功离不开目标；没有目标，成功与否就无从谈起。上 ERP 项目如果没有统一的目标，或者是太抽象即没有具体的、量化的、可考核的目标，就没有办法在系统实施完后进行对比和评判。在实施 ERP 时不能再实行粗放式管理，否则会埋下不成功的潜在危机。

在双方合作合同签订前，供求双方一定要在技术协议条款中明确 ERP 的实施目标、具体实施内容、实现的技术、实施的计划、步骤以及分阶段项目成果、验收办法。

4. 做好业务流程重组

业务流程重组是对企业现有业务运行方式的再思考和再设计，应遵循以下基本原则：必须以企业目标为导向调整组织结构、必须让执行者有决策的权力、必须取得高层领导的参与和支持、必须选择适当的流程进行重组、必须建立通畅的交流渠道、组织结构必须以目标和产出为中心而不是以任务为中心。做法是由管理咨询公司在 ERP 实施前进行较长时间的企业管理状况调研，提出适合企业的改进的管理模型，同时该管理模型必须考虑到企业的发展，并得到企业管理层的批准。

5. 有针对性地实施 ERP，解决企业管理瓶颈

完整的 ERP 系统是一个十分庞杂的系统，它既有管理企业内部的核心软件 MRP Ⅱ，还有扩充至企业关系管理（客户关系管理 CRM 和供应链管理 SCM）的软件；既有管理以物流/资金流

为对象的主价值链,又有管理支持性价值链——人力资源、设备资源、融资等管理,以及对决策性价值链的支持。任何一个企业都不可能一朝一夕就实现这一庞大的系统。每个企业都有自己的特点和要解决的主要矛盾,需要根据自身实际情况确定实施目标和步骤。

6. 通过培训和制定制度,提高员工素质,保证系统的正常运行

企业实施ERP是一个循序渐进、不断完善的过程,只有员工素质的不断提高,才能确保系统的不断深入。可以通过给企业员工定规章制度,把员工的经济效益与工作内容结合起来,这样员工的积极性可得到提高,熟悉业务的自觉性也可得到增强。

任务二 物联网

一、物联网基本内涵

物联网是新一代信息技术的重要组成部分,也是"信息化"时代的重要发展阶段。其英文名称是:"Internet of Things"。顾名思义,物联网就是物物相连的互联网。这有两层意思:其一,物联网的核心和基础仍然是互联网,是在互联网基础上的延伸和扩展的网络;其二,其用户端延伸和扩展到了任何物品与物品之间,进行信息交换和通信,也就是物物相息。物联网是利用局部网络或互联网等通信技术把传感器、控制器、机器、人员和物等通过新的方式联在一起,形成人与物、物与物相联,实现信息化、远程管理控制和智能化的网络。物联网是互联网的延伸,它包括互联网及互联网上所有的资源,兼容互联网所有的应用,但物联网中所有的元素(所有的设备、资源及通信等)都是个性化和私有化。

物联网的概念是在1999年提出的,当时定义很简单:把所有物品通过射频识别等信息传感设备与互联网连接起来,实现智能化识别和管理。物联网通过智能感知、识别技术与普适计算等通信感知技术,广泛应用于网络的融合中,也因此被称为继计算机、互联网之后世界信息产业发展的第三次浪潮。物联网是互联网的应用拓展,与其说物联网是网络,不如说物联网是业务和应用。因此,应用创新是物联网发展的核心,以用户体验为核心的创新2.0是物联网发展的灵魂。

毫无疑问,如果"物联网"时代来临,人们的日常生活将发生翻天覆地的变化。然而,不谈什么隐私权和辐射问题,单把所有物品都植入识别芯片这一点现在看来还不太现实。人们正走向"物联网"时代,但这个过程可能需要很长很长的时间。

二、物联网的原理

物联网是在计算机互联网的基础上,利用RFID、无线数据通信等技术,构造一个覆盖世界上万事万物的"Internet of Things"。在这个网络中,物品(商品)能够彼此进行"交流",而无须人的干预。其实质是利用RFID技术,通过计算机互联网实现物品(商品)的自动识别和信息的互联与共享。

而RFID,正是能够让物品"开口说话"的一种技术。在"物联网"的构想中,RFID标签中存储着规范而具有互用性的信息,通过无线数据通信网络把它们自动采集到中央信息系统,实现物品(商品)的识别,进而通过开放性的计算机网络实现信息交换和共享,实现对物品的"透明"管理。

"物联网"概念的问世,打破了之前的传统思维。过去的思路一直是将物理基础设施和IT基础设施分开:一方面是机场、公路、建筑物,而另一方面是数据中心、个人电脑、宽带等。而在"物联网"时代,钢筋混凝土、电缆将与芯片、宽带整合为统一的基础设施,在此意义上,基础设施更像是一块新的地球工地,世界的运转就在它上面进行,其中包括经济管理、生产运行、社会管理乃至个人生活。

物联网（图 8-2-1）具有以下特征：

一是全面感知，即利用 RFID、传感器、二维码等随时随地获取物体的信息。

二是可靠传递，通过各种电信网络与互联网的融合，将物体的信息实时准确地传递出去。

三是智能处理，利用云计算、模糊识别等各种智能计算技术，对海量的数据和信息进行分析和处理，对物体实施智能化的控制。

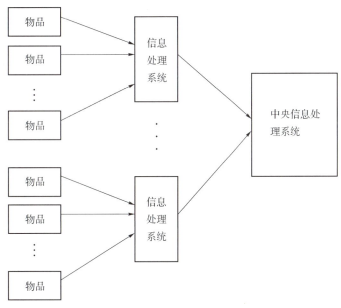

图 8-2-1　物联网示意图

三、物联网的体系结构

目前，物联网还没有一个被广泛认同的体系结构，但是，我们可以根据物联网对信息感知、传输、处理的过程将其划分为三层结构，即感知层、网络层和应用层，具体体系结构如图 8-2-2 所示。

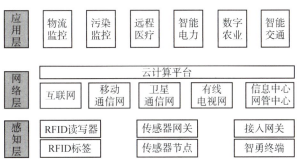

图 8-2-2　物联网体系结构

（1）感知层：主要用于对物理世界中的各类物理量、标识、音频、视频等数据的采集与感知。数据采集主要涉及传感器、RFID、二维码等技术。

（2）网络层：主要用于实现更广泛、更快速的网络互连，从而把感知到的数据信息可靠、安全地进行传送。目前能够用于物联网的通信网络主要有互联网、无线通信网、卫星通信网与有线电视网。

（3）应用层：主要包含应用支撑平台子层和应用服务子层。应用支撑平台子层用于支撑跨行业、跨应用、跨系统之间的信息协同、共享和互通。应用服务子层包括智能交通、智能家居、智能物流、智能医疗、智能电力、数字环保、数字农业、数字林业等领域。

四、物联网在物流产业应用分析

1. 物联网对物流产业的影响

物流领域是物联网相关技术最有现实意义的应用领域之一。物联网的建设，会进一步提升物流智能化、信息化和自动化水平，推动物流功能整合，对物流服务各环节运作将产生积极影响。具体地讲，主要有以下几个方面：

物联网行业产业链全景梳理及区域热力地图

（1）生产物流环节。基于物联网的物流体系可以实现整个生产线上的原材料、零部件、半成品和产成品的全程识别与跟踪。

（2）运输环节。物联网能够使物品在运输过程中的管理更透明。

（3）仓储环节。将物联网技术（如 EPC 技术）应用于仓储管理，可实现仓库的存货、盘点、取货的自动化操作，从而提高作业效率。

（4）配送环节。采用 EPC 技术能准确了解货物存放位置。

（5）销售物流环节。当贴有 EPC 标签的货物被客户提取，智能货架会自动识别并向系统报告。

2. 物联网在物流产业应用中出现的问题

虽然物联网会给物流产业带来很多积极的影响，但总体来说，物联网的应用尚处于初级阶段，离我们的期望还有不少差距。

（1）技术方面。物联网促进物流智能化，物联网属于通用技术。而物流业是个性需求最多、最复杂的行业之一，甚至在一些领域，应用要求比技术开发难度还大。因此，要充分考虑物联网通用技术如何满足物流产业个性需求。

（2）标准化方面。物联网的实现需要一个标准体系的支撑，这样才能够做到物品检索的互通性。但是，目前所制定的标准并没有形成一个统一的标准体系，由于在标准制定过程中各领域独立进行，使所制定的标准之间缺乏沟通和协调，没有采用统一制式的编码，这给物联网各种技术的融合造成了难度，阻碍了物联网在物流业的推广。

（3）安全方面。作为物联网的关键技术，RFID 还存在着很多技术上的不成熟和设计缺陷。

（4）成本方面。当前制约物联网技术在物流产业中应用的一大障碍就是成本价格。

3. 基于物联网的物流产业发展对策分析

（1）加快物联网产业战略规划，使之与物流产业规划协调统一。要从国家战略规划层面对物联网产业的发展方向、重点领域、关键技术等做出明确的界定和规划。

（2）加快标准化建设。在物联网标准的制定工作中应采取开放的态度，广泛与国际领先的研究机构和企业充分交流合作，并积极吸纳已经具有广泛国际市场基础的相关应用技术标准，实现中国物联网产业与世界物联网产业发展的对接，推动物流产业进一步发展。

（3）加强安全保障。

（4）积极降低成本。

任务三　区块链与物流

一、区块链基本内涵

1. 区块链定义

区块链是分布式数据存储、点对点传输、共识机制、加密算法等计算机技术的新型应用模式，起源于中本聪的比特币，作为比特币的底层技术，本质上是一个去中心化的数据库。区块链是指通过去中心化和去信任的方式集体维护一个可靠数据库的技术方案。

区块链技术是一种不依赖第三方、通过自身分布式节点进行网络数据的存储、验证、传递和交流的技术方案。因此，有人从金融会计的角度，把区块链技术看成是一种分布式开放性去中心化的大型网络记账簿，任何人任何时间都可以采用相同的技术标准加入自己的信息，延伸区块链，持续满足各种需求带来的数据录入需要。

通俗一点说，区块链技术就指一种全民参与记账的方式。所有的系统背后都有一个数据库，你可以把数据库看成是一个大账本。那么谁来记这个账本就变得很重要。目前就是谁的系统谁来记账，微信的账本就是腾讯在记，淘宝的账本就是阿里在记。但现在区块链系统中，系统中的每个人都可以有机会参与记账。在一定时间段内如果有任何数据变化，系统中每个人都可以来进行记账，系统会评判这段时间内记账最快最好的人，把他记录的内容写到账本，并将这段时间内账本内容发给系统内所有的其他人进行备份。这样系统中的每个人都有了一本完整的账本。这种方式，称它为区块链技术。

区块链技术被认为是互联网发明以来最具颠覆性的技术创新，它依靠密码学和数学巧妙的分布式算法，在无法建立信任关系的互联网上，无须借助任何第三方中心的介入就可以使参与者达成共识，以极低的成本解决了信任与价值的可靠传递难题。

2. 区块链的特征

从区块链的形成过程看，区块链技术具有以下特征。

（1）去中心化：由于使用分布式核算和存储，不存在中心化的硬件或管理机构，任意节点的权利和义务都是均等的，系统中的数据块由整个系统中具有维护功能的节点来共同维护。

（2）开放性：系统是开放的，除了交易各方的私有信息被加密外，区块链的数据对所有人公开，任何人都可以通过公开的接口查询区块链数据和开发相关应用，因此整个系统信息高度透明。

（3）自治性：区块链采用基于协商一致的规范和协议（如一套公开透明的算法）使得整个系统中的所有节点能够去信任的环境自由安全地交换数据，使得对"人"的信任改成了对机器的信任，任何人为的干预不起作用。

（4）信息不可篡改：一旦信息经过验证并添加至区块链，就会永久地存储起来，除非能够同时控制住系统中超过51%的节点，否则单个节点上对数据库的修改是无效的，因此区块链的数据稳定性和可靠性极高。

（5）匿名性：由于节点之间的交换遵循固定的算法，其数据交互是无须信任的（区块链中的程序规则会自行判断活动是否有效），因此交易对手无须通过公开身份的方式让对方自己产生信任，对信用的累积非常有帮助。

二、区块链的起源

若要解释何谓区块、区块链，还得从1982年提出的拜占庭将军问题说起。拜占庭位于如今的土耳其的伊斯坦布尔，是东罗马帝国的首都。由于当时东罗马帝国国土辽阔，为了防御目的，每个军队都分隔很远，将军与将军之间只能靠信差传递消息。在战争的时候，拜占庭军队内所有将军和副官必须达成一致的共识，决定是否有赢的机会才去攻打敌人的阵营。但是，在军队内有可能存有叛徒和敌军的间谍，左右将军们的决定，又扰乱整体军队的秩序。在进行共识时，结果并不代表大多数人的意见。这时候，在已知有成员谋反的情况下，其余忠诚的将军在不受叛徒的影响下如何达成一致的协议，拜占庭问题就此形成。

拜占庭将军问题实际是对网络世界容许入侵体系的模型化。拜占庭的忠实将军们要在叛徒存在且不抓出叛徒的情况下，使其决策形成一致。对应到通信世界中，人们要在容许一些捣乱或失效协议存在的情况下，解决问题。后来，人们发现，区块链起源于比特币，标志着上轮金融危机起点的雷曼兄弟倒闭后两周，2008年11月1日，一位自称中本聪的人发表了《比特币：一种点对点的电子现金系统》一文，阐述了基于P2P网络技术、加密技术、时间戳技术、区块链技术等的电子现金系统的构架理念，这标志着比特币的诞生。两个月后理论步入实践，2009年1月3日第一个序号为0的比特币创世区块诞生。几天后2009年1月9日出现序号为1的区块，并与序号为0的创世区块相连接形成了链，标志着区块链的诞生。

近年来，世界对比特币的态度起起落落，但作为比特币底层技术之一的区块链技术日益受到重视。在比特币形成过程中，区块是一个一个的存储单元，记录了一定时间内各个区块节点全部的交流信息。各个区块之间通过随机散列实现链接，后一个区块包含前一个区块的哈希值，随着信息交流的扩大，一个区块与一个区块相继接续，形成的结果就叫区块链。

区块链技术
应用热潮初现

三、区块链的核心技术

区块链的四大核心技术，分别是分布式账本、共识机制、密码学以及智能合约，它们在区块链中分别起到了数据的存储、数据的处理、数据的安全以及数据的应用作用。

（一）四大核心技术

1. 分布式账本

从实质上说就是一个可以在多个站点、不同地理位置或者多个机构组成的网络里进行分享的资产数据库。在一个网络里的参与者可以获得一个唯一、真实账本的副本。账本里的任何改动都会在所有的副本中被反映出来，反应时间会在几分钟甚至是几秒内。在这个账本里存储的资产可以是金融、法律定义上的、实体的或是电子的资产。在这个账本里存储的资产的安全性和准确性是通过公私钥以及签名的使用去控制账本的访问权，从而实现密码学基础上的维护。根据网络中达成共识的规则，账本中的记录可以由一个、一些或者是所有参与者共同进行更新。

分布式账本技术有潜力帮助政府征税、发放福利、发行护照、登记土地所有权、保证货物供应链的运行，并从整体上确保政府记录和服务的正确性。在英国国民健康保险制度（NHS）里，这项技术通过改善和验证服务的送达以及根据精确的规则去安全地分享记录，有潜力改善医疗保健系统。对这些服务的消费者来说，这项技术根据不同的情况，有潜力让消费者们去控制个人记录的访问权，并知悉其他机构对其记录的访问情况。

分布式账本技术产生的算法是一种强大的、具有颠覆性的创新，它有机会变革公共与私营服务的实现方式，并通过广泛的应用场景去提高生产力。

2. 共识机制

共识机制是区块链事务达成分布式共识的算法。区块链是一种去中心化的分布式账本系统，它可以用于登记和发行数字化资产、产权凭证、积分等，并以点对点的方式进行转账、支付和交易。区块链系统与传统的中心化账本系统相比，具有完全公开、不可篡改、防止多重支付等优点，并且不依赖于任何的可信第三方。

由于点对点网络下存在较高的网络延迟，各个节点所观察到的事务先后顺序不可能完全一致。因此区块链系统需要设计一种机制对在差不多时间内发生的事务的先后顺序进行共识。这种对一个时间窗口内的事务的先后顺序达成共识的算法被称为"共识机制"，目前主要有PoW（Proof of Work）即工作量证明、PoS（Proof of Stake）即权益证明。

3. 密码学

密码学是研究编制密码和破译密码的技术科学。研究密码变化的客观规律，应用于编制密码以保守通信秘密的，称为编码学；应用于破译密码以获取通信情报的，称为破译学，总称密码学。密码学技术是区块链技术的核心，区块链技术涉及的密码学技术主要包括哈希算法、与非对称加密以及数字签名等。

4. 智能合约

智能合约是指一份能自动执行本需要手动才能完成任务的协议。例如，一份能自动计算合同当事人待付金额，并安排支付这笔金额的合约。智能合约将减少协议执行过程中的人工干预。智能合约是区块链被称之为"去中心化的"重要原因，它允许我们在不需要第三方的情况下，执行可追溯、不可逆转和安全的交易。智能合约包含了有关交易的所有信息，只有在满足要求后才会执行结果操作。智能合约和传统纸质合约的区别在于智能合约是由计算机生成的。因此，代码本身解释了参与方的相关义务。智能合约的参与方通常是互联网上的陌生人，受制于有约束力的数字化协议。本质上，智能合约是一个数字合约，除非满足要求，否则不会产生结果。

（二）四大核心技术的关系

首先，分布式账本构建了区块链的框架，它本质是一个分布式数据库，当一笔数据产生后，经大家处理，就会储存在这个数据库里面，所以分布式账本在区块链中起到了数据储存的作用。

其次，因为分布式账本去中心化的特点，决定了区块链网络是一个分布式的结构，每个人都可以自由地加入其中，共同参与数据的记录。但与此同时，就衍生出来了令人头疼的"拜占庭将军问题"，即网络中参与的人数越多，全网也就越难以达成统一。

于是就需要另一套机制来协调全节点账目保持一致，共识机制就制定了一套规则，明确每个人处理数据的途径，并通过争夺记账权的方式来完成节点间的意见统一，最后谁取得记账权，全网就用谁处理的数据。所以共识机制在区块链中起到了统筹节点行为、明确数据处理的作用。

此外，数据进入分布式数据库中，也不是单纯地打包进来就没事了，底层的数据构架则是由区块链密码学来决定的。打包好的数据块，会通过密码学中的哈希函数处理成一个链式的结构，后一个区块包含前一个区块的哈希值，因为哈希算法具备单向性、抗篡改等特点，所以只要在区块链网络中，数据一旦上链就不可篡改、且可追溯。另外你的账户也会通过非对称加密的方式进行加密，进而保证了数据的安全，验证了数据的归属。

最后，可以在分布式账本的基础上，搭建应用层面的智能合约，当我们想要解决一些信任问题，可以通过智能合约，将用户之间的约定由代码的形式，将条件罗列清楚，并通过程序来执行，而区块链中的数据，则可以通过智能合约进行调用。所以智能合约在区块链中起到了数据的执行与应用的功能。

总的来说，四大核心技术在区块链中各有各的作用，它们共同构建了区块链的基础，而我们也有幸身处其中，迎接一个属于区块链的时代浪潮。

四、区块链在物流领域的应用

目前，物流行业是区块链技术的典型应用领域之一（表8-3-1），主要集中在商品信息溯源、物流金融、物流从业人员征信等方向，具体包括商品溯源、冷链运输、结算对账等内容。国内各大电商企业、互联网精英企业及快递行业纷纷于2017年前后进行区块链技术在物流领域的战略布局，并且抓紧开展了技术研发和产品创新。目前我国在防伪溯源、物流金融、电子商务等领域已经取得了阶段性的进展，有助于整体提高物流管理效率，降低物流体系运营成本。

知识链接：京东公布京东全球购2018战略规划：用区块链全程溯源

表 8-3-1　区块链在我国物流领域的应用现状

时间	参与机构	应用领域	应用价值
2016年10月	沃尔玛、IBM大学、京东	食品安全	打造安全食品区块链溯源联盟
2017年	阿里巴巴	食品安全	打造基于区块链技术的跨境食品供应链
2017年	京东	防伪追溯	发布区块链防伪追溯开放平台；面向京东生态内的品牌商免费开放
2018年2月	天猫国际、菜鸟物流	跨境电子商务	基于区块链技术进行跨境商品的信息跟踪、上传、查证，为每个经由天猫国际售卖的跨境进口商品打上独一无二的身份标签
2018年3月	腾讯、中国物流与采购联合	技术应用	推出区块供应链联盟及运单平台
2018年4月	京东金融	物流金融	京东金融研究院和中国信通院云计算和大数据共同撰写并发布了《区块链金融应用白皮书》，其中包括供应链金融的应用场景
2018年5月	京东物流	区块链应用技术标准	京东物流成立了国内首个"物流+供应链技术"应用联盟，旨在联合政府部门和相关机构推动建立区块链在物流领域应用的统一技术标准
2019年	顺丰	食品信息溯源	顺丰科技推出的"丰溯"平台，基于区块链技术，联合顺丰速运、第三方质检机构、农业部门共建农产品数据联盟链，旨在为消费者提供安全可信的食品溯源服务

1. 提高物流参与方信任度

区块链与物流的融合物流供应链体系的参与者众多，涉及不同领域、不同范围、不同主体，在共同建立生产关系、协调生产流程时，需要花费较高的成本来促成彼此之间的信任关系，其中包括运营成本、单据审核成本、结算对账成本和管理成本等。而区块链凭借自身的技术优势恰好能解决大物流中的信任难题，不仅可以降低物流成本，实现物流平台的规模化运营，还可以提高物流生产关系之间的信任度。

利用区块链技术可以将物流、商流、资金流和信息流整合起来，在互信的基础上聚拢优质资源，打造立体化供应链新生态，并且基于物联网技术保障采集的物流数据真实可靠（图8-3-1）。同时，区块链分布式账本解决了信息隔离的问题，提升了实物流向信息流的投射速度和深度，进而增加信息流的可信度，大大缩短了实物流和资金流之间的距离。最后，现金流和持有库存是企业可持续健康发展必须考虑的关键因素，区块链技术可以为企业财务数据的真实性和实时性提供可靠保障，从而缩短企业的结算周期，提高企业融资的便利性。

2. 结算流程优化

各大商家和物流承运商之间业务往来繁杂，结算环节往往占用双方绝大多数时间和精力。传统的结算方式只能凭借纸质单据结算，不仅耗费大量人力整理单据，而且经常发生结算单据丢失、损坏的情况，因此传统结算方式存在运营成本高、结算效率低等问题。而结合电子签名和区块链技术，可以取缔物流运输过程中的纸质凭证，完全实现线上化记录和结算。整个业务流程的参与者都可以将流转信息、结算凭证、签收凭证等存储到区块链中，并且利用区块链技术不可篡改的特性，可以保障整个物流承运过程中信息的一致性和可靠性，为最终的结算环节提供了

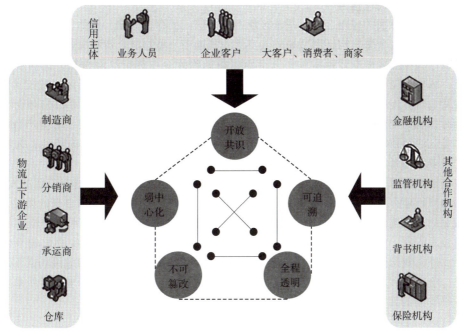

图 8-3-1 基于区块链技术解决物流信任问题

极大的便利。结算环节,双方只需要将车辆型号、人员、商品编码、数量、金额等信息自行输入区块链,系统便基于智能合约自动完成结算,节省了双方的人力成本并且过程高度智能、结果高度可信任。

3. 物流信息可追溯

为了掌握商品从生产到销售的全过程信息,可以基于区块链账本技术和物联网技术搭建区块链商品溯源平台。制造商、分销商、零售商、消费者及监管部门等在互信的基础上进行信息共享,将商品的制造、运输、存储、分销等全周期流转过程实现公开可视化,利用区块链技术保障数据的真实性,利用物联网技术保证数据在收集过程中的可信度,进而全面提升查询效率、用户体检、监管力度,最终提高供应链整体收益。此外,利用区块链技术可以搭建危险品的物流追踪平台。我国危险品物流行业还没有比较健全的体系,中小型企业是该行业的主要参与者,企业分散、中间流程复杂,运营管理起来有一定的难度,并且行业特点导致存在较大的安全隐患。如何实现从危险品制造企业到终端消费客户的物流全过程透明化,依然是行业的难点问题。可以利用区块链技术,将危险品的业务文档存储入链,实现对危险品流转状态的实时监管。并且可以将潜在风险、安全隐患、重大危险源、交通安全等信息实时存储到区块链,利用区块链不可篡改和可回溯的特性,实现危险品在整个运输过程中可视、可管、可控,提升运输安全系数,提高运营管理效率。

4. 确立人员征信标准

物流行业环节复杂、参与人员众多,面对物流业人员征信困难这一现状,可以考虑利用区块链技术搭建物流业人员征信信息平台进行解决。物流业上下游企业均需要大量的业务人员,这些从业人员需要参加培训,考核通过才可以正式任职。然而我国物流行业尚未有一套统一的征信评价体系,不同企业之间人员任用标准不一,评价指标不同,而且存在背书内容不全、雇佣关系不稳定、信用主体使用范围受限等诸多问题,导致现有的人员征信数据获取困难、信息不准确。利用区块链技术可以创造信任的优势,确立征信体系信用主体,以信用主体为中心采集可信交易数据,促使各个物流企业联合成立人员信息征信平台,并且制定物流从业人员信用评价体系及考核标准,进而真正打造出以数据信用为主的物流信用生态。

5. 提高企业金融可信度

关于物流金融方面的应用，可以基于区块链上可信任的存证数据，例如，应收账款、固定资产、征信评级等，向金融机构证明交易的真实性，帮助中小型物流企业解决融资难的问题。而且银监会可以作为物流金融联盟链中的监管节点，帮助物流企业进行风险预判，提前规避金融风险。此外，区块链技术在物流金融领域还有其他应用场景。例如，可以基于区块链技术搭建数仓单质押融资平台。传统的仓单业务系统主要用于服务物流企业，因而银行等机构对仓单信息掌握并不及时、也不全面，容易出现内部人员伪造银行押解信息的情况，对资金方财产造成一定的损失。基于区块链技术搭建的数字仓单，充分利用了区块链技术不可篡改的特性，为物流金融联盟链的诸多参与者提供信任，同时也有效规避了人为造假的行为。

区块链技术具有开放性、共识性、弱中心化和不可篡改等属性优势，具有广阔的发展空间。目前我国物流行业存在信息不对称、缺乏信任等问题，区块链技术恰好凭借自身的属性优势，为解决物流业的难题提供了新思路和技术支持。但值得注意的是，区块链技术在物流领域的落地不仅仅是技术问题，如何获取供应链上下游企业的信任，共同运作一个弱中心化的平台是更大的考验。此外，我国区块链技术应用还处在发展阶段，需要对区块链技术和应用场景不断进行探索和研究，争取在大数据、人工智能等技术的共同协助下，早日迎来物流产业的升级革新，并且尽早服务于我国的其他产业。

阅读资料

京东发布《区块链物流追踪服务应用指南》团体标准

2019 年 12 月 26 日，由中国电子技术标准化研究院主办的中国区块链技术和产业发展论坛在北京召开。会上，京东物流技术发展部 2025 年实验室区块链负责人发布了《区块链物流追踪服务应用指南》团体标准。

物流追踪过程需要满足 4 个原则，分别是：

（1）可追踪原则：对包裹物流追踪数据全流程存证、对包括在物流交接过程中交接凭证进行存证、支持第三方监管的存证接口。

（2）唯一性原则：每件包裹具有唯一的包裹追踪编码，所有物流追踪服务的参与方能够识别并兼容或使用此编码。

（3）数据隐私保护原则：参与物流追踪服务的节点应保护个人数据隐私，物流追踪信息不应包含商品及客户相关的敏感信息。

（4）监管合规原则：满足快递运单及电子数据管理制度。

思考与练习

一、单选题

1. ERP 系统是（　　）的简称。
  A. 企业资源计划　　B. 物料需求计划　　C. 制造资源计划　　D. 供应链管理计划

2. （　　）是根据生产计划、预测和客户订单的输入来安排将来的各周期中提供的产品种类和数量，它将生产计划转为产品计划，在平衡了物料和能力的需要后，精确到时间、数量的详细的进度计划。
  A. 主生产计划　　B. 物料需求计划　　C. 能力需求计划　　D. 动态作业计划

3. （　　）是区块链被称之为"去中心化的"重要原因，它允许我们在不需要第三方的情况下，执行可追溯、不可逆转和安全的交易。
   A. 分布式账本　　B. 共识机制　　C. 密码学　　D. 智能合约
4. 电子产品代码简称为（　　）。
   A. RND　　B. ERP　　C. RFID　　D. EPC
5. 2008年11月1日，（　　）发表了《比特币：一种点对点的电子现金系统》一文，标志着比特币的诞生。
   A. 哈耶克　　B. 亚当·贝可　　C. 哈伯和斯托尼塔　　D. 中本聪

二、多选题
1. ERP在西方企业管理方法的发展经历了（　　）。
   A. 订货点法　　B. 时段式MRP　　C. 闭环MRP　　D. MRP II 理论
2. ERP的主要功能模块有（　　）。
   A. 现金管理模块　　B. 生产控制管理模块
   C. 人力资源管理模块　　D. 物流管理模块
3. 根据物联网对信息感知、传输、处理的过程将其划分为（　　）结构。
   A. 处理层　　B. 感知层　　C. 网络层　　D. 应用层
4. 物联网应用服务子层包括（　　）等领域。
   A. 智能交通　　B. 智能家居　　C. 智能医疗　　D. 数字农业
5. 区块链的特征有（　　）。
   A. 去中心化　　B. 开放性　　C. 信息不可篡改　　D. 自治性

三、简答题
1. ERP一般在实施中需要注意哪些问题？
2. 简述有效的实施ERP的方法。
3. 什么是物联网？
4. 区块链技术具有哪些特征？
5. 区块链的核心技术有哪些？

四、论述题
1. 谈谈物联网对物流产业的影响。
2. 论述区块链在物流领域的应用。

五、案例题

哈药集团ERP失败案例分析

一、背景

哈药集团是集科、工、贸为一体的大型骨干企业。哈药集团的生产、经营特点涵盖了医药行业的几乎全部特点。由于集团有30个子公司，致使管理较为松散，适应市场的快速反应能力差。所以，无论是外在的市场现状还是内部的管理需求，都要求哈药集团全面地推进信息化建设。哈药集团实施信息化建设的原则是：统筹规划、分步实施、立足需求、注重实效。哈药集团信息化建设的总体目标是：通过实施集团信息化建设，在集团内实现物流、资金流和信息流的畅通。提高集团和企业的管理水平，整合集团的市场资源，树立整体形象，发挥整体功能，为管理者决策提供强大的基础信息支持，从而提高集团和各分、子公司的市场应变能力和市场竞争能力。

（1）阶段性目标：首先在集团股份公司11家分公司中选择4家有代表性的工业企业作为试点，在试点企业建立起以财务管理加进、产、销、存等部分业务管理高度集成的应用系统，初步实现财务和业务数据的一体化，实现资金流和物流的畅通，实施成功后，进一步在集团内各分、子公司中全面推开。哈药集团下属的4家工业企业均正在使用Oracle的ERP软件,实施时间大约两年。

(2) 中长期目标：在第一阶段目标实现的基础上,进一步完善系统的质量管理功能、客户关系管理功能、电子商务功能及系统的决策支持功能,从而实现集团和各分、子公司在市场资源配置和使用方面的最优化管理,全面实现ERP应用,并最终实现电子商务。预计完成总体目标的项目总投资为7 800万元。

二、哈药ERP的实施与失败

2000年,哈尔滨医药集团决定实施ERP项目,参与软件争夺的两个主要对手是Oracle公司与利玛公司。一开始,两家在ERP软件上打得难解难分,一年之后,Oracle击败利玛,哈药决定选择Oracle的ERP软件。然而事情发展极具戏剧性的是,尽管软件选型已经确定,但是,为了争夺哈药实施ERP项目的"另一半",2001年10月,利玛联手哈尔滨凯纳击败哈尔滨本地的一家公司华旭,成为哈药ERP项目实施服务的"总包工头"。签约两个月之后,利玛实施团队结束了对哈药的初步调研,并提出了一份长达100多页的"现场管理描述"报告。然而,这份报告一出炉,哈药就开始陆续请来一些第三方咨询公司对利玛的调研报告进行评估。在2002年2月之前,哈药与利玛之间的合作仅限于前期的培训和软件测试版的安装,BPR(业务流程重组)也始终没有实质性的进展。到了3月份,哈药ERP实施出现了戏剧性的变化:因为实施方利玛副总经理蒋明炜与60多名同事集体哗变,利玛在哈药ERP项目的实施团队全部离职,整个哈药集团的项目也被迫彻底停顿下来。

三、失败原因的分析

(1) 缺乏统一的认识和理解。

(2) 哈药集团选择的ERP供应商,缺乏具有中国本土化成功实施ERP经验的专业咨询顾问服务能力。

(3) 哈药集团的信息基础工作没有跟上。

(4) 哈药集团ERP实施力度不够。

(5) 实施进度不易控制,导致ERP中途流产。

四、哈药集团ERP实施的启示

企业信息化从来都不是目的,而是管理进步的手段。哈药集团在大力推进应用ERP的时候,必须要顾及ERP作为管理模式的作用和正反两方面的影响,这样才能从根本上顺利推进企业信息化。

问题：请分析哈药集团ERP失败的原因有哪些？企业应当如何正确实施ERP？

阅读建议

[1] 大数据世界[EB/OL].http://www.thebigdata.cn/

[2] 物联网世界[EB/OL].http://www.iotworld.com.cn/

[3] 链门户[EB/OL].http://www.lianmenhu.com/

[4] 周玉清,刘伯莹,周强,等.ERP与企业管理——理论、方法、系统(第2版)[M].北京：清华大学出版社,2019.

[5] 黄建波.一本书读懂物联网(第2版)[M].北京：清华大学出版社,2017.

[6] 数据观[EB/OL].http://www.cbdio.com/

参 考 文 献

[1] 邓永胜，秦江华. 物流信息技术［M］. 北京：电子工业出版社，2013.
[2] 朱长征. 物流信息技术［M］. 北京：清华大学出版社，2014.
[3] 徐绍铨，张华海，杨志强，等. GPS测量原理及应用（第4版）［M］. 武汉：武汉大学出版社，2017.
[4] 李天文，等. GPS原理及应用（第3版）［M］. 北京：科学出版社，2017.
[5] 闫靖，陈丽. 快递管理实务［M］. 北京：北京航空航天大学出版社，2018.
[6] 周玉清，刘伯莹，周强，等. ERP与企业管理——理论、方法、系统（第2版）［M］. 北京：清华大学出版社，2019.
[7] 黄建波. 一本书读懂物联网（第2版）［M］. 北京：清华大学出版社，2017.